年間指導計画システムの理念と実践

知的障害教育スタンダード

編著
分藤 賢之
前 文部科学省初等中等教育局視学官
現 長崎県立鶴南特別支援学校長

著
菅野 和彦
文部科学省初等中等教育局視学官
（併）特別支援教育課特別支援教育調査官

加藤 宏昭
文部科学省初等中等教育局特別支援教育課
特別支援教育調査官

奥住 秀之
東京学芸大学教育学部教授

ジアース教育新社

まえがき

文部科学省では、教育課程全体を通じたインクルーシブ教育システムの構築を目指すため、2016（平成28）年12月、中央教育審議会答申「幼稚園、小学校、中学校、高等学校及び特別支援学校の学習指導要領等の改善及び必要な方策等について」を受け、2017（平成29）年4月に特別支援学校幼稚部教育要領、特別支援学校小学部・中学部学習指導要領、2019（平成31）年2月に特別支援学校高等部学習指導要領を改訂した。

改訂では、子供たちの学びの連続性を確保する観点から、育成を目指す資質・能力の三つの柱に基づき、知的障害のある児童生徒のための各教科の目標や内容が構造的に示されるとともに、小中学校の各教科等の目標や内容等との連続性や関連をもって整理された。とりわけ知的障害のある児童生徒のための各教科の指導を具体化する教師にとっては、各教科の目標や内容の理解を深め、生活、国語、算数・数学、音楽の文部科学省著作教科書（知的障害者用）以外の教材の選定も行い、単元設定や、観点別学習状況の評価への取組が喫緊の課題となっている。

本書は、特別支援学校と特別支援学級を学びの場として、知的障害のある児童生徒のための各教科等の指導に取り組む教師をはじめ、教職課程を置く大学で『特別支援学校教諭免許状コアカリキュラム（令和4年7月27日）』に基づく「知的障害者に関する教育の領域」の科目の質保証に取り組む大学関係者に対して、改めて、知的障害のある児童生徒のための各教科等の取扱いについて理解を促進し、カリキュラム・マネジメントが追求されることを期して刊行した。

内容の構成に当たって、総論と各論に分けて、次の五つの側面に基づいている。

第一は、インクルーシブ教育システム下におけるカリキュラム・マネジメントの側面である。総論では、教育課程の接続による学びの連続性に関する現状と課題について、各論（国立大学法人東京学芸大学教育学部教授　奥住秀之氏）では、知的障害のある児童生徒のための各教科等の指導が、教員養成課程の学生の学び、並びに教員研修の必須の条件となったことから、「特別支援学校教諭免許状コアカリキュラム」を踏まえ、大学での授業が、どのように変わるのか、変わらないといけないのか、それぞれ概説した。

第二は、知的障害特別支援学校のカリキュラム・マネジメントの側面である。総論では、特別支援学校学習指導要領の総則に沿った手続きの理解と確実な実行について、各論（文部科学省初等中等教育局視学官　菅野和彦氏）では、各教科等の調和のとれた具体的な年間指導計画の作成の在り方について、それぞれ概説した。

第三は、学習評価の側面である。総論では、特別支援学校小学部・中学部学習評価参考資料に沿った手続きの理解と確実な実行について、各論（文部科学省初等中等教育局特別支援教育課特別支援教育調査官　加藤宏昭氏）では、各教科等の年間指導計画と評価計画の作成について、それぞれ概説した。

第四は、カリキュラム・マネジメントの一環としてある授業改善の側面である。総論では、知的障害のある児童生徒のための各教科等をどのように学ばせるのか、特別支援学校の学習指導要領で目指すことについて、各論では、知的障害のある児童生徒のための各教科等における「学習の過程」の検討について、それぞれ概説した。

第五は、実践の側面である。年間指導計画システムを踏まえた、“チーム九州”（令和４年度第 56 回九州地区特別支援教育研究連盟研究大会沖縄大会等）の特色ある実践を紹介するものである。実践１（熊本県立熊本支援学校教諭　古川伊久磨氏（原稿執筆時））では、教科等横断的な視点による指導内容のつながりと単元実施時期の検討などについて、実践２（長崎県立鶴南特別支援学校教諭　吉田治子氏）では、学習計画表を活用した単元評価の工夫などについて、実践３（鹿児島大学教育学部附属特別支援学校教頭　上仮屋祐介氏）では、日々の授業記録シートの活用等に基づいた単元の総括的評価の仕組みづくりなどについて、実践４（沖縄県立大平特別支援学校主幹教諭　平良錦一郎氏（原稿執筆時））では、教科横断的な視点による単元配列表の作成などについて、実践５（長崎県教育庁特別支援教育課係長　廣瀬雅次郎氏）では、校務事務支援システムの導入について、それぞれ発信するものである。

これらの成果は、知的障害特別支援学校から知的障害特別支援学級へ、そして知的障害のある児童生徒のための各教科を取り扱う全ての学びの場における年間指導計画システムの教育研究の活性化につながることを期待するものである。

以上、本書は、結果的に教育課程の基準である特別支援学校学習指導要領の他、解説総則編、解説各教科等編、特別支援学校学習評価参考資料、特別支援学校教諭免許状コアカリキュラムなど文部科学省の刊行物を関連付けながら基本的な考え方を取り上げて「知的障害教育スタンダード」として整理することとなった。今後、研究や議論が深まるきっかけとなれば幸いである。

最後に、株式会社ジアース教育新社代表取締役　加藤勝博氏、編集部　市川千秋氏ほか、本書の作成に御協力くださった各位に対し、心から感謝の意を表する次第である。

令和５年 10 月

前 文部科学省初等中等教育局視学官
現 長崎県立鶴南特別支援学校校長　　分藤 賢之

Contents

第3章　年間指導計画システムの手続きを踏まえた実践

第1章

インクルーシブ教育システム下における
カリキュラム・マネジメントの意義と展開

第1節 特別支援教育を巡る状況と基本的な考え方

① 特別支援教育とは

2007（平成19）年4月に、文部科学省では、障害のある全ての幼児児童生徒の教育の一層の充実を図るため、「特別支援教育の推進について（文部科学省局長通知）」が示された。通知における特別支援教育の理念は次のとおりである。

特別支援教育とは、「障害のある子供の自立や社会参加に向けた主体的な取組を支援するという視点に立ち、子供一人一人の教育的ニーズを把握し、その持てる力を高め、生活や学習上の困難を改善又は克服するため、適切な指導及び必要な支援を行うものである」とするとともに、「特別支援教育は、発達障害のある子供も含めて、障害により特別な支援を必要とする子供が在籍する全ての学校において実施されるものである」としている。

② 教育的ニーズとは

2021（令和３）年１月に、「新しい時代の特別支援教育の在り方に関する有識者会議　報告」及び「中央教育審議会答申「『令和の日本型学校教育』の構築を目指して～全ての子供たちの可能性を引き出す、個別最適な学びと、協働的な学びの実現～」が取りまとめられ、障害のある幼児児童生徒の就学相談や学びの場の検討等の充実に資するよう、「教育支援資料～障害のある子供の就学手続と早期からの一貫した支援の充実～（平成25年10年)」の内容を充実すべきとの提言がなされた。

これを受け、2021（令和３）年６月に、文部科学省では、障害のある幼児児童生徒一人一人の教育的ニーズを踏まえた適切な教育の提供や、就学後を含む一貫した教育支援の充実が図られるよう、同資料の名称を「障害のある子供の教育支援の手引～子供たち一人一人の教育的ニーズを踏まえた学びの充実に向けて～」に変更するとともに、内容が改訂された。

今回の改訂では、特に、小学校等における通常の学級、通級による指導、特別支援学級といった学びの場の判断について、教育支援委員会等を起点に様々な関係者が多角的、客観的に検討できるようにするため、『教育的ニーズ』に関する内容やその取扱いについての充実が図られた。それによると、対象となる子供の『教育的ニーズ』

を整理する際、最も大切にしなければならないことは、「子供の自立と社会参加を見据え、その時点でその子供に最も必要な教育を提供することであり、そうした教育的ニーズを整理するには、３つの観点（①障害の状態等、②特別な指導内容、③教育上の合理的配慮を含む必要な支援の内容）を踏まえることが大切である」としている。

加えて、「特別支援教育は、子供一人一人の教育的ニーズに応じて適切な指導や必要な支援を行うものであるため、子供の障害の状態等の変化に伴う子供一人一人の教育的ニーズの変化を的確に把握し、その変化にも継続的かつ適切に対応できるように個別の教育支援計画や個別の指導計画のＰ－Ｄ－Ｃ－Ａサイクルの充実に努め、そこで蓄積される子供一人一人の（各教科等の）学習状況や結果*についての検証も、就学後の学びの場の見直しにつながる重要なものである」としている。

＊下線とカッコは筆者加筆。①②③に下線部分を加えて就学後における教育的ニーズの４観点としている。

③ これからの特別支援教育の方向性とは

「新しい時代の特別支援教育の在り方に関する有識者会議　報告」（令和３年１月）においては、インクルーシブ教育システム構築による特別支援教育を推進するための基本的な考え方が示され、「障害のある子供の自立と社会参加を見据え、一人一人の教育的ニーズに最も的確に応える指導を提供できるよう、通常の学級、通級による指導、特別支援学級、特別支援学校といった、連続性のある多様な学びの場の一層の充実・整備を着実に進めていくこと、これらを更に推進するため、それぞれの学びの場における各教科等の学習の充実を進めるとともに、障害のある子供の教育的ニーズの変化に応じ、学びの場を変えられるよう、多様な学びの場の間で教育課程が円滑に接続することによる学びの連続性の実現を図ること」としている。

④ 教育課程の接続による学びの連続性について

小学校等の通常の学級、通級による指導、特別支援学級、そして、特別支援学校といった、連続性のある多様な学びの場における学校教育において、特別支援教育が計画的、継続的、組織的に実施されるためには、まずはそれぞれの学校教育の目標を設定し、その達成を図るための教育課程を編成することが基本である。

また、2017（平成29）年３月告示の小学校と中学校の学習指導要領に、例えば、特別支援学級における特別の教育課程の編成について知的障害のある児童生徒のための各教科等の取扱い等が規定されるとともに、特別支援学校小学部・中学部学習指導要領第７章に示す自立活動を取り入れることの規定が盛り込まれた。このことは、多様な学びの場の間で教育課程が円滑に接続することによる学びの連続性の実現を図ることが期待されているものである。よって児童生徒一人一人の教育的ニーズと、将来の自立と社会参加するために必要な教育の内容を、いかに分析・整理しながら切れ目ない教育を提供するかという側面から、学校間や学級間等の教育課程の連続性に対する課題解決への期待も込められているものと考える。

（1）特別支援学校の目的や目標

学校教育法には、特別支援学校の目的（第72条）が定められている。この目的を実現するために、特別支援学校の学習指導要領の総則において、小学部、中学部、高等部の教育目標を定めている。この教育目標は、それぞれ小学校教育の目標（第30条第1項）、中学校教育の目標（第46条）、高等学校教育の目標（第51条）と同一の目標を掲げていることに加え、幼児児童生徒一人一人の障害による学習上又は生活上の困難を改善・克服し自立を図るために必要な特別の指導領域である自立活動の目標を達成することが特に重要な意義をもっている。

（2）特別支援学級の目的や目標

特別支援学級は、学校教育法（第81条第2項）の規定による児童生徒を対象とする学級であるとともに、小学校、中学校の学級の一つであり、学校教育法に定める小学校、中学校の目的及び目標を達成するものでなければならない。ただし、対象となる児童生徒の障害の種類や程度等によっては、障害のない児童生徒に対する教育課程をそのまま適用することが必ずしも適当でない場合があることから、特別の教育課程によることができると規定（学校教育法施行規則第138条）されている。

2017（平成29）年3月告示の小学校と中学校の学習指導要領では、特別支援学級で実施する特別の教育課程の編成に係る基本的な考え方が新たに示された。

特別の教育課程とは、「児童生徒が自立を目指し、障害による学習上又は生活上の困難を主体的に改善・克服するために必要な特別支援学校小学部・中学部学習指導要領第7章に示す自立活動を取り入れること」とするとともに、「各教科の目標や内容を下学年の教科の目標に替えたり、学校教育法施行規則第126条の2を参考にし、各教科を、知的障害者である児童生徒に対する教育を行う特別支援学校の各教科に替えたりするなどして、実態に応じた教育課程を編成すること」としている。

ただし、各教科に関して下学年や知的障害のある児童生徒のための各教科に替える規定を適用する場合、『解説　総則編』では「なぜそのような選択をしたのか、学校として、保護者等に対する説明責任を果たしたり、指導の継続性を担保したりする観点から、その理由を明らかにし、特別支援学級の特別の教育課程による編成を工夫していくことが大切であり、教育課程を評価し改善する上でも重要である」としている。

（3）特別支援学級の教育課程の編成の状況

2021（令和3）年10月、文部科学省初等中等教育局特別支援教育課の「特別支援教育資料（令和2年度）」では、中学校の特別支援学級（国・公・私立計）卒業者

数（23,544名）の約9割が高等学校又は特別支援学校の高等部に進学しており、そのうちの約半数（10,687名）が高等部に進学している状況である。

また、2018（平成30）年、全国特別支援学級・通級指導教室設置校長会の調査研究報告書から知的障害特別支援学級の教育課程の編成の状況をまとめたのが表1-1である。「当該学年の各教科等を中心に編成」「下学年の各教科等を中心に編成」「知的障害特別支援学校の各教科等を中心に編成」「自立活動を中心に編成」の教育課程の各類型に着目したところ、次のような特徴が指摘できる。

第一は、約7、8割の学級で当該学年又は下学年の各教科等を中心に編成していることである。中学校に比べて小学校がやや高い。

第二は、知的障害のある児童生徒のための各教科等に替えて編成している学級は1、2割程度である。小学校に比べて中学校がやや高い。

表1-1　知的障害特別支援学級の教育課程編成の状況（単位：校）

		通常の学級		知的障害特別支援学校の各教科等を中心に編成	自立活動を中心に編成
		当該学年の各教科等を中心に編成	下学年の各教科等を中心に編成		
小学校	平成30年度 (n=1078)	415 (38.5%)	461 (42.8%)	138 (12.8%)	64 (5.9%)
	平成25年度 (n=1070)	274 (25.6%)	513 (48.0%)	269 (25.1%)	14 (1.3%)
中学校	平成30年度 (n=465)	152 (32.7%)	192 (41.3%)	94 (20.2%)	27 (5.8%)
	平成25年度 (n=540)	97 (18.0%)	272 (50.4%)	166 (30.7%)	5 (0.9%)

※ 平成25年度の小学校の校数は、その他と回答した22校を除いている。
※ 平成25年度の中学校の校数は、その他と回答した12校を除いている。

これらの状況を踏まえ、教育課程の接続による学びの連続性という側面から、例えば、中学校の知的障害特別支援学級の教育課程を編成する際、進学先の一つである知的障害特別支援学校の高等部入学を見据え、つながりのある教育課程となるよう、具体的に分析・整理している学級はどれだけあるのだろうか。そのことは、小学校と中学校の知的障害特別支援学級との間も同様である。

インクルーシブ教育システム下における教育課程の接続による学びの連続性を確保していくためには、学校間を超えて、卒業後の視点を大切にしながら、それぞれが実施する教育課程と、達成した教育課程との関連について検証したり、情報交換したりする組織や手続きを機能させていくことが、指導の系統性や一貫性の鍵となるのであろう。

その場合、学校間をつなぎ、設置者を超えて議論をする必要があることから、それを円滑に進めるためには、各地域で機能している特別支援教育連携協議会や特別支援教育コーディネーター連絡協議会などでの議論の深まりに期待が寄せられている。

⑤ 社会に開かれた教育課程の実現

平成29、30、31年に改訂された全学校種の学習指導要領に「前文」として、「学習指導要領における育成を目指す資質・能力を、教育課程を通じて子供たちにバランスよく育成していくこと。それぞれの学校において、必要な教育の内容をどのように学び、どのような資質・能力を身に付けられるようにするのかを教育課程において明確にしながら、社会との連携及び協働によりその実現を図っていくという、社会に開かれた教育課程の実現が重要である」ことが示された。

インクルーシブ教育システム下における小学6年間、中学・高校3年間、計12年間の児童生徒の学び、つまり、教育課程が接続していくためには、教育基本法や学校教育法などを踏まえ、児童生徒が未来社会を切り拓くための資質・能力を一層確実に育成するために、児童生徒に求められる資質・能力とは何かを学校間で共有し、連携して「社会に開かれた教育課程」の実現を目指していくことが期待されている。

（分藤 賢之）

《引用・参考文献》

新しい時代の特別支援教育の在り方に関する有識者会議（2021）「新しい時代の特別支援教育の在り方に関する有識者会議　報告」Ⅰ，2-3，Ⅱ，1，5-6.

全国特別支援学級設置学校長協会調査部　協力：独立行政法人国立特別支援教育総合研究所（2018）「平成30年度全国特別支援学級設置学校長協会　調査報告書」Ⅶ，6，23.

中央教育審議会（2021）「「令和の日本型学校教育」の構築を目指して～全ての子供たちの可能性を引き出す，個別最適な学びと，協働的な学びの実現～（答申）」第Ⅱ部4，(2)，60-61.

文部科学省（2007）「特別支援教育の推進について（通知）」

文部科学省（2017）「小学習指導要領（平成29年告示）」前文，15-16、第1章第4，2，(1)，ｲ，24.

文部科学省（2017）「中学校学習指導要領（平成29年告示）」前文，17-18，第1章第4，2，(1)，ｲ，25-26.

文部科学省（2017）「特別支援学校幼稚部教育要領（平成29年告示）」前文,13.

文部科学省（2017）「特別支援学校小学部・中学部学習指導要領（平成29年告示）」前文，58-59.

文部科学省（2019）「特別支援学校高等部学習指導要領（平成31年告示）」前文，33-34.

文部科学省（2021）「障害のある子供の教育支援の手引～子供たち一人一人の教育的ニーズを踏まえた学びの充実に向けて～」第1編1，(2)，2-4，第2編第4章3，43-44.

文部科学省（2021）「特別支援教育資料（令和2年度）」

文部科学省（2023）『障害のある子供の教育支援の手引～子供たち一人一人の教育的ニーズを踏まえた学びの充実に向けて』ジアース教育新社

第 2 節　知的障害教育を担う教師の専門性向上

2007 年（平成 19 年）４月の法的な開始以来、特別支援教育の充実の必要性が年々高まる中で、教師の力量形成が大きな課題となってきている。

本節では、「特別支援学校教諭免許状コアカリキュラム」（以下「本コアカリキュラム」とする）を主に取り上げながら、知的障害教育を担う教師の専門性向上について検討する。まず、本コアカリキュラムの作成経緯や概要についてまとめる（巻末に本コアカリキュラムの全文が掲載されているので参照のこと）。次に、本コアカリキュラムの特徴の一つである「各欄・科目の関連」について説明し、「欄間で関連する事項＝知的障害の教科」の試案を作成して検討する。最後に、「知的障害の教科」が、インクルーシブ教育システムにおける「多様な学びの場の教育課程の連続性」の中で、通常の教科とつながっていることの意義について確認する。

①「特別支援学校教諭免許状コアカリキュラム」作成の経緯

教員養成段階における特別支援教育の資質能力の育成について、平成 29 年 11 月、全ての大学の教職課程で共通して修得させる必要のある資質能力を示す「教職課程コアカリキュラム」が公表された（最新は令和３年８月４日 教員養成部会決定）。この対象科目の一つに「特別の支援を必要とする幼児、児童及び生徒に対する理解」があり、全ての教職志望者が必要最低限の特別支援教育の知識を身に付けて教壇に立つこととなった。この導入は大学における教員養成スタンダードを考えるに当たり画期的なことであったが、対象となった科目は小学校等の通常の学校の教諭免許状に関するものであり、より専門性が求められる特別支援学校教諭免許状の科目とは直接関係するものではなかった。

こうした中、令和３年１月の『「令和の日本型学校教育」の構築を目指して～全ての子供たちの可能性を引き出す，個別最適な学びと，協働的な学びの実現～（答申）』において、特別支援学校教諭の教職課程の質を担保・向上させるためにコアカリキュラムを策定することが提示された。また、令和４年３月には「特別支援教育を担う教師の養成の在り方等に関する検討会議報告」が公表されて、すでにある「教職課程コアカリキュラム」の目標との系統に留意して、全国の大学の特別支援学校教諭免許状の教職課程に共通に求めるべき資質能力を示した「特別支援学校教諭免許状コアカリキュラム」を作成する必要性が示された。同年7月、特別支援教育を担う教師の養成の在り方等に関する検討会議によって「特別支援学校教諭免許状コアカリキュラム」が示されるとともに、文部科学省総合教育政策局長と同省初等中等教育局長の連名による「教育職員免許法施行規則の一部を改正する省令の公布及び特別支援学校教諭免許状コアカリキュラムの策定等について（通知4文科初第969号）」が発出された。

② 「特別支援学校教諭免許状コアカリキュラム」の概要

本コアカリキュラムの目的は、特別支援学校教諭免許状の教職課程を設置する全ての大学で共通的に修得すべき資質能力を示すことであるが、とりわけ重要なポイントは、地域や学校現場のニーズ、大学の自主性や独自性を尊重した上で、各大学が責任をもって特別支援学校教師を育成する仕組みを構築することで教職課程全体の質の保証を目指すものであるということである。図1-1は、本コアカリキュラムに掲載されている各欄・科目の関連の概観図である。

本コアカリキュラムの構成については、先行する「教職課程コアカリキュラム」に倣って、各欄の科目に含めることが必要な事項について、当該事項を履修することで

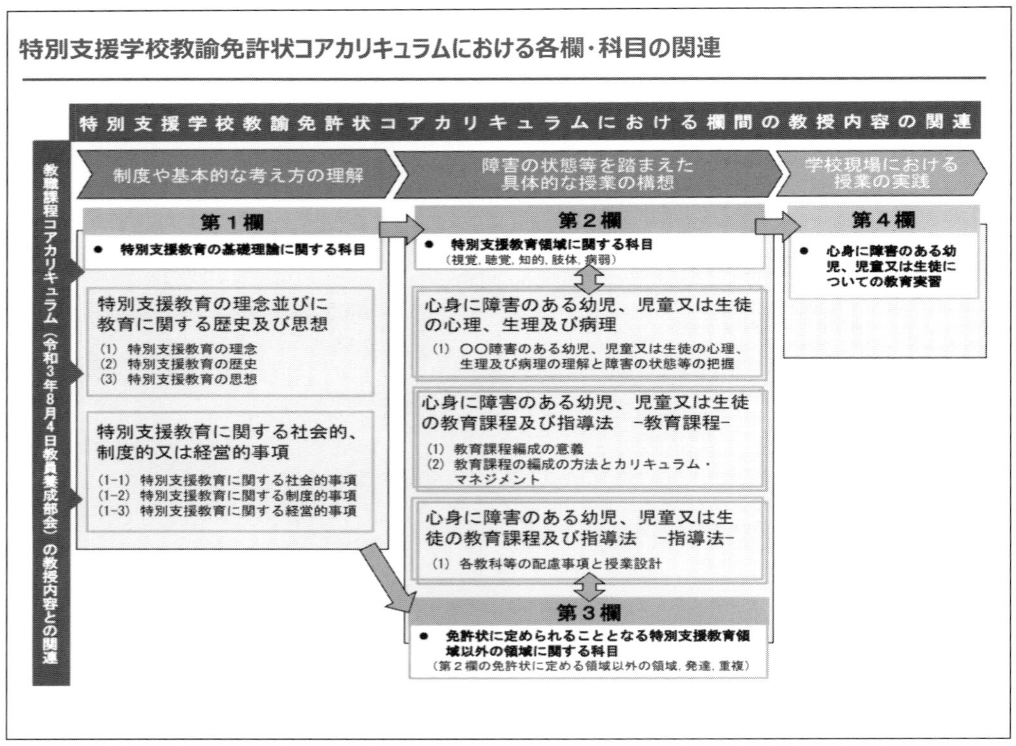

出所：文部科学省（2022）

図1-1　特別支援学校教諭免許状コアカリキュラムにおける各欄・科目の関連概観図

学生が修得する資質能力を「全体目標」、全体目標を内容のまとまりごとに分化させた「一般目標」、学生が一般目標に到達するために達成すべき個々の規準を「到達目標」として表されている。その際、特別支援学校の教育において適用できると思われる指導法及びその裏付けとなっている理論は多様に想定されるため、特定の方法論の表記を避けて、全国すべての大学の教職課程で共通的に修得すべき資質能力となっている。当該事項に関する本コアカリキュラムの「全体目標」、「一般目標」、「到達目標」の内容を学生が修得できるよう授業を設計・実施し、大学として責任をもって単位設定を行うことを求めている。

本コアカリキュラムの全体目標、一般目標、及び到達目標は、第１欄から第３欄を構成する科目ごとに設定されている。例として、すべての科目の基礎となる第１欄「特別支援教育の基礎理論に関する科目」をみると、「特別支援教育の理念並びに教育に関する歴史及び思想」と「特別支援教育に関する社会的、制度的又は経営的事項」という「科目に含めることが必要な事項」があり、それぞれについて、全体目標、一般目標、及び到達目標が示されている。前者の全体目標は１つ、一般目標は３つ、到達目標は６つ、後者の全体目標は１つ、一般目標は３つ、到達目標は７つある。これらすべての目標が達成できるよう、科目担当教師は授業計画（シラバス）を作成し、授業を実施して、評価を行う。

本書の主題である「知的障害教育」が、本コアカリキュラムでどのように示されているか、以下確認してみよう。特別支援学校の５つの対象（障害）ごとに、第２欄「特別支援教育領域に関する科目」があり、そのうちの一つに「知的障害者に関する教育の領域」がある。これは、障害種ごとに、「心身に障害のある幼児、児童又は生徒の心理、生理及び病理に関する科目」と「心身に障害のある幼児、児童又は生徒の教育課程及び指導法に関する科目」とに分かれ、さらに後者は「教育課程」と「指導法」に分かれている。「教育課程」と「指導法」は、それぞれに全体目標、一般目標、及び到達目標がある。「知的障害者に関する教育の領域」についてみると、「教育課程」には全体目標１つ、一般目標２つ、到達目標７つ、「指導法」には全体目標１つ、一般目標１つ、到達目標４つが示されている。

３「欄間で関連する事項」についての取扱い

本コアカリキュラムの各欄の目標は、独立しつつ関連している。そこで、各欄の「一般目標」と「到達目標」については、「欄間で関連する事項」を「基礎」と「展開」の２水準で整理する必要がある。「基礎」とは、全学生が共通で学ぶ内容であり、また、第２欄及び第３欄で取り扱う内容の根拠となる法制度の位置付けや基本的な考え方を理解する段階である。一方「展開」は、当該免許状教育領域取得を目指す学生が学ぶ

特別支援学校教諭免許状コアカリキュラム（欄間で関連する事項についての取扱いの例）

※本資料は、特別支援学校教諭免許状コアカリキュラムを踏まえ、各大学等においてシラバス等を作成する際の参考となるよう、欄間で関連する事項の取扱いをどのように考えればよいか、例示するものである。

【本資料の活用の仕方】

①特別支援学校教諭免許状コアカリキュラムにおいて欄間で関連する事項に着目する。

②事項に対し、各欄で扱う範囲についてイメージする（下の例１，２では、「基礎」「展開／実際」と整理した）。

③上記の①と②の整理を踏まえ、シラバス等に反映させる。

＜例１：欄間で関連する事項＝「自立活動」＞

※参考

・「基礎」：全学生が共通で学ぶ内容であり、また、第２欄及び第３欄で取り扱う内容の根拠となる法制度の位置付けや基本的な考え方を理解する段階。

・「展開」：当該免許状教育領域取得を目指す学生が学ぶ内容であり、第１欄の学びを基礎とし、当該障害領域において具体的に構想したり、作成したりする段階。

コアカリキュラム ①
第１欄：特別支援教育の基礎理論に関する科目
特別支援教育に関する社会的、制度的又は経営的事項
(1-2) 特別支援教育に関する制度的事項
到達目標2） 特別支援学校教育要領・学習指導要領の性格及びそこに規定する自立活動や知的障害者である児童生徒に対する教育を行う特別支援学校の教科、重複障害者等に関する教育課程の取扱いの基礎的な考え方を理解している。

欄間で関連する事項の取扱いの整理（例）

A：自立活動の基礎 ②	→	a．自立活動の指導の展開 ②
A-1：自立活動の変遷、意義と指導の基本		a-1：個別の指導計画作成の実際
A-2：総則における位置付け、目標及び内容		a-2：自立活動の効果的な指導方法の実際
A-3：個別の指導計画作成の基本的な考え方、作成手順		a-3：自立活動の時間における指導と各教科等との関連
		a-4：自立活動の授業の計画・実施・評価・改善の展開

コアカリキュラム ①
第２欄：特別支援教育領域に関する科目
心身に障害のある幼児、児童又は生徒の教育課程及び指導法 -教育課程-
(2) 教育課程の編成の方法とカリキュラム・マネジメント
到達目標3）（知的・5）） 自立活動の指導における個別の指導計画の作成と内容の取扱いについて理解するとともに、教科と自立活動の目標設定に至る手続の違いを理解している。
心身に障害のある幼児、児童又は生徒の教育課程及び指導法 -指導法-
(1) 各教科等の配慮事項と授業設計
到達目標4）（視覚・5）） ○○障害の状態や特性及び心身の発達の段階等に応じた自立活動及び自立活動の指導との関連を踏まえた各教科等の学習指導案を作成することができるとともに、授業改善の視点を身に付けている。

出所：文部科学省（2022）

図 1-2　特別支援学校教諭免許状コアカリキュラム（欄間で関連する事項についての取扱いの例）

内容であり、第１欄の学びを基礎とし、当該障害領域において具体的に構想したり、作成したりする段階である。

このことについて、本コアカリキュラムには「自立活動」と「重複障害者等に関する教育課程」の２つの例が添付されている。「知的障害者に関する教育の領域」における「自立活動」をみてみよう（図 1-2）。

「第１欄」の「社会的､制度的又は経営的事項」（１－２）の「到達目標」２）で「自立活動」について言及されている。ここから、「A-1　自立活動の変遷、意義と指導の基本」「A-2　総則における位置付け、目標及び内容」「A-3　個別の指導計画作成の基本的な考え方、作成手順」という「自立活動の基礎」に関連する３つの事項が設定されている。一方､「第２欄」においては､「教育課程」（２）の「到達目標」５）と、「指導法」（１）の「到達目標」４）で「自立活動」について言及されている。ここから、「a-1　個別の指導計画作成の実際」「a-2　自立活動の効果的な指導方法の実際」「a-3　自立活動の時間における指導と各教科等との関連」「a-4　自立活動の授業の計画・実施・評価・改善の展開」という「自立活動の指導の展開」に関連する４つの事項が設定されている。

このように本コアカリキュラムでは、欄・科目それぞれを独立しつつ関連するものとみなすことで、科目横断的な学びを実現させて、「基礎」から次の段階へと「展開」させながら、学生の資質向上のための工夫がなされているのである。

④「欄間で関連する事項」と知的障害の教科

本コアカリキュラムの「欄間で関連する事項」の例としては、「自立活動」と「重複障害者等に関する教育課程」の２つが提示されているが、それ以外についても、科目担当教員が「欄間で関連する事項」の試案を作成するなどして、授業デザインを設定することは重要であろう。

以下、本書のテーマである知的障害教育の中核ともいえる「知的障害の教科」を取り上げて、筆者が作成した「欄間で関連する事項＝知的障害の教科」（試案）について説明する（図 1-3）。

「第１欄」の「社会的､制度的又は経営的事項」（１－２）の「到達目標」２）で「知的障害の教科」について言及されている。ここから、「C-1　通常の教科と知的障害の教科」「C-2　知的障害の教科の特徴」「C-3　知的障害の教育課程の編成に関わる法令及び学習指導要領の規定」という３つの事項を設定した。

一方、「第２欄」においては、「教育課程」（２）の「到達目標」１）、２）、３）、４）と、「指導法」（１）の「到達目標」３）、４）で「自立活動の指導との関連」について言及されている。ここから、「c-1　知的障害の教科の目標及び内容」「c-2　知的障

コアカリキュラム
第１欄 ：特別支援教育の基礎理論に関する科目
特別支援教育に関する社会的、制度的又は経営的事項
（１－２）特別支援教育に関する制度的事項
２）特別支援学校教育要領・学習指導要領の性格及びそこに規定する自立活動や知的障害者である児童生徒に対する教育を行う特別支援学校の教科、重複障害者等に関する教育課程の取扱いの基礎的な考え方を理解している。

欄間で関連する事項の取扱いの整理（例）

C: 各教科の基礎
C-1: 通常の教科と知的障害の教科
C-2: 知的障害の教科の特徴
C-3: 知的障害の教育課程の編成に関わる法令及び学習指導要領の規定

各教科の指導の展開
c-1: 知的障害の教科の目標及び内容
c-2: 知的障害の教育課程における教科別の指導と各教科等を合わせた指導に含まれる教科の目標と内容
c-3: 知的障害の各教科等の年間指導計画の実際とカリキュラム・マネジメント
c-4: 知的障害の各教科等におけるICT及び興味や関心に着目した教材・教具
c-5: 知的障害の各教科等における学習指導案の作成

コアカリキュラム
第２欄 ：特別支援教育領域に関する科目
心身に障害のある幼児、児童又は生徒の教育課程及び指導法 ― 教育課程 ― - 知的障害者に関する教育の領域 -
（２）教育課程の編成の方法とカリキュラム・マネジメント
１）特別支援学校学習指導要領において示されている、育成すべき資質・能力で整理された知的障害の教科の目標及び主な内容並びに全体構造を、各学部や各段階のつながりの観点から理解している。
２）知的障害の状態や特性及び心身の発達の段階等並びに学習の進度を踏まえ、各教科等の教育の内容を選定し、組織し、それらに必要な授業時数を定めて編成することを理解している。
３）各教科等の年間指導計画を踏まえ、個々の幼児、児童又は生徒の実態に応じて適切な指導を行うために個別の指導計画を作成することを理解している。
４）児童又は生徒一人一人の知的障害の状態や学習上の特性を踏まえ、各教科等の目標を達成させるために、各教科等別の指導のほか、多様な指導の形態があることを理解した上で、効果的な指導の形態を選択し組織することの意義について理解している。
心身に障害のある幼児、児童又は生徒の教育課程及び指導法 ― 指導法 ― - 知的障害者に関する教育の領域 -
（１）各教科等の配慮事項と授業設計
３）知的障害の状態や特性及び心身の発達の段階を踏まえ、各教科等の指導の効果を高めるために必要なＩＣＴ及び興味や関心に着目した教材・教具の活用について理解している。
４）知的障害の状態や特性及び心身の発達の段階等に応じた自立活動及び自立活動の指導との関連を踏まえた各教科等の学習指導案を作成することができるとともに、授業改善の視点を身に付けている。

（表中の下線は筆者による）

出所：文部科学省（2022）を基に筆者作成

図 1-3　欄間で関連する事項＝「知的障害の教科」（試案）

害の教育課程における教科別の指導と各教科等を合わせた指導に含まれる教科の目標と内容」「c-3　知的障害の各教科等の年間指導計画の実際とカリキュラム・マネジメント」「c-4　知的障害の各教科等におけるICT及び興味や関心に着目した教材・教具」「c-5　知的障害の各教科等における学習指導案の作成」という5つの事項を設定した。

以上の事項の整理に基づき、具体的な授業で取り扱う内容の例をいくつか考えてみたい。まず「知的障害の教科の基礎」である。C-1では、通常の教科と知的障害の教科の差異、知的障害の教科の目標と内容、知的障害の教科用図書の特徴、等があげられる。C-2では、小中高等部ごとの知的障害の教科の特徴、必修教科・選択教科・高等部専門教科の差異、高等部まで含めた特別の教科道徳（道徳科）の特徴、等があげられる。C-3では、教科別の指導と、特に必要な場合の各教科等を合わせた指導、特別支援学校学習指導要領「解説」に示されている日常生活の指導、遊びの指導、生活単元学習、作業学習の目標や内容、等があげられる。

次に「知的障害の教科の指導の展開」である。c-1では、知的障害の教科の目標や内容などを通常の教科と比較しつつ考察する。c-2では、各教科の中から例えば小学部生活科や中学部・高等部理科・社会科を取り上げて、教科別の指導で取り扱う内容と、「生活単元学習」や「日常生活の指導」で取り扱う各教科等の内容を段階ごとに整理して、扱う単元や指導方法、生活科から理科・社会科への系統性などについて検討する。c-3では、児童生徒の実態等に基づき、各教科等で重点的に取り組む内容などを検討するとともに、年間指導計画の作成などを通してカリキュラム・マネジメントの方法について考察する。c-4では、児童生徒一人一人の興味関心に基づく教材・教具の開発、集団指導と個別指導における教材・教具の選定、星本（文部科学省著作教科書（知的障害者用））を活用した小学部国語や算数の年間指導計画の作成と具体的な授業展開などを考察する。c-5では、単元計画と学習指導案の差異や、それぞれの具体例の作成などを取り扱う。

このように、「知的障害の教科」に係る力量形成においては、科目横断的に「基礎」（知識中心）から「展開」（思考中心）へと進んでいき、それに加えて、他の第2欄科目や第3欄科目の内容と関連させることでその厚みを増していき、最終的には教員養成段階の到達点ともいうべき第4欄「教育実習」で「活用」されることになるのである。

(5)「特別支援学校教諭免許状コアカリキュラム」と教職課程の質保証

本カリキュラムが「各大学が責任をもって特別支援学校教師を育成する仕組みを構築することで教職課程全体の質の保証を目指すもの」であることを改めて考えてみると、これを実効性あるものにするためには、連携・協働が1つのキーワードとなると考える。３つの連携・協働を考えてみたい。

１つは、免許状科目を担当する学科・課程等の教員間の連携・協働である。各科目が独立しつつも連関することを考えれば、それぞれの科目担当者だけの構想だけで授業計画を策定することは難しい。関係する教員集団で、目標や内容、到達点を確認しつつカリキュラム全体をデザインすることが求められるのではないだろうか。

２つは、特別支援学校や教育委員会との連携・協働である。大学で獲得してほしい教育理論や実践スキル、さらには教育課題などを学校現場と共有しつつ、授業をデザインしたい。教育実習を行う学校は、「基礎」と「展開」で育成した力量を「活用」する場である。より密接な連携・協働が必要になるだろう。さらに、令和４年８月の「改正教育公務員特例法に基づく公立の小学校等の校長及び教員としての資質の向上に関する指標の策定に関する指針の改正等について（通知）」に基づき、都道府県等の教育委員会は「公立の小学校等の校長及び教員としての資質の向上に関する指標」を策定しているが、ここには教員として採用されるまでに到達すべき力量の水準なども示されている。また、「東京都教職課程カリキュラム」が代表的だが、教育委員会には独自の「コアカリキュラム」を策定しているところもある。これらの指標や指針を授業の目標や内容を考える上で参考にしたい。

３つは、特別支援学校教諭免許状に係る教職課程を有する大学間の連携・協働である。各大学でコアカリキュラムをどのように授業デザインに活かしているかなどについて情報交換・共有し、自らの授業改善やカリキュラム・マネジメントにつなげたい。それを通して、教職課程全体の底上げにつながり、特別支援学校教員養成の質保証につながるのではないだろうか。

⑥ インクルーシブ教育システムにおける「知的障害の教科」

ここまで、本コアカリキュラムの考え方に基づき、「知的障害教育」における「知的障害の教科」に主に焦点を当てて検討してきた。「基礎」から「展開」へ、さらには「活用」へと段階的な育成が重要であることを改めて確認できたと思う。その一方で、「知的障害の教科」の力は、知的障害教育の学びだけで形成されるものではないことにも注意を払いたい。

周知のとおり、「インクルーシブ教育システム」の重要な概念の一つに、「多様な学びの場の連続性」がある。これは、特別支援学校や特別支援学級、通常の学級など、児童生徒の教育的ニーズに最適な「学びの場」が独立しつつ連続して存在することが重要であるという考え方といえるが、この実現のために、柔軟な就学システム、多様な交流及び共同学習、特別支援学校のセンター的機能の活用、すべての学びの場で作成される個別の教育支援計画、小中高等学校すべての段階で保障される通級による指導、など多種多様な制度が法的に位置付けられている。

そしてここでは、教科の側面についても「連続的」であることを改めて確認しておきたい。すなわち、以前までは小学校等の通常の教科と知的障害の教科は独立性の強いものとみなされていたが、現行の学習指導要領からは、「インクルーシブ教育システム」を強く意識したものに改訂されて、両教科の連続性がかなり明確になっている。例えば、中学部の「目標」が１段階から２段階に増えたり、小中高等部の各段階で「目標」が設定されたり、小学部の教育課程に外国語活動を設けることができるようになったり、さらには、必要な場合には相当する学校段階までの学習指導要領の各教科の「目標」及び「内容」を参考に指導することができるようになったなどである。

次頁の図 1-4 は、筆者の研究室で作成し論文発表した外国語科・外国語活動の目標の関係性の試案であるが、ここから、通常の外国語科・外国語活動と知的障害のその目標がかなり連続的になっていることが見て取れるのではないだろうか。

令和５年３月「通常の学級に在籍する障害のある児童生徒への支援の在り方に関する検討会議報告」が発表された。図 1-5 にその概要を示したが、ここには、特別支援学校と小中高等学校のいずれかを一体的に運営する「インクルーシブな学校運営モデル」の創設という従来にない画期的な提案がなされており、発展的な交流及び共同学習の在り方や、知的障害を対象とした通級による指導と自立活動の内容などの検討を行うと示されている。そして、「報告」には明記されてはいないが、この学校運営モデルを通して、通常の教科と知的障害の教科の連続性を実現させるための教育課程や指導法の開発などについても実践を通して検証されるのではないかと考えるのである。

知的障害の教科に関する教育課程編成や指導法については、確かに固有の専門性があり、それに特化した教師の資質向上が必要なのは言うまでもない。しかしながら、通常の教科に関する深遠な知識と高度な実践力に裏打ちされて知的障害の教科の専門性があるという視点もまた、本節の最後に改めて確認しておきたいことである。

（奥住 秀之）

《引用・参考文献／サイト》

池田順之介・奥住秀之（2023）「外国語活動・外国語科の学びの連続性と学習指導要領－小学校等及び知的障害のある児童生徒のための教育課程の比較－」東京学芸大学紀要　総合教育科学系，74，266-274.
文部科学省（2022）「特別支援学校教諭免許状コアカリキュラム」
https://www.mext.go.jp/b_menu/shingi/chousa/shotou/173/mext_00001.html
文部科学省（2023）「通常の学級に在籍する障害のある児童生徒への支援の在り方に関する検討会議報告」
https://www.mext.go.jp/content/20230313-mxt_tokubetu02_000028093_02.pdf

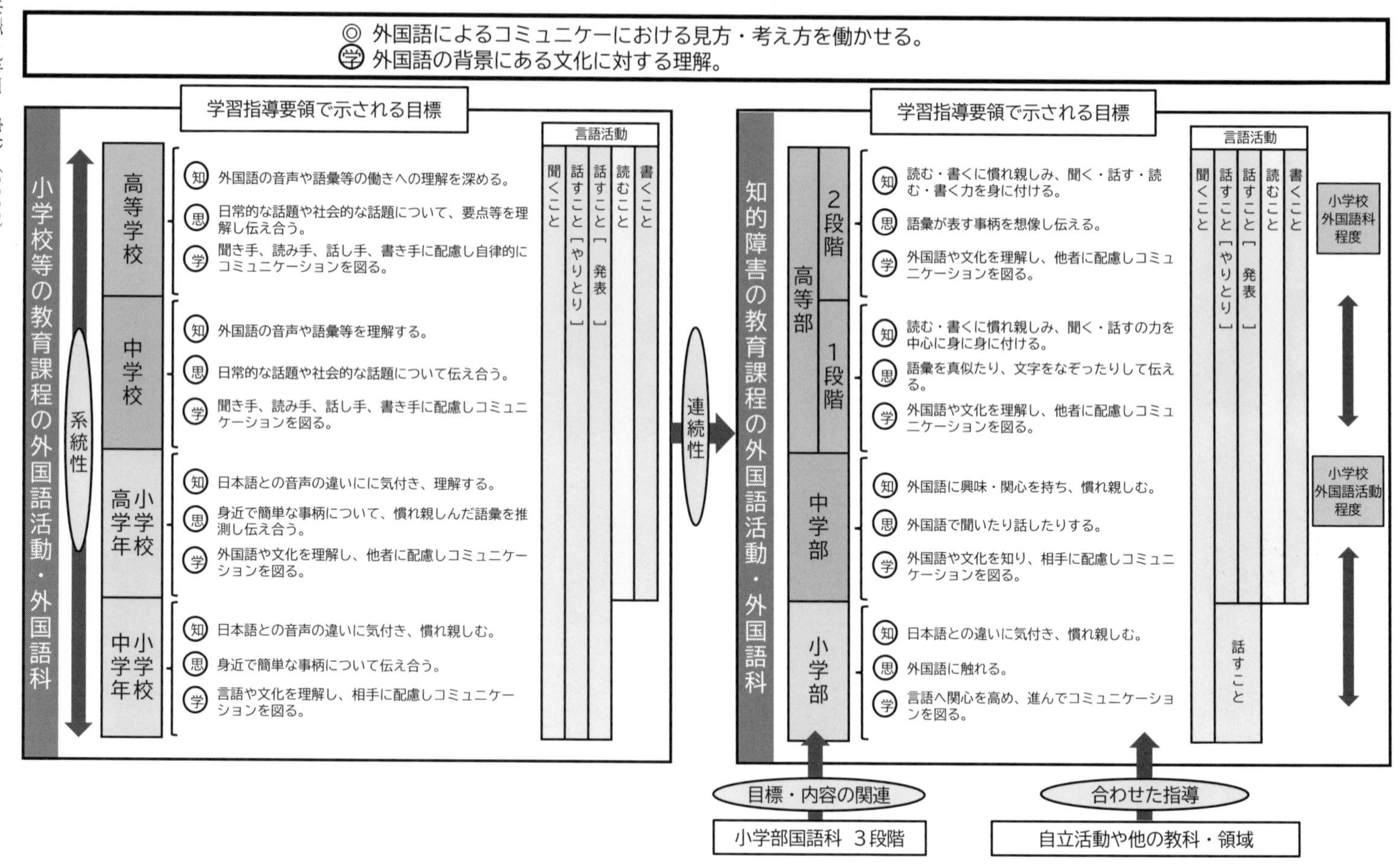

出所：池田・奥住（2023）

図 1-4　外国語科・外国語活動の目標の関係性（試案）

通常の学級に在籍する障害のある児童生徒への支援の在り方に関する検討会議報告(概要)

（令和５年３月13日）

文部科学省

現状・課題

① 学習面又は行動面で著しい困難を示すとされた児童生徒：小中学校8.8%　高等学校2.2%　➡ **全ての学級に特別な教育的支援が必要な児童生徒が在籍している可能性**
うち、校内委員会で支援が必要と判断：小中学校28.7%　高等学校20.3%　➡ **校内委員会の機能が十分に発揮されていない**

② 他校通級は、小学校では約３割、中学校では約２割　➡ **児童生徒や保護者の送迎等の負担**
高等学校において、通級による指導が必要と判断された生徒が受けられていない実態がある　➡ **実施体制が不十分**

③ 障害の程度の重い児童生徒が通常の学級に在籍（就学先決定にあたり本人・保護者の意見を最大限尊重）　➡ **より専門的な支援が必要**

④ 令和4年9月9日障害者権利委員会の勧告　➡ **障害のある子供と障害のない子供が可能な限り同じ場で共に学ぶための環境整備の推進が必要**

小中高等学校等

①校内支援体制の充実
☞ 支援の対象とすべき児童生徒について幅広く把握し、必要な支援を組織的に対応

校内委員会の再点検、障害者理解教育の推進

校長
教務主任
通級指導担当
学級担任　等
中心的な役割を担う
特別支援教育コーディネーター

校内委員会の機能強化

通常の学級でできうる支援策を検討した上で、通級による指導や特別支援学級の必要性を検討

通常の学級
発達障害や障害の程度の重い児童生徒が在籍

わかりやすい授業の工夫
個別の教育支援計画・個別の指導計画の作成と活用
専門家等からの支援
特別支援教育支援員
ＩＣＴの活用
合理的配慮

②通級による指導の充実
☞ 本人や保護者が仕組みや意義等を理解した上で、指導を受けることが重要
☞ 児童生徒が慣れた環境で安心して受けられるよう、**自校通級**や**巡回指導を促進**
☞ 自立活動の意義と指導の基本を改めて周知、研修会等の実施
☞ 高等学校については、潜在的な対象者数も踏まえた教員定数措置を含めた指導体制等の在り方を検討

通級による指導
自校通級　A校
巡回指導　B校

※ 弱視、難聴、肢体不自由、病弱・身体虚弱など在籍者の少ない障害種への対応に差異が生じることのないよう留意

特別支援学校

③特別支援学校のセンター的機能の充実
☞ 特別支援教育に関する専門的な知見や経験等を有する特別支援学校からの**小中高等学校への支援を充実**

特別支援学校のセンター的機能の発揮

④インクルーシブな学校運営モデルの創設
～特別支援学校と小中高等学校のいずれかを一体的に運営～
☞ 特別支援学校を含めた２校以上で連携し、障害のある児童生徒と障害のない児童生徒が交流及び共同学習を発展的に進める学校をモデル事業として支援
☞ 知的障害を対象とした通級による指導も同モデルにおいて実現

小中高等学校 ⟷ 特別支援学校
柔軟な教育課程・指導体制

◆ 上記取組とあわせて、令和4年3月の検討会議報告を踏まえた特別支援教育を担当する教師等の専門性の向上を図るため、各自治体における令和6年度からの実現に向けた取組を促進させる。
◆ 障害のある児童生徒が自己理解を通じ自己肯定感を高め、自立し、社会の一員として活躍するために必要な基盤となる能力や態度を育てるキャリア教育の推進。
◆ 国においては、連続性のある多様な学びの場の一層の充実・整備を進め、本報告に示した具体的な方向性を踏まえた関連施策等の充実に努め、各自治体や学校における取組について、必要な助言等を行いつつ、教師の働き方改革にも留意しながらその進捗状況等についてフォローアップを実施。

出所：文部科学省（2023）

図 1-5　通常の学級に在籍する障害のある児童生徒への支援の在り方に関する検討会議報告（概要）

第2章

知的障害特別支援学校の
カリキュラム・マネジメントの考え方

第1節 総則スタンダードに沿った手続きの理解と確実な実行

特別支援学校学習指導要領等（平成29年4月公示、平成31年2月公示）（以下、「特別支援学校の学習指導要領」という）では、社会に開かれた教育課程の実現、育成を目指す資質・能力、主体的・対話的で深い学びの視点を踏まえた授業改善、各特別支援学校におけるカリキュラム・マネジメントの確立などが求められている。

① 総則の構造とカリキュラム・マネジメント

特別支援学校の学習指導要領に則り、知的障害のある児童生徒を教育する特別支援学校においても教育課程の編成については、カリキュラム・マネジメントの一環として行われることとなった。それを実現するために、特別支援学校の学習指導要領の総則の構成が、表2-1のとおり、カリキュラム・マネジメントを意識した構成となっている。

そのことを踏まえ、知的障害のある児童生徒を教育する特別支援学校が、カリキュラム・マネジメントを効果的に進めるためには、自校で何をカリキュラム研究のねらいとして位置付けながら教育活動の質の向上を図っていくのかを明確にして取り組むことが期待されている。

そのため、各校のテーマを、同僚に分かりやすく説明することが重要なポイントになってくる。その際、表2-1のとおり、特別支援学校の学習指導要領の総則の構成を校内共通のものさし、又は共通の言語としながらカリキュラム研究に対する説明責任を果たしていくなど工夫が求められている。

表2-1　総則の構成

○　解説　総則編（小学部・中学部）

① 小学部及び中学部における教育の基本と教育課程の役割（第１章総則第２節）
② 教育課程の編成（第１章総則第３節）
③ 教育課程の実施と学習評価（第１章 総則第４節）
④ 児童又は生徒の調和的な発達の支援（第１章総則第５節）
⑤ 学校運営上の留意事項（第１章総則第６節）
⑥ 道徳教育推進上の配慮事項（第１章総則第７節）
⑦ 重複障害者等に関する教育課程の取扱い（第１章総則第８節）

自校のカリキュラム研究の方向性について説明する場合、図2-1のとおり、基本は「何を学ぶか（教育の内容）」と「どのように学ぶか（指導の形態）」や「何が身に付いたか（学習評価）」を、まずはそれぞれの手続きに分けて捉え、次にそれらをつなげて考えさせていくようなステップが、研究の内容をより分かりやすくさせる最も効果的な取組ではないかと思われる。例えば、知的障害のある児童生徒を教育する場合、各教科等の一部又は全部を合わせた指導に関するカリキュラム研究に着手する場合がある。その際には、「何を学ぶか（教育の内容）」に対し、「何が身に付いたか（学習評価）」の相互の関係性をまずは明確にして、従前から指摘されている活動重視、又は活動評価の思考に陥りやすくなる教育実践の事例とならないように気を付けたいところである。

よって、各教科等を合わせた指導に関するカリキュラム研究にこそ、総則の「教育課程の編成における共通的事項」の規定に沿ったスタンダードな手続き、ここでは「総則スタンダードの手続き」と呼ぶが、それを確実に遂行することこそが、これからの時代に求められているカリキュラム・マネジメントの工夫につながるものであり、そのことを十分踏まえた教務主任や、教務主任と連携する研究主任等の手腕に期待が寄せられている。

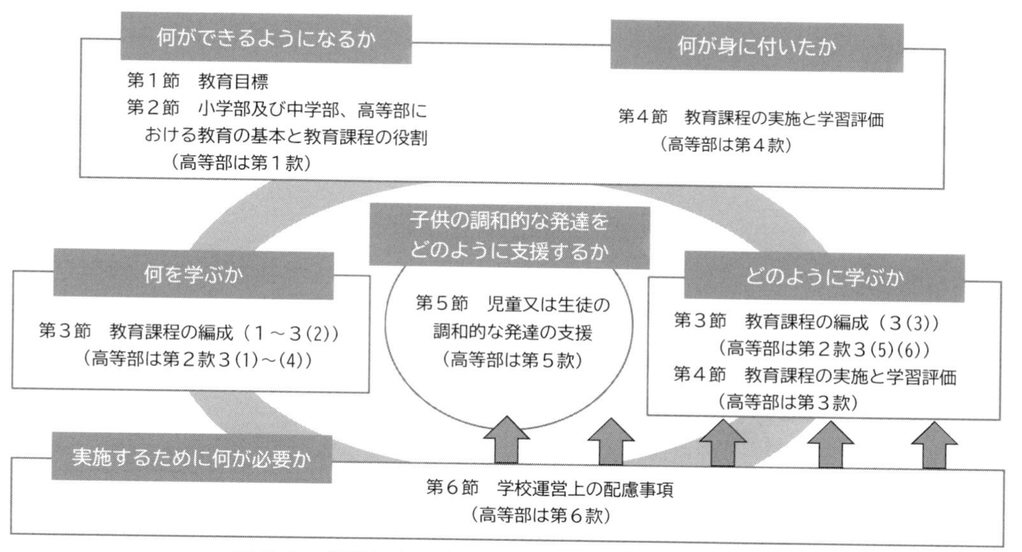

図2-1　総則とカリキュラム・マネジメントの構造図

(2) 教育課程の編成における共通事項について

知的障害のある児童生徒を教育する特別支援学校においても、児童生徒が未来社会を切り拓くための資質･能力を一層確実に育成することを目指すことになる。そこで、学校全体として、小学部入学から高等部卒業までの節目ごとに指導の系統性や一貫性を意識した教育課程を構想していくことが重要である。

学年や学部の節目において進級や進学を見通しながら、指導の系統性や一貫性を意識した教育課程を構想していくためには、総則スタンダードの手続きに対して、これまで以上に関心を払っていく必要がある。なぜならば、すべての学校種において学習指導要領で共通となる「生きる力」を育むに当たっては、学校教育全体並びに各教科等の指導を通してどのような資質・能力の育成を目指すのかを明確にしながら、「生きて働く「知識・技能」の習得（何を理解しているか、何ができるか）」、「未知の状況にも対応できる「思考力・判断力・表現力等」の育成（理解していること・できることをどう使うか）」、「学びを人生や社会に生かそうとする「学びに向かう力・人間性等」の涵養（どのように社会・世界と関わり、よりよい人生を送るか）」の三つの柱で整理された育成を目指す資質・能力を偏りなく実現できるようになることが重視されたからである。

また、そのことを踏まえ、知的障害のある児童生徒のための各教科を含め全ての教科等の目標及び内容が「知識及び技能」「思考力，判断力，表現力等」「学びに向かう力，人間性等」の三つの育成を目指す資質・能力として再整理されたこともつながってくる。

ゆえに、知的障害のある児童生徒が、多様な学びの場の連続性のなかにあっても、知的障害のある児童生徒のための各教科等の指導を切れ目なく積み上げて、自立と社会参加に必要な資質・能力を確実に育成していくことの重要性を、指導する教師一人一人が十分認識するとともに、改めて、カリキュラム･マネジメントに関わる教師は、総則スタンダードの手続きを実践し、指導の系統性や一貫性、教育課程の間の接続による学びの連続性の実現を目指していくことが期待されているのである。

なお、総則スタンダードの手続きを理解し、教育課程の編成と実施を確実に展開することに加え、教育課程の評価と改善が一体的に行われてこそ、教育課程全体を通して資質・能力を確実に育成することにつなげようとするカリキュラム・マネジメントの目的の達成、機能の発揮がなされていくものであると考える。よって、指導と評価の一体化を図り、教育課程を絶えず評価して改善する基本的な風土や年間サイクル（スケジュール）を学校文化として醸成していくことが大切である。そのうえで、カリキュラム・マネジメントは、学部や学年、校務分掌、各種委員会など各担当レベルを超えたところでの横断的な協働が必要になってくることから、柔軟に検討できる仕組みも校内で構築する必要もあると思われる。

(3) 何を学ぶか

知的障害のある児童生徒を教育する特別支援学校が、特別支援学校の学習指導要領に基づいてカリキュラム・マネジメントに取り組むためには、総則スタンダードのうち、特に「内容の取扱い」と「授業時数の取扱い」に関する共通的な手続きを一連として確実に実行していくことが前提となる。その際、手続きごとの基本的な用語の意味や、手続き間で変化する用語の関係性についても意識し、理解していくことが必要である。これらのことが、各個人の印象や、学校ごとに解釈が異なれば、社会に開かれた協議の場で議論がかみ合わなかったり、連続した多様な学びの場の間での共同研究の妨げになったりすることがないよう、総則スタンダードを「共通言語」とするように心がけていきたいところである。

(1)「意図するカリキュラム」と「実施するカリキュラム」について

総則スタンダードの最初の手続きが「内容の取扱い」となっている。この手続きは、特別支援学校の学習指導要領を踏まえ、その年度の教育の内容（何を学ぶか）を整理する段階といえる。先ほどの図2-1では、「何を学ぶか」の手続きに当たる。この手続き部分に関しては、2016（平成28）年12月、中央教育審議会において「幼稚園、小学校、中学校、高等学校及び特別支援学校の学習指導要領等の改善及び必要な方策等について（答申）」がとりまとめられ、その「補足資料」の中で『各特別支援学校が学習指導要領を踏まえて意図するカリキュラムを明確にする段階』と表現されている。

なお、図2-1の「どのように学ぶか」を整理する手続きは、各特別支援学校において裁量が優先される年間指導計画システムのことであり、先ほどの「補足資料」の中では『各特別支援学校が実施するカリキュラムを作成する段階』と表現されている。

よって、図2-2のとおり、知的障害のある児童生徒を教育する特別支援学校においては、総則スタンダードの手続きのうち、意図するカリキュラム（何を学ぶか）を明確にする段階を経てから、実施するカリキュラム（どのように学ぶか）を作成する段階に至るという正当なプロセスを丁寧に機能させていくことが重要になってくる。

ちなみに、平成20年、21年に改訂された特別支援学校の学習指導要領では、各教科等を合わせた指導に関する規定に関しては、意図するカリキュラムを明確にする段階に位置付けられていた。しかし、知的障害のある児童生徒を教育する特別支援学校では、各教科等を合わせた指導をしなければならないという誤解を解消し、当該規定の適用判断の主体は各校にあるとして、平成29年、31年に改訂された特別支援

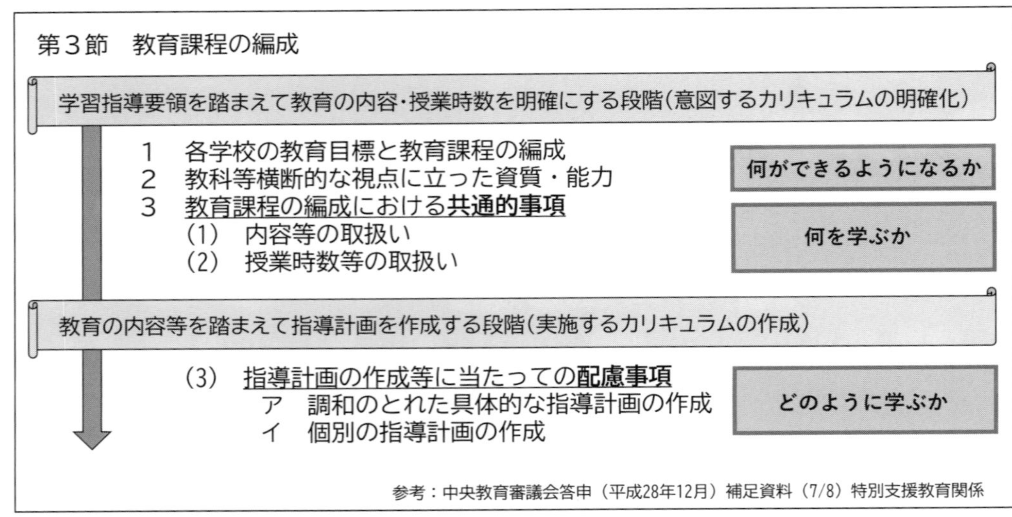

図 2-2　各学校で踏まえるべき総則スタンダードの手続き

学校の学習指導要領では、実施するカリキュラムを作成する段階に規定が移されたことに留意する必要がある。

（2）内容の取扱いについて

「内容」の取扱いについては、端的にいえば、それぞれの知的障害特別支援学校において、教育の目的や学校教育目標の実現に必要な教育の内容等を教科等横断的な視点で組み立てていく作業のことである。

❶　教育の内容とは

「教育の内容」とは、教育課程を構成する二つの側面から成り立つものである。

第一は、教育すべき教科等の枠組みの側面である。特別支援学校に関しては、学校教育法施行規則第 126 条から 128 条に示されている。特に、知的障害のある児童生徒を教育する場合は第２項が適用されることになる。

第二は、教育すべき教科等の枠組みごとに取り扱う内容の側面である。これに関しては、同規則第 129 条により、特別支援学校の学習指導要領の第２章以下に、学部ごと、教科・段階別に目標とともに示されている。

❷　内容とは

「内容」とは、特別支援学校の学習指導要領の第２章以下に学部ごと、教科・段階別に目標と共に示されている。

このことは、特別支援学校の学習指導要領において、知的障害のある児童生徒のための各教科の目標を実現するために必要な、中核的な内容を段階ごとに示すにとどめてあることや、発達期における知的機能の障害が、同一学年であっても、個人差が大きく、学力や学習状況も異なるため、知的障害のある児童生徒一人一人の実態に即して各教科の内容を精選し、効果的な指導ができるように各教科に示す内容が学年ではなく段階別に示されていることによる。

なお、特別支援学校の学習指導要領における知的障害のある児童生徒のための各教科の内容に関しては、平成20年、21年改訂版の内容を基本的な範囲としながら、育成を目指す資質・能力の三つの柱に基づき、各教科の目標や内容を構造的に示し、その際、小学校及び中学校の各教科の目標や内容等との連続性や関連性をもって整理されたものである。

よって、経験年数の短い教師であっても、各教科等の指導を通して育成を目指す資質・能力を確実に捉えられるようにするとともに、多様な学びの場の連続性の中で、学部・段階ごとの目標の系統性や内容の関連、小学校等の教科と知的障害のある児童生徒のための教科との関連など相互のつながりを確認しやすくなったものと考える。

❸　指導内容とは

「指導内容」とは、知的障害のある児童生徒が、特別支援学校の学習指導要領に示されている各教科等の内容を習得し、目標を達成するために、教師が授業レベルで具体的に設定する指導内容のことである。

いわゆる「準ずる教育課程」における各教科の指導に際しては、文部科学省検定済教科用図書とその指導書、又は教科書発行者が作成している各種の資料などに、既に学年ごとの各教科の内容を基にした具体的な指導内容と、それを教授するための教科書と題材が準備されているため、教師自ら具体的に指導内容を設定したり、題材を選定したりする機会は限られている。

しかし、知的障害のある児童生徒のための各教科については、改訂に対応した文部科学省の著作教科用図書及び教科書解説書がある場合とない場合がある。ない場合は、知的障害のある児童生徒を教育する各特別支援学校において『解説　各教科等編』などを参考にしながら、各教科の段階に示す内容を基に、児童生徒の知的障害の状態や経験等に応じて、具体的に指導内容を設定する作業と併せて、それを教授するための一般図書や適切な題材の準備が必要になるなど両者を関連付けた検討システムが求められるのである。

（3）授業時数の考え方について

各教科等の指導は一定の時間内で行われるものである。授業時数の配当は、教育課程の編成上で重要な要素であり、基本的には小中学校等の各学年における総授業時数に準ずるものとしている。

また、各教科等のそれぞれの年間の授業時数に関して、全ての特別支援学校では年間の総授業時数の中から、自立活動の授業時数を適切に定めることになっていることから、各教科等のそれぞれの年間の授業時数について標準として定めておらず、各教科等の目標や内容を考慮して、各学校で、適切に定めるものとしているのである。

よって、各教科等に係る指導の時間配当は、学習する集団に属する児童生徒に対する各教科等の具体的な指導内容を見渡し、次の「年間指導計画システム」において、単元や題材など内容や時間のまとまりを見通し、かつ、昨年度の配当結果等の評価を踏まえ、配当作業を進めていくと算定のイメージももちやすくなる。

なお、知的障害のある児童生徒を教育する特別支援学校において、各教科等を合わせて指導を行う場合には、表 2-2 のとおり、指導の時間配当が、関連する教科等を、教科等別に指導する場合の授業時数の合計と概ね一致するように計画する必要があることが解説されている。

表 2-2　各教科等を合わせた指導の時間配当の考え方

○　**指導内容の設定と授業時数の配当（『解説　各教科等編』第４章第２節４）**

> 各教科等を合わせて指導を行う場合には、授業時数を適切に定めることが示されている。各教科等を合わせて指導を行う場合において、取り扱われる教科等の内容を基に、児童生徒の知的障害の状態や経験等に応じて、具体的に指導内容を設定し、指導内容に適した時数を配当するようにすることが大切である。指導に要する授業時数をあらかじめ算定し、関連する教科等を教科等別に指導する場合の授業時数の合計と概ね一致するように計画する必要がある。

4 どのように学ぶか

総則スタンダードの手続きとして、実施するカリキュラムを作成する段階では、前項までの意図するカリキュラムを明確にする段階で明らかにした教育の内容（何を学ぶか）を踏まえ、調和のとれた具体的な指導計画を作成するものである。すなわち、具体的な指導計画は、各教科等のそれぞれについて、学年ごとあるいは学級ごとなどに、その年度の各教科等における学習活動の見通しをもつために、1 年間の流れに沿って単元を配列し、さらに細かな計画として単元計画を作成する年間指導計画システムのことである。

（1）各教科等の年間指導計画について

年間指導計画とは、個別に作成するのではなく、学習する集団に対して作成するものである。特別支援学校の学習指導要領では、例えば、小学部・中学部において「第２章以下に示す各教科、道徳科、外国語活動、特別活動及び自立活動の内容並びに各学年、各段階、各分野又は各言語の内容に掲げる事項の順序は、特に示す場合を除き、指導の順序を示すものではないので、学校においては、その取扱いについて適切な工夫を加えるものとする」としている。

学習する集団に属する児童生徒に対し、各教科等の内容を基に設定した、その年度に取り扱う予定の具体的な指導内容を俯瞰して眺めることが、年間指導計画システムの第一歩であると考える。

次に、各教科等の内容を基に設定した、その年度に取り扱う予定の具体的な指導内容のそれぞれを、各教科等の間や、学年や学部の間において、相互の関連を見通した発展的、横断的な指導が可能となるように、指導内容のまとめ方や重点の置き方に適切な工夫を加えながら１年間の流れに沿って単元化していく手続きに移行していくことになる。この作業が、調和のとれた年間指導計画となるかどうかのポイントといえる。

（２）単元について

単元とは、各教科等において、一定の目標を中心として組織された指導内容の有機的な一まとまりのことであり、単元の構成は、教育課程編成の一環として行われるものである。文部科学省著作教科書の章立て等も、こうした単元の構成をイメージしながら構成されている。また、単元ではなく題材といった呼び方をする場合や、単元の指導内容のまとまりの大きさに応じて、大単元、小単元といった呼び方を用いる場合等もある。

従来、単元については、実生活に起こり得る問題を解決させようとする経験に即した内容をまとまりとして教えようとする単元と、知的障害のある児童生徒の発達の過程に即して科学・学問の基礎として体系的に教えようとする教材単元という二つの考え方が提起されてきた経緯がある。現在、各学校において実施されている単元については、各教科等の指導内容を系統的に扱いつつ、その中での学習のまとまりを知的障害のある児童生徒にとって意味のある学びとしようとする両面からの様々な工夫が展開されているところである。

（３）学校教育法施行規則第 130 条第２項の規定について

単元化していく時に、それぞれの知的障害特別支援学校において、何に着目して、指導内容を配列したり、まとめて組織したりしていくのか、その視点を校内で整理し、共有することが必要である。

その際、知的障害の状態や学習上の特性を考慮し、指導の効果を高めるため、教科別の指導の他に、合科的・関連的な指導や、各教科等を合わせた指導のいずれかのまとめ方を工夫した指導の形態を選択することとなる。この場合、最も重要なことは、知的障害のある児童生徒の学習上の特性から、学習する集団に属する児童生徒にとって学びやすく、理解につながりやすい指導内容のまとめ方になっているのか、その視点を学部ばらばらにではなく、学部共通にもつことを一番大切にして考えていきたいものである。そうした視点を校内で整理し、学習する集団に属する知的障害のある児童生徒の学び方として効果的な指導の形態の選択が付いてくるのではないだろうか。

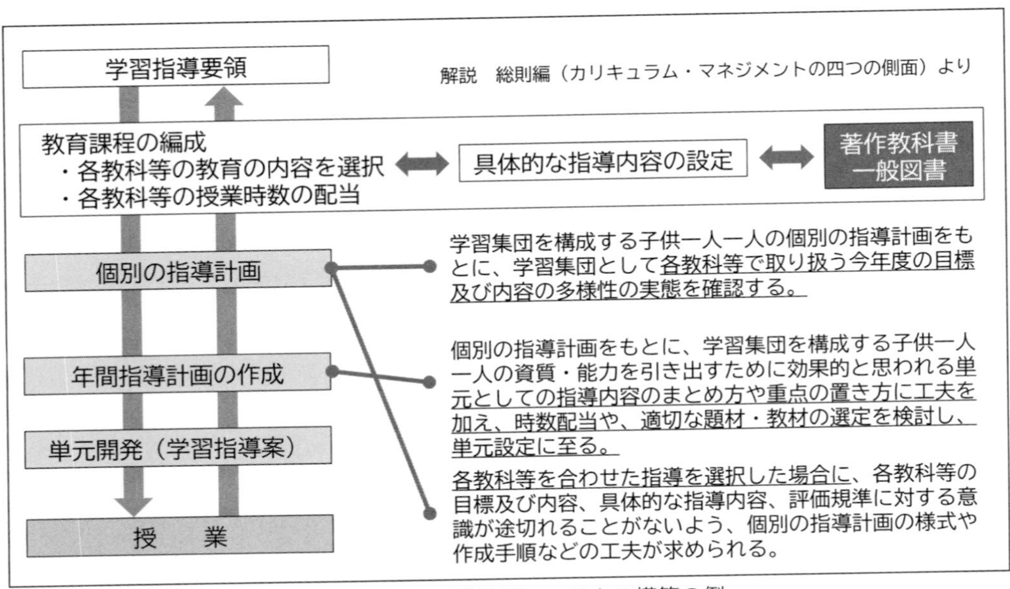

図 2-3　年間指導計画システムの構築の例

（4）年間指導計画システムの構築を目指して

さて、『解説　総則編』には、「カリキュラム・マネジメントの四つの側面を通して、教育課程に基づき組織的かつ計画的に各学校の教育活動の質の向上を図っていくこと」とするとともに、その四つめの側面として、「個別の指導計画の実施状況の評価と改善を、教育課程の評価と改善につなげていくこと」とし、「個別の指導計画に基づいて児童生徒に「何が身に付いたか」という学習の成果を的確に捉え、個別の指導計画の実施状況の評価と改善を、教育課程の評価と改善につなげていくよう工夫することが大切」であるとしている。

ここでいう学習の成果として評価するものとは、個別の指導計画で設定していた各教科等で育成を目指す資質・能力を評価していくことになる。その評価をもって、図2-3のとおり、次年度の学習集団を構成する知的障害のある児童生徒一人一人に取り扱うことになる、各教科等の内容から設定した具体的な指導内容を俯瞰して眺め、その画一性や多様性を教師が確認する作業から年間指導計画システムは始めるべきであると考える。

その確認の作業が、各教科等を合わせた指導の形態、例えば、生活単元学習としての個別の指導計画を作成していたとして、そこでの指導内容が、教科等ごとの内容を基に設定した具体的な指導内容のまとまりとして意識されるよう、年間指導計画システムの前提として、各教科等を合わせた指導に関する個別の指導計画システムの見通しが必要となる。

（分藤 賢之）

《引用・参考文献》
中央教育審議会（2016）「幼稚園、小学校、中学校、高等学校及び特別支援学校の学習指導要領等の改善及び必要な方策等について（答申）補足資料（1/8）」第 1 部 1，9.
中央教育審議会（2016）「幼稚園、小学校、中学校、高等学校及び特別支援学校の学習指導要領等の改善及び必要な方策等について（答申）補足資料（7/8）」第 2 部 1，(5)，218.
文部科学省（2017）「特別支援学校小学部・中学部学習指導要領（平成 29 年 4 月告示）」42-43，第 1 章 , 第 2 節 4，63，第 1 章第 3 節 3，(1)，ｳ，64，第 1 章第 3 節 3，(1)，ｸ，65，第 1 章第 3 節 3，(3)，ｱ，(ｵ)，67-68.
文部科学省（2018）「特別支援学校教育要領・学習指導要領解説　総則編（幼稚部・小学部・中学部）」第 2 章第 2 節，4，194-202.
文部科学省（2018）「特別支援学校学習指導要領解説　各教科等編（小学部・中学部）」第 4 章第 2 節 4，35，第 4 章第 3 節，2，38.

第2節 調和のとれた具体的な指導計画の作成

本節においては、平成29年4月に改訂された特別支援学校小学部・中学部学習指導要領（以下、「学習指導要領」という）第1章総則第3節の3や、第2章各教科第1節第2款第2を根拠にし、中央教育審議会初等中等教育分科会教育課程部会「特別支援教育部会における審議の取りまとめ」（平成28年8月26日）（以下、「部会まとめ」という）での指摘を踏まえつつ、教育活動の質の向上を図るカリキュラム・マネジメントの視点に立ち、各教科等で育成する資質・能力や各段階に示された目標及び内容を明確にした調和のとれた具体的な指導計画の作成について述べる。

特に、各教科等を効果的に指導するためには、教科別の指導を行うほか、必要に応じて合わせた指導を行うなど、指導の形態を選択するという点に着目し、次節以降で述べられる指導と評価の一体化や単元や題材など内容や時間のまとまりを見通した授業づくりにつながるよう、調和のとれた具体的な各教科等の年間指導計画を作成するための考え方や留意点について述べる。

① 部会まとめでの指摘と学習指導要領の改訂

部会まとめ「3．特別支援学校の(3)の①現状と課題」から、知的障害者である児童生徒に対する教育を行う特別支援学校の教育課程等に関する指摘が、以下のように示されている。

○　知的障害のある子供たちのための各教科の目標・内容が大綱的に示されているため、各教科等を合わせて授業を行う場合、各教科等の目標・内容を関連付けた指導及び学習評価の在り方が曖昧になりやすく、学習指導の改善に十分に生かしにくいという指摘がある。

○　各教科等を合わせて指導を行う場合に、各教科等の目標に照らした観点別の学習評価規準を設定して評価する先行的な取組も行われている一方で、必ずしも各教科等の目標が十分に意識されずに指導や評価が行われている場合があることも指摘されている。

これらの指摘などを含め今回の改訂においては、これまで大綱的に示されてきた各教科等の目標や内容について、育成を目指す資質・能力の三つの柱に基づき、各教科等の目標や内容を構造的に示し、小学校及び中学校の各教科等の目標や内容等との連続性や関連性を踏まえて整理された。また、各段階における育成を目指す資質・能力を明確にするため、段階ごとの目標を新設するとともに、各段階間の円滑な接続を図るため、各段階の内容のつながりを整理し、段階間で系統性のある内容を設定するなどの充実が図られた。さらには、本章第３節にあるように、観点別学習状況の評価の改善・充実が図られたところである。

このことにより、教科別に指導を行う場合であっても、各教科等を合わせて指導を行う場合であっても、各教科等の目標及び内容を明確にした授業を展開しやすくなったといえる。加えて、各教科等の目標に準拠した観点別学習状況の評価を通じた学習評価についても行いやすくなったといえる。

また、各教科等を合わせて指導を行う場合の規定は、本章第１節にあるように、従前、教育課程の編成における共通的事項の内容等の取扱いに規定していたが、今回の改訂においては、カリキュラム・マネジメントの視点から、指導計画の作成等に当たっての配慮事項として示したところである。

このことは、教育の内容と指導の形態とを混同し、学習活動が優先され、各教科等への意識が不十分にならないようにするとともに、各教科等を合わせて指導を行う場合においても、各教科等の目標を達成していくことから、育成を目指す資質・能力を明確にして、指導計画を立てる必要があることを示している。

年間指導計画等は、学年ごとあるいは学級ごとなどに、各教科、道徳科、特別活動のそれぞれの目標及び内容を基にして、それらの目標の系統性や内容の関連性に十分配慮しながら、指導目標、指導内容、指導の順序、指導の時間配当等を十分に明らかにした上で、適切に作成する必要がある。また、第１章総則第３節の３の（2）のア（授業時数等の取扱い）を踏まえ、各教科等の目標及び内容を考慮し、それぞれの年間の授業時数を適切に定めるものとしている。

このように、知的障害のある児童生徒を教育する特別支援学校においては、カリキュラム・マネジメントの視点から、はじめから全部合わせることを前提とせず、各教科等それぞれの年間指導計画をもとに、一層効果の上がる授業をするための指導の形態を選択し、合わせた指導を行う際には、一部なのか全部なのかを検討する手続きが必要と考える。

(2) カリキュラム・マネジメントの一環としての指導と評価の一体化

各学校においては、部会まとめにある課題等を踏まえ、図2-4にあるように、PDCAサイクルを学校全体として組織的かつ計画的に進め、カリキュラム・マネジメントの一環としての指導と評価の一体化を図ることが重要となる。

特にPLANに当たる各学校の教育課程の下で作成される各種指導計画には、各学校の創意工夫により、例えば各教科等の年間指導計画をはじめ、学期ごと、月ごと、週

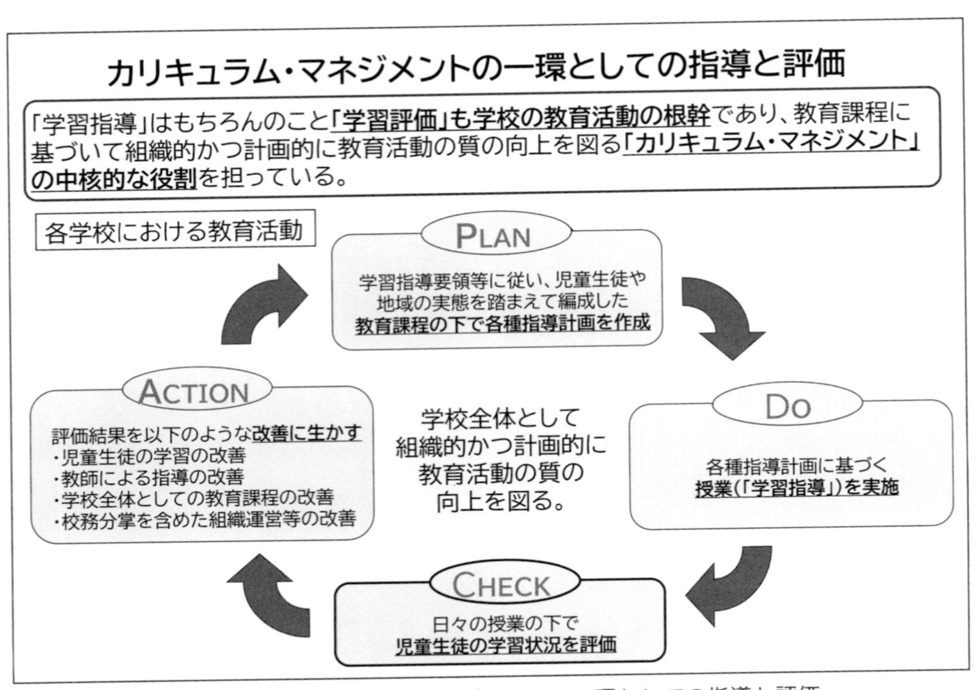

図 2-4　カリキュラム・マネジメントの一環としての指導と評価

ごと、単元・題材ごとなど（以下、「各種指導計画」とする）が作成されており、どの指導計画においても、教育課程を具体化した計画であるという共通性をもっている。

また、カリキュラム・マネジメントの四つの側面である「個別の指導計画の実施状況の評価と改善を教育課程の評価と改善につなげていく工夫」により、教育活動の質の向上を組織的かつ計画的に進めていくことが重要となっており、各種指導計画は、指導と評価を一体的に進めていく上で、極めて重要な役割を果たすものとなる。

各学校の創意工夫により作成されている各種指導計画が、どのような関係性があり、どのような役割を果たす指導計画なのかを、この機会に再確認し、作成の考え方や手続きを明確にしていくことが重要と考える。例えば、各教科等の年間指導計画は、教育の内容を学年段階に応じ授業時数との関連において組織した教育課程を具体化した計画であり、その年度の各教科等における単元等を配列し、学習活動の見通しが示されているものといえる。そして、その年間指導計画を踏まえ、個々の児童生徒の実態に応じて適切な指導を行うために個別の指導計画が作成され、授業につながる単元計画や学習指導案等が作成されていくことなどが想定される。さらには、本章第 1 節にも述べられているように、計画（P）に基づく授業（D）、学習評価（C）、改善（A）から教育課程の改善につながる学校全体のカリキュラム・マネジメントを進め、児童生徒の人間として調和のとれた育成を目指した適切な教育課程を編成することが求められている。

③ 人間として調和のとれた育成について

本項では学習指導要領第１章総則を中心に「調和のとれた」に着目して、以下（1）から（3）に示すバランスのとれた資質・能力の育成を図ることの重要性について述べる。

（1）教育課程の編成の原則と「知・徳・体」のバランスのとれた生きる力の育成

学習指導要領第１章総則第２節の１には、次のように規定されている。

> 各学校においては、教育基本法及び学校教育法その他の法令並びにこの章以下に示すところに従い、児童又は生徒の人間として調和のとれた育成を目指し、児童又は生徒の障害の状態や特性及び心身の発達の段階等並びに学校や地域の実態を十分考慮して、適切な教育課程を編成するものとし、これらに掲げる目標を達成するよう教育を行うものとする。

児童又は生徒の人間としての調和のとれた育成を目指すということは、教育基本法や学校教育法の規定を踏まえた学校教育の目的そのものであり、国が定めた教育課程の基準となる学習指導要領に従い、教育課程を編成する場合には、児童生徒の調和のとれた発達を図るという観点から、児童生徒の障害の状態や特性及び心身の発達の段階等や学校、地域の実態を的確に把握し、児童生徒の人間として調和のとれた育成を目指していくことが示されている。そのためには、学校教育目標の実現に向けた教育の内容を選択して組織し、それに必要な授業時数を配当していくこととなる。その際、特別支援学校における総授業時数は、小学校に準じることとなるが、各教科等の授業時数については、各学校の裁量に委ねられていることから、特に、教育の内容と授業時数の配当においては、人間としての調和のとれた育成を目指すことを念頭におく必要がある。

また、第１章総則第２節の２においても、「知・徳・体」のバランスのとれた生きる力の育成が示されており、各学校の創意工夫を生かした特色ある教育活動を通して確かな学力、豊かな心、健やかな体、特別支援学校はこれらに加えて心身の調和的発達の基盤を培う自立活動によって生きる力の育成を図っていくことが示されている。例えば、豊かな心の育成となる道徳教育や体験活動などに偏ることなく、確かな学力の育成となる三つの資質・能力を身に付けられるようにすることや、健やかな体の育成となる食育や安全に関する指導など、教育活動全体を見通した中で、自立活動も含めたバランスのとれた「生きる力」の育成を目指していくことに留意が必要となる。

（2）資質・能力の三つの柱のバランスのとれた育成

知的障害の各教科等を含め、「知識及び技能」「思考力，判断力，表現力等」「学びに向かう力，人間性等」の資質・能力を学習の過程を通して相互に関係しあいながら、三つの柱がバランスよく育成できるようにすることが重要となる。

この観点は、調和のとれた具体的な指導計画の作成や、授業づくりを構想する上で、特に重視しなければならないものである。例えば、指導計画の作成においては、知識及び技能の習得に偏った指導内容になっていないか、授業づくりにおいては、育成を目指す資質・能力が発揮される姿や場面を想定し、生活に結び付いた具体的な学習活動を設定しているかなど、各種指導計画の役割や位置付けを踏まえ、三つの資質・能力をバランスよく身に付けていけるように計画することが重要となる。その際、単元や題材など内容や時間のまとまりを見通した、主体的・対話的で深い学びの実現に向けた授業改善から指導計画を見直すというサイクルの構築も大切となる。

（3）児童生徒の発達の段階と学部段階間や卒業後との接続を考慮したバランスのとれた資質・能力の育成

障害の状態等によって高等部の生徒であっても、特に必要がある場合、自立活動を主とした教育課程を編成し、各教科等の一部を小学部の各教科等の目標及び内容を取り扱う指導計画を作成することもある。その際、義務教育段階で育成を目指す資質・能力を確実に身に付けていく観点も重要である一方、高等部の生徒であることや、卒業後の進路を考慮した資質・能力を着実に育成する観点も重要である。例えば、特別支援学校において個々の児童生徒の実態を考える場合、障害の状態とそれに起因する発達の遅れのみに目が向きがちであるが、指導計画を作成する際には、児童生徒の発達の段階に応じることと、学部段階間や卒業後との接続を考慮したバランスのとれた資質・能力の育成を踏まえた題材や教材等を工夫することなどが考えられる。

また、卒業後の社会生活における豊かな人間関係の中で有意義な生活が送れるよう、自己の生き方などに関わって、主体的な選択やよりよい自己決定ができるようにすることなども大切となる。さらには、学校教育を通じて身に付けた能力を最大限伸ばすことができるよう、生涯学習への意欲を高めるために、例えば、地域の活動やスポーツといった機会を作ることも大切となる。

このように、上記の（1）（2）（3）で示したバランスのとれた育成を図ることの重要性を踏まえつつ、調和のとれた具体的な指導計画を作成していくことが重要となる。特に、単元や題材など内容や時間のまとまりを具現化する単元構想や授業づくりをする上では、（2）に示した三つの資質・能力がバランスよく育成できるようにすることが重要となる。

4 調和のとれた具体的な指導計画の作成

学習指導要領第１章総則第３節の３の (3) のアには、「各学校においては、次の事項に配慮しながら、学校の創意工夫を生かし、全体として、調和のとれた具体的な指導計画を作成するものとする」と規定されており、特に配慮する必要がある事項を５

項目にわたり示している。以下、知的障害教育に係る重要な４項目について述べる。

一つ目の項目は、資質・能力を育む効果的な指導を行うことについてである。本節３の（２）で述べたように、各教科等の各段階の目標と内容の関連を十分研究し、単元や題材など内容や時間のまとまりを見通しながら、主体的・対話的で深い学びの実現に向けた授業改善を通して、資質・能力を育む効果的な指導ができるよう配慮することが大切となる。

二つ目の項目は、各教科等間の関連を図り、系統的、発展的な指導についてである。各教科等それぞれの指導目標、指導内容の関連を検討し、指導内容の不必要な重複を避けたり、重要な指導内容が欠落したりしないように配慮するとともに、指導の時期、時間配分、指導方法などに関しても相互の関連を考慮した上で計画が立てられるよう配慮することが大切となる。

三つ目の項目は、合科的・関連的な指導についてである。教育課程全体を見渡して教科等間の連携を図った指導を行い、教科等横断的な指導を展開するための具体的な工夫として示されている。特に、関連的な指導については、教科等別に指導するに当たって、各教科等の指導内容の関連を検討し、指導の時期や指導の方法などについて相互の関連を考慮して指導できるよう配慮することが大切となる。

四つ目は、知的障害者である児童生徒に対する教育を行う特別支援学校における各教科等の指導内容の設定等についてである。具体的には、各教科等の一部又は全部を合わせて指導を行う場合、各教科等の目標及び内容を基にして、目標の系統性や内容の関連性に十分配慮して、具体的な指導内容を設定することが大切となる。

この他、調和のとれた指導計画を作成するに当たっては、上記に加えて、各教科等全体にわたる内容の取扱いや、今回の改訂で新設された各教科の特質に応じた指導計画の作成と内容の取扱いにも十分留意して、６年間、３年間を見通した指導計画を作成していくことも重要となる。

（１）６年間、３年間を見通した指導計画

６年間、３年間を見通した指導計画に関する規定について以下に示す。まず、学習指導要領第１章総則第３節の３の (1) のクには、次のように規定されている。

> 知的障害者である児童又は生徒に対する教育を行う特別支援学校において、各教科の指導に当たっては、各教科の段階に示す内容を基に、児童又は生徒の知的障害の状態や経験等に応じて、具体的に指導内容を設定するものとする。その際、小学部は６年間、中学部は３年間を見通して計画的に指導するものとする。

各教科の指導については、第２章に示された各教科の内容を基に、児童生徒の知的障害の状態等に応じて、具体的な指導内容を設定する必要がある。さらに、今回の改

訂では、各教科の段階に示す目標及び内容がバランスよく取り扱われるよう、小学部は６年間、中学部は３年間を見通して、具体的な指導内容を設定する必要があることが示されている。

次に、学習指導要領の第２章第１節第２款第２の１には、６年間、３年間を見通した指導計画に関する内容について、次のように規定されている。

> 指導計画の作成に当たっては、個々の児童生徒の知的障害の状態、生活年齢、学習状況や経験等を考慮しながら、第１の各教科の目標及び内容を基に、６年間を見通して、全体的な指導計画に基づき具体的な指導目標や指導内容設定するものとする。

このように、各教科の内容に示されている項目について、６年間を見通した全体的な指導計画（例えば、指導内容を配列したもの）に基づき、卒業後を見据えながら、これまでの学びの蓄積や実態等を踏まえ、各教科のそれぞれに新設した「３ 指導計画の作成と内容の取扱い」を確認し、各教科の段階に示す目標及び内容がバランスよく取り扱われるよう、計画することが重要となる。

したがって、指導計画を作成しそのもとで授業を行う教師は、児童生徒の知的障害の状態や生活年齢、興味や関心、これまでの学習で取り扱った内容の把握に留まらず、各教科のそれぞれに新設した「３ 指導計画の作成と内容の取扱い」の理解が欠かせない。

（２）第２章以下の各章に示された指導計画の作成と内容の取扱い

各教科等の年間指導計画を作成する際には、前述したように、６年間、３年間を見通した全体的な指導計画を作成することが重要となる。そのためには、各教科の「３ 指導計画の作成と内容の取扱い」に示されている事項を確認し、反映させることが必要となる。以下、それらの作成に参考となる各教科の一部を紹介する。

ア 生活科

生活科「指導計画の作成と内容の取扱い」３の (1) のウには、「各段階の内容のサ（生命・自然の内容）については動物や植物への関わり方が深まるよう継続的な飼育、栽培を行うなど工夫すること」と示されている。例えば、花の栽培を行う場合、一時的・単発的な指導計画ではなく、各段階の内容のサで示されている資質・能力に応じて、長期的な視点から茎や葉の成長や開花まで一連の変化の様子を観察したり、触れたり、世話をしたりして、成長や変化の様子が分かるような指導内容とその指導計画が重要となる。

また、３の (2) のエには、各段階の内容のク（金銭の取扱い）は、算数科との関連を図りながら指導を進めていく必要があることが示されている。一方、算数科の３の

(2) のエの (ｱ) やオの (ｱ) には、金銭の価値に親しむことを取り扱うことが示されており、解説においても児童の数理解に配慮し、生活科との関連を図りながら金銭処理に関する指導を行うようにすると示されている。

生活科との関連を図るということは、各教科の段階に示す内容を基に、指導する時期や指導する順序それらを加味しながら、単元や題材など内容のまとまりをどのように構成し、指導計画に反映させるかが大切となる。

イ　小学部音楽科

小学部音楽科の内容の取扱いについての配慮事項３の (2) のシには、歌唱教材の取扱いが示されており、児童の生活年齢及び発達の段階に応じた親しみやすい内容の歌詞やリズム、旋律をもつ教材を選ぶことなどが示されている。また、共通教材として「うみ」「かたつむり」「日のまる」「虫のこえ」などが示されており、解説においてこれらの共通教材については、各段階で１曲以上は選択して扱うものとされている。

各学校においては、これらの共通教材について、６年間を見通した全体的な指導計画（例えば、指導内容を配列したもの）に反映させ、明示的に示すことが重要となる。このことにより、よくいわれる「毎年、夏の季節になると「うみ」を取り扱う」などの課題が解決されると考えられる。

ウ　小学部体育科

小学部体育科の「指導計画の作成と内容の取扱い」３の (2) の (1) のイには、「A 体つくり運動遊び」又は「A 体つくり運動」及び「G 保健」については６学年にわたって取り扱うことと示されている。このことは、前述の音楽科と同様に６年間を見通した全体的な指導計画（例えば、指導内容を配列したもの）に反映させ、第１学年から第６学年の各学年において指導することができるよう年間指導計画を作成することが重要となる。

また、３の (2) の (1) のウには、「G 保健」については、生活科の２の段階に示す内容の「ア 基本的生活習慣」や「イ 安全」などとの関連を積極的に図り、指導の効果を高めるようにすることと示されている。一方、生活科の３の (1) のイには、各教科等との関連を図り、指導の効果を高めるようにすることが示されており、解説の例示として、体育を行う場合、体操服への着脱や、体育終了後のうがいや手洗いなど、前者は生活科の「ア 基本的生活習慣」の内容と関連させながら、児童の生活や学習の文脈に即して指導計画を立てていくことが必要であると示されている。

前述の生活科と同様に、各教科の段階に示す内容を基に、指導する時期や指導する順序それらを加味しながら、単元や題材のまとまりをどのように構成し、指導計画に反映させるかが大切となる。

このように、各教科等の年間指導計画を作成する際には、担当する学年の年間指導計画を立てることとなるが、実態やこれまでの学びを踏まえつつ、６年間、３年間を見通しながら計画することが求められている。

各学校で作成されている年間指導計画や各種計画が、これらのことを踏まえた上で作成されているか、もう一度確認することが重要である。なお、上記のア、イ、ウで示した教科以外にも、同様の内容が示されているので、それらを踏まえた研究実践とともに、その取組の累積こそが、学校の授業力向上につながるものと考える。

(３) 指導する時期や指導する順序を加味した年間指導計画の例

次に示す図 2-5 は、６年間を見通した全体的な指導計画に基づき、小学部４年のある学級の各教科等の年間指導計画の１学期分を示したものである。図にある ABCD は主な指導内容、(　　) は授業時数である。

ここでは、入学式前に担任を継続するＴ１の教師が、新たにＴ２となった教師と児童の知的障害の状態や生活年齢に加え、興味や関心、これまでの学習で取り扱ってきた内容などを全体的に把握した上で、各教科の内容の関連を踏まえながら、指導内容、指導時期、指導方法などを検討している具体的場面を示すこととする。

指導内容、指導時期、指導方法などの検討

小学部４学年　　※ＡＢＣＤは指導内容、（ ）は授業時数

	生活	国語	算数	音楽	図画工作	体育	道徳	特別活動	自立活動
4月	A-1(20)	A-1(6)	A-1(8)	A-1(8)	A(8)	A(8)	A(4)	A-1(2)	A(12)
	A-4(12)	A-2(6)	A-2(4)					A-2(1)	
5月	B-1(8)	B-1(8)	B-1(4)	B(8)	B-1(4)	B(8)	B(4)		A(16)
	A-2(12)	B-2(4)	C-2(8)		B-2(4)				
6月	B-1(10)	C-1(8)	C-1(4)	C-1(4)	C-1(4)	C(8)	C(4)	B-1(2)	B(12)
	B-2(20)	C-2(4)	B-2(8)	C-2(4)	C-2(4)			B-2(2)	
7月	B-1(14)	D-1(6)	D-1(4)	D(8)	D(8)	D(8)	D(4)	C-1(2)	B(12)
	B-2(15)	D-2(3)	D-2(4)				D(2)		

図2-5　各教科等の年間指導計画（１学期分）

はじめにＴ１は、Ｔ２に対して、教科ごとに大まかな指導内容について説明した後、生活科の指導内容を中心に検討を始めた。

例1

生活科Ｂ－１は、「生命・自然」に関する指導内容として、種まき、発芽、葉の展開、ツルが伸びて開花するという一連の流れを短期間で観察でき、成長の管理も行う朝顔の栽培を５月、６月、７月で計画しています。特に、７月の重点としては、日陰と日向で栽培した朝顔の観察を通して、ツルの長さ（高さ）や開花の数などに着目して、比較を通して成長の違いに気付くことや５月からの変化を捉え、それらを表現しようとすることを大切にしたいと考えています。

生活科で育成する資質・能力も明確で授業のイメージが分かりました。一つ確認させてください。先程の算数科５月のＢ－２の説明では、２段階の「Ｃ 測定」の内容として、長さ、高さに着目して比べる指導内容で、特に高さに重点を置くと聞きました。そこで意見ですが、生活科７月のツルの成長による高さに着目して比べることとの関連が強い指導内容と思います。知的障害の児童の学習上の特性や児童の実態を踏まえると、５月末と７月の上旬では指導する時期が空きすぎて、学んだことを生かしにくいのではないでしょうか？

なるほど。よい提案です。では、算数科５月のＢ－２と６月のＣ－２を入れ替えて７月の生活科と指導する時期を空けずに設定し、算数科で学んだ測定の仕方や比べる意味について学び、それらの学びを７月の生活科で生かすことで、一層学習の効果が一層高まることが期待でき、指導目標の達成ができそうですね。そのようにしましょう。

例2

もう一つ提案があります。生活科のＡ－４の先程の説明では、天候が安定する５月に安全に関する指導内容として、歩行者用の信号や安全な歩行の仕方について取り扱うと聞きました。また、４月の特別活動では、既に交通安全教室がもうすでに設定されています。Ａ－４の指導内容と交通安全教室を同じ時期の４月に行った方が、学習の効果があがるのではないかと思いますが、いかがでしょう？

よい提案です。ここは、指導内容を入れ替えても支障がないと思われるので、生活科のＡ－２とＡ－４を入れ替えて、特別活動のＡ－１との関連を図りながら進めていきましょう。さて、これらを教科別に指導した方がよいか、合わせて指導した方がよいか検討した方がよいかもしれませんね。

そうですね。ここでは、教科別の指導を選択するのではなく、交通安全を大きなテーマとして、生活科の目標と特別活動の目標の達成を目指した単元を構成して、合わせた指導の形態を選択しましょう。授業時数も、教科別に指導する場合の授業時数の合計と概ね一致しますね。

上記のように各教科等の年間指導計画を作成し、各教科等それぞれの目標及び内容を基にして、それらの目標の系統性や内容の関連に十分配慮しながら、指導目標、指導内容、指導の順序や時期、指導時間の配当などを明らかにして、学習の効果が一層高まるように検討することの例を二つ示した。どちらの例も内容の関連に配慮しているものの、１例目は、指導する時期や指導する順序を工夫し、教科別の指導を選択した。２例目は、それぞれの内容のまとまりをもとに、具体的な学習活動を展開させ、実際的な状況下で指導することで、学習の効果が一層高まるように工夫し、合わせた指導の形態を選択した。つまり、内容の関連があることをもって、合わせた指導の形態を選択することではないことにも留意する必要がある。

このことは、前述した「１．部会まとめでの指摘と学習指導要領の改訂」で述べた教育の内容と指導の形態とを混同し、学習活動が優先され、各教科等への意識が不十分にならないようにするための一つの手続きといえる。また、その上で教科別に指導した方がよいか、合わせて指導をした方がよいかという最適な指導の形態を選択するということを改めて認識し、その手続きの研究実践が期待されている。

(４)第２章各教科における「指導計画の作成と各教科全体にわたる内容の取扱い」

学習指導要領の第２章第１節第２款第２には、各教科全体にわたって共通する指導計画の作成と内容の取扱いが８項目示されており、それらに留意して指導計画を作成することが重要となる。

特に、次に示す学習指導要領第２章第１節第２款第２の２については、各教科等において育成を目指す資質・能力を明確にし、各教科等の指導内容の関連等に十分に配慮していくことが重要であることから、今回の改訂により新設され、次のように規定された。

> 個々の児童の実態に即して、教科別の指導を行うほか、必要に応じて各教科、道徳科、外国語活動、特別活動及び自立活動を合わせて指導を行うなど、効果的な指導方法を工夫するものとする。その際、各教科等において育成を目指す資質・能力を明らかにし、各教科等の内容間の関連を十分に図るよう配慮するものとする。

ここでは、個々の実態に即して教科別の指導を行うほか、必要に応じて合わせて指導を行うなど効果的な指導方法を工夫することが示されている。

前述した図2-5で例示したように、個々の児童の知的障害の状態や生活年齢に加え、興味や関心、これまでの学習で取扱ってきた内容などを全体的に把握した上で、児童にとって学習成果が最大限に期待できる指導の形態を柔軟に考えられるようにすることが大切である。

各学校においては、児童生徒の実態とともに学習集団の構成などを踏まえ、各教科等において育成を目指す資質・能力を明らかにし、各教科等の内容間の関連を十分に図りながら適切な指導の形態を選択し、カリキュラム・マネジメントを行っていくことが求められている。

冒頭で、教育の内容と指導の形態とを混同し、学習活動が優先され、各教科等への意識が不十分にならないようにするとともに、各教科等を合わせて指導を行う場合においても、各教科等の目標を達成していくことから、育成を目指す資質・能力を明確にして、指導計画を立てることを強く認識する必要があることを述べた。

本節をお読みいただき、

・なぜ、教育の内容と指導の形態とを混同してしまっていたのだろうか？

・なぜ、学習活動が優先され、各教科への意識が不十分であったのだろうか？

その解決の糸口になれば幸いである。

誤解のないように述べるが、各教科の目標や内容等においても、例えば、各教科等の特質を踏まえた「日常生活に必要な○○」、「身の回りにある○○」、「生活や社会の中で～」などが示されており、知的障害のある児童生徒の学習上の特性等を踏まえ、個々の児童生徒の実態に即して、生活に結び付いた効果的な指導を行うことや、具体的な活動を学習活動の中心に据え、実際的な状況下で指導することは、大変重要な教育的対応の一つである。

また、必要に応じて、各教科等を合わせた指導の形態を選択することで、一層効果の上がる授業を展開できることもあることから、例えば、生活単元学習として指導することを否定しているわけではないことを確認しておきたい。

最後に、これまで各学校で積み重ねてきた優れた単元や授業実践を振り返りながら、本節で述べたカリキュラム・マネジメントを通じた「調和のとれた指導計画」、「６年間、３年間を見通した指導計画」、「指導する時期や指導する順序を加味した年間指導計画」の観点から、教育課程に基づいて作成される各種計画を再整理し、見直すなどして、さらに磨きのかかった単元づくりとその授業実践の発信を期待している。

（菅野 和彦）

《引用・参考文献／サイト》

中央教育審議会初等中等教育分科会教育課程部会（2016）「特別支援教育部会における審議の取りまとめについて（報告）」

https://www.mext.go.jp/b_menu/shingi/chukyo/chukyo3/063/sonota/__icsFiles/afieldfile/2016/09/12/1377130_01.pdf

文部科学省（2017）「特別支援学校小学部・中学部学習指導要領（平成29年告示）」

文部科学省（2018）「特別支援学校教育要領・学習指導要領解説　総則編（幼稚部・小学部・中学部）」

文部科学省（2018）「特別支援学校教育要領・学習指導要領解説　各教科等編（幼稚部・小学部・中学部）」

第3節 学習評価スタンダードに沿った手続きの理解と確実な実行

教育課程において、知的障害のある児童生徒一人一人の指導の系統性や一貫性を実現するためには、総則スタンダードに沿った手続きを確実に踏むことと合わせて、学習評価の共通的な事項、いわゆる学習評価スタンダードに沿った手続きに対する理解も同時に求められており、これらのことは、「指導と評価の一体化」についての側面から特に欠かせないものとなっている。

(1) 何が身に付いたか

学習評価について、『解説　総則編』では「学校における教育活動に関し、児童生徒の学習状況を評価するものである。児童生徒にどういった力が身に付いたか、という学習の成果を的確に捉え、教師が指導の改善を図るとともに、児童生徒自身が自らの学習を振り返って次の学習に向かうことができるようにするためにも、学習評価の在り方は重要であり、教育課程や学習・指導方法の改善と一貫性のある取組を進めることが求められる」としている。

(1) 学習評価の方向性について

2016（平成28）年12月の中央教育審議会答申では、学習指導要領の改訂に伴う学習評価の検討について、「従来、学習指導要領の改訂を終えた後に行うのが一般的であったが、平成29、30、31年の改訂学習指導要領においては、教育課程と学習評価の改善について一体的に検討され、学習評価の改善についても答申に示された」としている。

答申を踏まえ、2019（平成31）年1月の教育課程部会では、「児童生徒の学習評価の在り方について」の報告がとりまとめられ、そこには、改訂学習指導要領のもとでの学習評価の重要性を踏まえた上で、その基本的な考え方や、具体的な改善の方向性が示されている。

この報告を受け、文部科学省では、2019（平成31）年3月に、改訂学習指導要領のもとでの学習評価が適切に行われるよう、学習評価を行うに当たっての配慮事項や、指導要録に記載する事項、各学校における指導要録作成に当たっての配慮事項がとりまとめられ、初等中等教育局長名で通知がなされている。

(2)「指導と評価の一体化」の必要性とは

特別支援学校の学習指導要領では、「各教科等の目標の実現に向けた学習状況を把握する観点から、単元や題材など内容や時間のまとまりを見通しながら評価の場面や方法を工夫して、学習の過程や成果を評価し、指導の改善や学習意欲の向上を図り、資質・能力の育成に生かすようにすること」としている。

このことを「指導と評価の一体化」の側面からいえば、総則スタンダードに沿った手続きのうち、年間指導計画システムにおける単元計画を作成する段階において、観点別学習状況の評価場面やその方法など評価の計画についても一体的に構想していくことが求められているのだと考える。

(3) 知的障害のある児童生徒のための各教科における観点別学習状況の評価

特別支援学校の学習指導要領のもとで「指導と評価の一体化」を推進する観点から、知的障害のある児童生徒のための各教科における観点別学習状況の評価については、資質・能力に関わる「知識・技能」「思考・判断・表現」「主体的に学習に取り組む態度」の３観点で設定されている。このことについて、2019（平成31）年３月の学習評価及び指導要録等の改善等通知においては、「観点別学習状況を踏まえて、その状況を端的に文章記述すること」としている。

また、上記と連動して、図2-6のとおり、知的障害のある児童生徒を教育する特別支援学校の指導要録の参考様式も、育成を目指す資質・能力の三つの柱による学習評価を進めていくこととなり、観点別学習状況を踏まえた記載をするよう改善されて

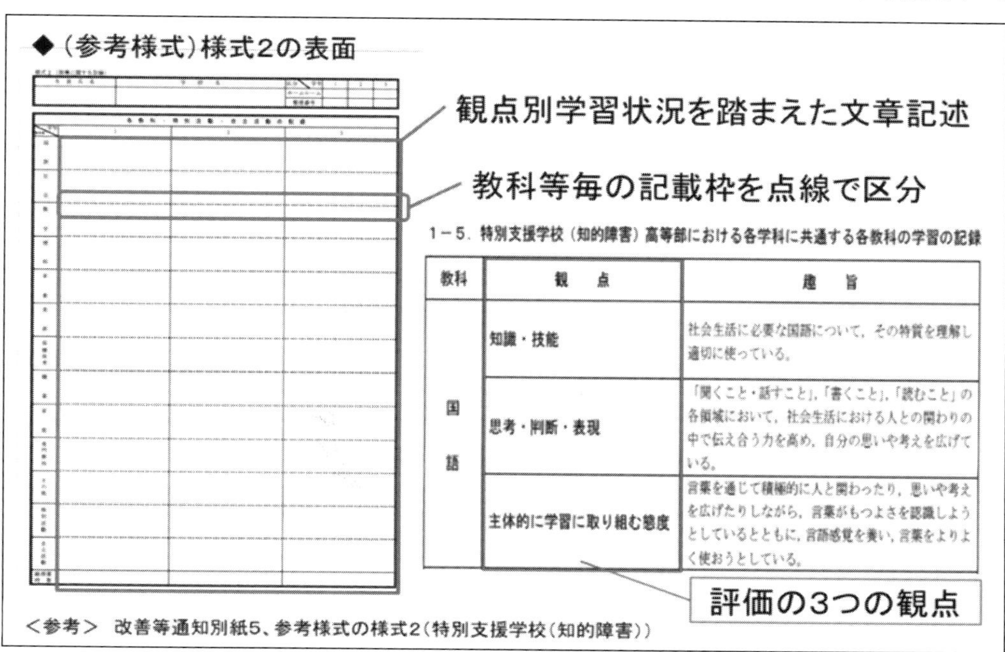

◆（参考様式）様式2の表面

1－5．特別支援学校（知的障害）高等部における各学科に共通する各教科の学習の記録

教科	観　点	趣　旨
国語	知識・技能	社会生活に必要な国語について，その特質を理解し適切に使っている。
	思考・判断・表現	「聞くこと・話すこと」，「書くこと」，「読むこと」の各領域において，社会生活における人との関わりの中で伝え合う力を高め，自分の思いや考えを広げている。
	主体的に学習に取り組む態度	言葉を通じて積極的に人と関わったり，思いや考えを広げたりしながら，言葉がもつよさを認識しようとしているとともに，言語感覚を養い，言葉をよりよく使おうとしている。

<参考>　改善等通知別紙5、参考様式の様式2（特別支援学校（知的障害））

図2-6　知的障害のある児童生徒を教育する特別支援学校の指導要録の参考様式

いる。

このような改善の方向性の一つには、多様な学びの場における教育課程の連続性における「指導と評価の一体化」の推進が期待されていると考える。

今後、知的障害のある児童生徒のための各教科を取り扱う場合においても、学校間で、学習評価に関する情報共有の促進の観点から、教育委員会による域内で統一した統合型校務支援システムの導入や、それによる引継ぎ、また、働き方改革の側面からも、新たな実践が増えてくるのではないかと期待されているところである。

(4) 教科等横断的な視点に立った資質・能力の学習評価の考え方

特別支援学校の学習指導要領には、各教科等で育成を目指す資質・能力のほかに、教科等横断的な視点に立った、言語能力や情報活用能力(情報モラルを含む)、問題発見・解決能力等の学習の基盤となる資質・能力や、現代的な諸課題に対応して求められる資質・能力の考え方が整理されている。

また、そのような資質・能力については、各教科等横断的に発揮されるようにすることが求められており、この場合、各教科等の評価規準とは別に教科等横断的な視点に立った資質・能力に関する評価規準を設定し、評価することは必ずしも必要ではないとされている。

よって、教科等横断的な視点に立った資質・能力の学習評価は、各教科等における観点別学習状況の評価に反映することとされている。具体的には、図2-7のとおり、情報活用能力を例にすれば、知的障害のある児童生徒のための国語科の〔思考力，判断力，表現力等〕の「A 話すこと・聞くこと」に「内容の検討」に関する指導事項があり、それを取り扱う際に、児童生徒がICTを有効に活用して情報を収集するような「情報活用能力」を育成する場面を設定したとする。この場合、その様子について

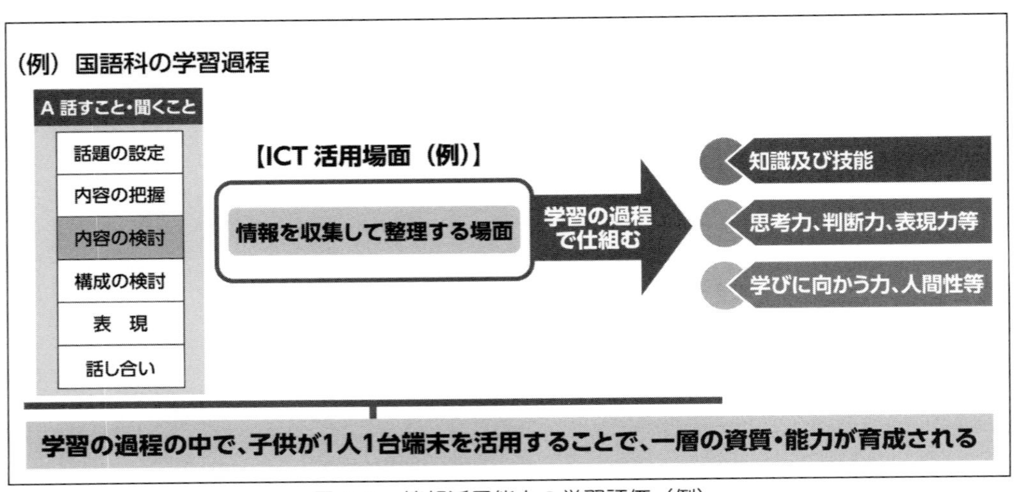

図2-7 情報活用能力の学習評価(例)

は〔思考力，判断力，表現力等〕の「A 話すこと・聞くこと」の「内容の検討」に関する指導事項の学習状況の評価に反映することが考えられる。

このように、教科等横断的な視点に立った資質・能力は、各教科等で育成を目指す資質・能力の指導との関連を踏まえ、一体的に学習評価を構想していくような取組の工夫が求められている。

(2) 知的障害のある児童生徒のための各教科の評価規準の基本構造を捉える

次は、知的障害のある児童生徒のための各教科の目標、及び各段階の目標や内容に照らして評価規準を作成していくために活用すべき資料を示したものである。

・「小学校、中学校、高等学校及び特別支援学校等における児童生徒の学習評価及び指導要録等の改善等について（通知）」の〔別紙４〕〔別紙５〕（以下、「改善等通知」とする）
・特別支援学校小学部・中学部学習評価参考資料
・特別支援学校高等部学習評価参考資料
・「指導と評価の一体化」のための学習評価に関する参考資料　小学校等（各教科編）
・特別支援学校小学部・中学部学習指導要領及び解説各教科等編（小学部・中学部）
・特別支援学校高等部学習指導要領及び解説知的障害教科等編（上）（下）（高等部）
・文部科学省著作教科書及び教科書解説

これらの資料を、どのように活用して、学習評価スタンダードの手続きの理解と、確実な実施を進めていけばいいのか、その基本構造を押さえたものが図 2-8 である。

なお、特別支援学校の学習評価参考資料には、小学校等の「指導と評価の一体化のための学習評価に関する参考資料」のように「単元の評価規準の作成のポイント（第３編）」が記載されていない。そこで、筆者が、上記の資料を参考に知的障害のある子供のための各教科の目標から単元の目標に対する評価規準を作成するまでの流れの例（関連図）を整理したので、本書では、図 2-8 を基本構造としていることに留意が必要である。

（1）関連図（図 2-8）について

●知的障害のある児童生徒のための各教科の評価規準の基本構造を捉える

① 特別支援学校学習指導要領　各教科等の「第1 目標」

【該当する学部・教科から転記】

(1)	(2)	(3)
（知識及び技能に関する目標）	（思考力、判断力、表現力等に関する目標）	（学びに向かう力、人間性等に関する目標）

② 改善等通知　「別紙4」 評価の観点及びその趣旨

【該当する学部・教科から転記】

観点	知識・技能	思考・判断・表現	主体的に学習に取り組む態度
趣旨	（知識・技能の観点の趣旨）	（思考・判断・表現の観点の趣旨）	（主体的に学習に取り組む態度の観点の趣旨）

③ 特別支援学校の学習指導要領　各教科等の「2 各段階の目標及び内容」の段階ごとの「(1) 目標」

【該当する教科・段階から転記】

(1)	(2)	(3)
（知識及び技能に関する目標）	（思考力、判断力、表現力等に関する目標）	（学びに向かう力、人間性等に関する目標）

④ 特別支援学校の学習評価参考資料　段階別の評価の観点の趣旨

【該当する教科・段階から転記】

観点	知識・技能	思考・判断・表現	主体的に学習に取り組む態度
趣旨	（知識・技能の観点の趣旨）	（思考・判断・表現の観点の趣旨）	（主体的に学習に取り組む態度の観点の趣旨）

⑤ 特別支援学校の学習評価参考資料　各教科における「内容のまとまり」と「評価の観点」との関係を確認

特別支援学校学習指導要領に示された教科及び段階の目標を踏まえて、「評価の観点及びその趣旨」が作成されていることを理解した上で、

（ア）各教科における「内容のまとまり」と「評価の観点」との関係を確認する。

・知識及び技能に関する内容
・思考力，判断力，表現力等に関する内容

（イ）各教科における【観点ごとのポイント】を確認する。

○ 「知識・技能」のポイント
○ 「思考・判断・表現」のポイント
○ 「主体的に学習に取り組む態度」のポイント

図 2-8　各教科の目標から単元の目標に対する評価規準を作成するまでの流れの例（関連図）

図2-8は、知的障害のある児童生徒のための各教科の目標から単元の目標に対する評価規準や評価計画を作成するまでの流れの例を示したものである。ここでは、各教科の目標と評価規準の関係性や、内容のまとまりごとの評価基準の考え方を踏まえて単元の目標や単元の評価規準を作成する過程において、どのような観点で整理していくか、その考え方について述べる。

はじめに、知的障害のある児童生徒のための各教科の目標に対する評価規準を整理する段階である。

図2-8の①と②には、特別支援学校の学習指導要領から該当する学部・教科の目標と、『改善等通知』の「別紙４」から教科の目標に対応した「評価の観点及びその趣旨」を転記することになる。それを踏まえて、各学校において、知的障害のある児童生徒が取り扱うことになる段階の目標に対する評価規準を作成する段階に移る。

図2-8の③と④には、特別支援学校の学習指導要領から該当学部の教科の段階の目標と、特別支援学校の学習評価参考資料から「段階別の評価の観点の趣旨」を転記することになる。

次に、各教科の段階の目標に位置付く内容のうち、内容のまとまりごとに着目して、内容のまとまりごとの評価規準を作成する段階である。

その前に、教科によって育成を目指す資質・能力の三つの柱で示されている内容の順番が異なるため、図2-8の⑤の（ア）のとおり、内容のまとまりと評価の観点との関係を確認することが必要である。また、教科ごとに、内容のまとまりごとの評価規準を作成するためのポイント（「公式」）の示し方が異なる部分もあるため、図2-8の⑤の（イ）のとおり、各教科における【観点ごとのポイント】を事前に確認しておくことが必要である。

⑥ ⑤の（ア）と（イ）を踏まえ、「内容のまとまりごとの評価規準」を作成

【「知識及び技能」、「思考力、判断力、表現力等」は該当教科の内容のまとまりから転記】

【「学びに向かう力、人間性等」は表（※部分）を踏まえて作成】

	知識及び技能	思考力、判断力、表現力等	学びに向かう力、人間性等
特別支援学校学習指導要領 第2章 各教科 (2)内容			※内容には、学びに向かう力、人間性等について示されていないので、該当教科の段階の目標を参考に作成する（体育、保健体育を除く）。

	知識・技能	思考・判断・表現	主体的に学習に取り組む態度
内容のまとまりごとの評価規準			

⑦ 単元の目標を踏まえ、単元の評価規準を作成

【内容のまとまりごとの評価規準】の考え方を踏まえて作成】

	知識及び技能	思考力、判断力、表現力等	学びに向かう力、人間性等
単元の目標			

【観点ごとのポイント】を踏まえ、単元の評価規準を作成】

	知識・技能	思考・判断・表現	主体的に学習に取り組む態度
単元の評価規準			

⑧ 「指導と評価の計画」を作成

【⑦を踏まえ、評価場面や評価方法を設定】

● 単元の指導計画と評価計画（全○時間）

	時	学習活動	評価の観点	評価方法
題材「・・・」（○時間）	1			
	2			
	3			
	4			
	5			

図2-8 各教科の目標から単元の目標に対する評価規準を作成するまでの流れの例（関連図）

図2-8の⑥は、⑤の（イ）の【観点ごとのポイント】を踏まえ、「内容のまとまりごとの評価規準」を作成する段階である。特別支援学校の学習指導要領において、知的障害のある児童生徒のための各教科は、「2 各段階の目標及び内容」の「(2) 内容」において、内容のまとまりごとに育成を目指す資質・能力が示された。育成を目指す資質・能力として整理された「(2) 内容」とそれぞれの内容のまとまりについては、そのまま育成を目指す資質・能力として学習指導の目標となり得るものとして特別支援学校の学習評価参考資料では整理されている。

なお、「学びに向かう力、人間性等」に関する内容については、特別支援学校の学習指導要領において「態度」に関する内容が示されている「体育」や「保健体育」以外の教科には、もともと示されていない。それ以外の教科に対しては、図2-8の⑥の※印のとおり、該当する教科の「学びに向かう力、人間性等」に関する段階の目標をベースにして、「主体的に学習に取り組む態度」の【観点ごとのポイント】に沿って「主体的に学習に取り組む態度」に関する「内容のまとまりごとの評価規準」を作成するように特別支援学校の学習評価参考資料には示されている。

そして、図2-8の⑦は、単元の目標を設定し、それに対する評価基準を作成する段階である。単元における観点別学習状況の評価を実施するに当たり、⑥で整理した内容のまとまりごとの評価規準の内容から、知的障害のある児童生徒の実態や、前単元までの学習状況、授業時数、題材などを想定しながら、本単元でどの資質・能力について評価を行うかということを構想することが必要である。このような単元化の考え方は、本章第2節と第4節の各論、並びに2020（令和2）年3月、国立教育政策研究所からの「「指導と評価の一体化」のための学習評価に関する参考資料　小学校(算数科編)」の第3編に解説されており、同様に、他教科についても参考にしてほしい。

最後に⑧の指導と評価の計画を作成するに当たっては、第4節の各論や、本節（2）の図2-9を踏まえた例示と解説等を踏まえて検討することが大切である。

なお、教師の勤務負担軽減を図りながら学習評価の妥当性や信頼性が高められるよう、学校全体としての組織的かつ計画的な取組を行うことが重要であり、以下のような例が考えられる。

・教師同士での評価規準や評価方法の検討、明確化
・実践事例の蓄積・共有
・評価結果の検討等を通じた教師の力量の向上
・校内組織（学年会や教科等部会等）の活用

（2）図2-8を踏まえた例示と解説について

学部・教科名	小学部・算数科
事例の概要	・３段階の「C 測定」の内容のまとまりの一つである「イ 時刻や時間」を参考に、内容のまとまりごとの評価規準の作成の例 ・内容のまとまりを、そのまま単元とする場合の例

① 特別支援学校の学習指導要領 算数科の「第1 目標」

(1)	(2)	(3)
(1) 数量や図形などについての基礎的・基本的な概念や性質などに気付き理解するとともに、日常の事象を数量や図形に注目して処理する技能を身に付けるようにする。	(2) 日常の事象の中から数量や図形を直感的に捉える力、基礎的・基本的な数量や図形の性質などに気付き感じ取る力、数学的な表現を用いて事象を簡潔・明瞭・的確に表したり柔軟に表したりする力を養う。	(3) 数学的活動の楽しさに気付き、関心や興味をもち、学習したことを結び付けてよりよく問題を解決しようとする態度、算数で学んだことを学習や生活に活用しようとする態度を養う。

② 改善等通知「別紙4」1-2 算数・数学（1）評価の観点及びその趣旨＜小学部算数＞

知識・技能	思考・判断・表現	主体的に学習に取り組む態度
・数量や図形などについての基礎的・基本的な概念や性質などに気付き理解している。 ・日常の事象を数量や図形に着目して処理する技能を身に付けている。	日常の事象の中から数量や図形を直感的に捉える力、基礎的・基本的な数量や図形の性質などに気付き感じ取る力、数学的な表現を用いて事象を簡潔・明瞭・的確に表したり目的に応じて柔軟に表したりする力を身に付けている。	数学的活動の楽しさに気付き、関心や興味をもち、学習したことを結び付けてよりよく問題を解決しようとしたり、算数で学んだことを学習や生活に活用しようとしたりしている。

③ 特別支援学校の学習指導要領 小学部・算数科の「2 各段階の目標及び内容」の3段階の「(1) 目標」〈C 測定〉

(1)	(2)	(3)
ア 身の回りにある長さや体積などの量の単位と測定の意味について理解し、量の大きさについての感覚を豊かにするとともに、測定することなどについての技能を身に付けるようにする。	イ 身の回りにある量の単位に着目し、目的に応じて量を比較したり、量の大小及び相等関係を表現したりする力を養う。	ウ 数量や図形の違いを理解し、算数で学んだことのよさや楽しさを感じながら学習や生活に活用しようとする態度を養う。

図2-9 小学部・算数科・３段階・C 測定の関連図

図2-9は、小学部･算数科の３段階「C 測定」における内容のまとまりの一つ、「イ 時刻や時間」をそのまま単元とする場合の評価規準を設定するまでの例である。

まず、①に示すように、特別支援学校小学部・中学部学習指導要領から小学部・算数科における「第１ 目標」を踏まえ、⑴では知識及び技能に関する目標、⑵では思考力、判断力、表現力等に関する目標、⑶では学びに向かう力、人間性等に関する目標を各欄に転記した。

次に、②に示すように、「改善等通知」（本節１（１）を参照）の〔別紙４〕に示されている①－（1）から①－（3）ごとの「評価の観点及びその趣旨」を各欄に転記した。

そして、③に示すように、特別支援学校小学部・中学部学習指導要領から小学部・算数科における「２ 各段階の目標及び内容」の３段階の「（1）目標」〈C 測定〉を踏まえ、（1）では「知識及び技能」に関する目標、（2）では「思考力，判断力，表現力等」に関する目標、（3）では「学びに向かう力，人間性等」に関する目標を各欄に転記した。

④ 特別支援学校の学習評価参考資料　小学部・算数科・3段階の評価の観点の趣旨

【C 測定から転記】

知識・技能	思考・判断・表現	主体的に学習に取り組む態度
C 測定 身の回りにある長さや体積などの量の単位と測定の意味について理解し、量の大きさについての感覚を豊かにしているとともに、測定することなどについての技能を身に付けている。	身の回りにある量の単位に着目し、目的に応じて量を比較したり、量の大小及び相等関係を表現したりする力を身に付けている。	数量や図形の違いを理解し、算数で学んだことのよさや楽しさを感じながら学習や生活に活用しようとしている。

⑤ 特別支援学校の学習評価参考資料　各教科における「内容のまとまり」と「評価の観点」との関係を確認

（ア）各教科における「内容のまとまり」と「評価の観点」との関係を確認する。

（2）内容

C 測定

イ 時刻や時間に関わる数学的活動を通して，次の事項を身に付けることができるよう指導する。

(ア) 次のような知識及び技能を身に付けること。

　㋐ 日常生活の中で時刻を読むこと。

　㋑ 時間の単位（日，午前，午後，時，分）について知り，それらの関係を理解すること。

(イ) 次のような思考力、判断力、表現力等を身に付けること。

　㋐ 時刻の読み方を日常生活に生かして，時刻と生活とを結び付けて表現すること。

（波線）　内容のまとまり
（傍線）　知識及び技能に関する内容
（点線）　思考力，判断力，表現力等に関する内容

（イ）小学部・算数科における【観点ごとのポイント】を確認する。

特別支援学校小学部・中学部学習評価参考資料　P42

● **「知識・技能」のポイント**

　基本的に、当該内容のまとまりで育成を目指す資質・能力に該当する指導事項について、育成したい資質・能力に照らして、「知識及び技能」で示された内容をもとに、その文末を「～している」、「～できる」として、評価規準を作成する。

● **「思考・判断・表現」のポイント**

　基本的に、当該内容のまとまりで育成を目指す資質・能力に該当する指導事項について、育成したい資質・能力に照らして、「思考力，判断力，表現力等」で示された内容をもとに、その文末を「～している」として、評価規準を作成する。

● **「主体的に学習に取り組む態度」のポイント**

　当該段階目標の各領域（A～D）のウの主体的に学習に取り組む態度の「観点の趣旨」をもとに、指導事項を踏まえて、その文末を「～している」として、評価規準を作成する。

図 2-9　小学部・算数科・３段階・C 測定の関連図

さらに、④に示すように、特別支援学校小学部・中学部学習評価参考資料から小学部・算数科における３段階の「C 測定」に関する「評価の観点の趣旨」を各欄に転記した。

これまでの手続きを経て、改善通知の「評価の観点及びその趣旨」が算数科の目標を踏まえて作成されていること、また同様に、「段階別の評価の観点の趣旨」が段階の目標を踏まえて作成されていることを確認した。

それらの理解を踏まえ、本事例の場合は、小学部・算数科の３段階の「C 測定」のイを取り上げて、「内容のまとまりごとの評価規準」を作成した。

まず、⑤－（ア）に示すように、特別支援学校小学部・中学部学習指導要領から小学部算数科の３段階の「C 測定」の「イ　時刻や時間」の内容のまとまりのうち、㋐と㋑の内容に（傍線）及び（点線）を引きながら、「評価の観点」との関係を確認した。

「イ　時刻や時間」の内容のまとまりのうち、（傍線）の部分が「知識及び技能」に関する内容、（点線）の部分が「思考力，判断力，表現力等」に関する内容となることを確認した。

次に、⑤－（イ）に示す三つの観点ごとのポイントについて確認した。それぞれの公式に沿って、（傍線）と（点線）ごとの記載事項の文末を変換したり、追加したりして設定することを理解した。

なお、「主体的に学習に取り組む態度」に関しては、特に、児童生徒の学習への継続的な取組を通して現れる性質を有すること等から「(2) 内容」に記載がない。そのため、３段階の「(1) 目標」を参考にしつつ、「段階別の評価の観点の趣旨」のうち「主体的に学習に取り組む態度」に関わる部分を用いて「内容のまとまりごとの評価規準」を作成する必要があることを理解した。

⑥ ⑤の（ア）と（イ）を踏まえ、「内容のまとまりごとの評価規準」を作成

【「知識及び技能」、「思考力、判断力、表現力等」は該当教科の内容のまとまりから転記】

【「学びに向かう力、人間性等」は表（※部分）を踏まえて作成】

特別支援学校学習指導要領第2章各教科(2)内容	知識及び技能	思考力、判断力、表現力等	学びに向かう力、人間性等
	㋐ 日常生活の中で時刻を読むこと。 ㋑ 時間の単位（日、午前、午後、時、分）について知り、それらの関係を理解すること。	㋐ 時刻の読み方を日常生活に生かして、時刻と生活とを結び付けて表現すること。	㋐ 数量や図形を理解し、算数で学んだことのよさや楽しさを感じながら学習や生活に活用しようとしている。 ※算数科の内容には、「学びに向かう力、人間性等」について示されていないので3段階の目標ウを参考に作成。

内容のまとまりごとの評価規準例	知識・技能	思考・判断・表現	主体的に学習に取り組む態度
	・ 日常生活の中で時刻を読むことができる。 ・ 時間の単位（日、午前、午後、時、分）について知り、それらの関係を理解している。	時刻の読み方を日常生活に生かして、時刻と生活とを結び付けて表現している。	時刻や時間を理解し、算数で学んだことのよさや楽しさを感じながら学習や生活に活用しようとしている。

⑦ 単元の目標を踏まえ、単元の評価規準を作成

【内容のまとまりのうち、学習集団を構成する児童の実態を踏まえ、日常生活の中で時間の単位（時、分）を取り扱う単元とした場合】 単元名（例）「じこくとじかん」

	知識及び技能	思考力、判断力、表現力等	学びに向かう力、人間性等
単元の目標	・ 日常生活の中で時刻を読むことができる。 ・ 時間の単位（時、分）について知り、それらの関係を理解することができる。	時刻の読み方を日常生活に生かして、時刻と生活とを結び付けて表現することができる。	時刻や時間の読み方を理解し、算数で学んだことのよさや楽しさを感じながら学習や生活に活用しようとしている。

【観点ごとのポイント】を踏まえ、単元の評価規準」を作成】

	知識・技能	思考・判断・表現	主体的に学習に取り組む態度
単元の評価規準例	・ 日常生活の中で時刻を読むことができる。 ・ 時間の単位（時，分）について知り、それらの関係を理解している。	時刻の読み方を日常生活に生かして、時刻と生活とを結び付けて表現している。	時刻や時間を理解し、算数で学んだことのよさや楽しさを感じながら学習や生活に活用しようとしている

図 2-9　小学部・算数科・３段階・C 測定の関連図

なお、⑥を作成後は、次の⑦に進む前に、学習する集団に属する児童の学習の状況を考慮し、「知識及び技能」では、今年度に「㋐日課表」「㋑○時、○分の時間の単位」を関連付けて取り扱うことを検討し、単元計画を作成することにした。

学習集団を構成する児童の実態をもとに、「イ　時刻と時間」の内容のまとまりについて、授業時数との関連を踏まえるなど、単元計画を質・量の側面から思料することで、次年度の単元の構想もしやすくなるということが理解できた。

⑦は、「イ　時刻や時間」の内容のまとまりのうち、「㋐日課表」「㋑○時、○分の時間の単位」を関連付けて取り扱うことにした単元の目標を踏まえ、⑤－（イ）を参考にしながら、単元の評価規準を作成した。

⑥と⑦の手続きを通して、内容のまとまりで示された内容の数が、教科や学年、領域ごとに違いがあり、指導する際の授業時数も内容のまとまりごとに大きく異なる点にも留意する必要があると考えた。また、単元を計画する際には、内容のまとまりの習得状況を考慮して、内容を適切に精選することの重要性が理解できた。

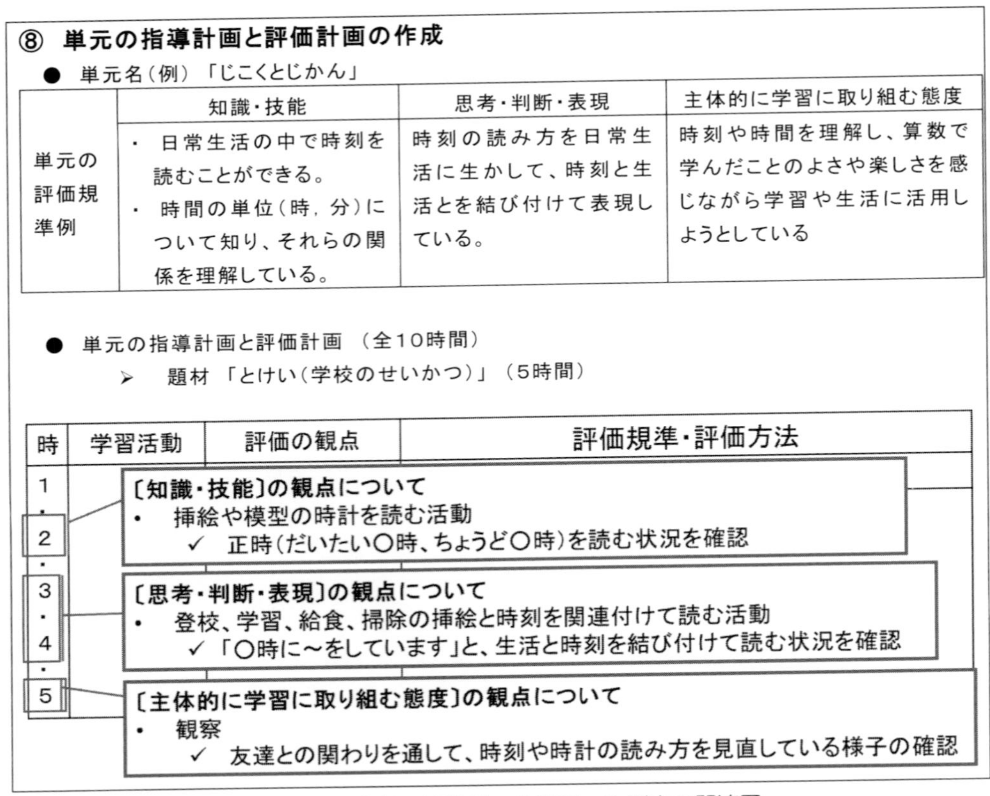

⑧ 単元の指導計画と評価計画の作成

● 単元名（例）「じこくとじかん」

	知識・技能	思考・判断・表現	主体的に学習に取り組む態度
単元の評価規準例	・日常生活の中で時刻を読むことができる。 ・時間の単位（時，分）について知り、それらの関係を理解している。	時刻の読み方を日常生活に生かして、時刻と生活とを結び付けて表現している。	時刻や時間を理解し、算数で学んだことのよさや楽しさを感じながら学習や生活に活用しようとしている

● 単元の指導計画と評価計画 （全10時間）

➢ 題材 「とけい（学校のせいかつ）」（5時間）

時	学習活動	評価の観点	評価規準・評価方法
1・2	〔知識・技能〕の観点について • 挿絵や模型の時計を読む活動 ✓ 正時（だいたい〇時、ちょうど〇時）を読む状況を確認		
3・4	〔思考・判断・表現〕の観点について • 登校、学習、給食、掃除の挿絵と時刻を関連付けて読む活動 ✓「〇時に～をしています」と、生活と時刻を結び付けて読む状況を確認		
5	〔主体的に学習に取り組む態度〕の観点について • 観察 ✓ 友達との関わりを通して、時刻や時計の読み方を見直している様子の確認		

図 2-9 小学部・算数科・３段階・C 測定の関連図

⑧は、単元の指導計画（全 10 時間）のうち、題材「とけい（学校のせいかつ）」による指導を５時間で設定した。「知識・技能」の観点からの評価を２時間目に設定し、挿絵や模型の時計を読む活動を通して、「正時」を読む状況を確認し、評価する計画とした。「思考・判断・表現」の観点からの評価を３・４時間目に設定し、登校、学習、給食、掃除の挿絵と時刻を関連付けて読む活動を通して、生活と時刻を結び付けて「〇時に～をしています」と答える状況を確認し、評価する計画とした。「主体的に学習に取り組む態度」の観点からの評価を４時間目に設定し、友達との話し合い活動を通して、友達との関わりから時刻や時計の読み方を見直している様子を観察法により確認し、評価する計画とした。

このように観点別学習状況の評価の場面や方法を、あらかじめ、いつ、どのようにして設定しておくのか、学習評価に関する計画の見通しを立てておくことも重要であり、各学校の学習指導案の様式においても、教師一人一人が「指導と評価の一体化」を事前に意識するような工夫が、今後ますます必要になってくる。

(3)「主体的に学習に取り組む態度」の評価

観点別学習状況を踏まえた評価の記載について、「主体的に学習に取り組む態度」の観点の評価については特に留意する必要がある。

「主体的に学習に取り組む態度」については、「知識及び技能」を獲得したり、「思考力，判断力，表現力等」を身に付けたりすることに向けた粘り強い取組を行おうとしている側面と、その粘り強い取組を行う中で、図2-9の例示のように、友達との関わりを通して、時刻や計時の読み方を見直している姿など、自らの学習を調整しようとする側面の二つを評価することが求められる。よって、ただ単に「勉強をがんばるぞ」といった側面ではなく、また、その単元で取り扱う「知識及び技能」や、「思考力，判断力，表現力等」の二つの観点から切り離して評価するものではなく、その単元で取り扱う「知識及び技能」や、「思考力，判断力，表現力等」の指導内容を身に付けるために、学習の過程において見られる、粘り強く試行錯誤する様子や、自らの学習を調整しながら学ぼうとしている様子などの意思的な側面を評価することが重要である。

なお、表2-1のとおり、知的障害のある児童生徒の学びの進捗等を考慮し、観点別学習状況の評価に係る記録については、単元を超えて結果を総括する場面を設けることを検討するような工夫も考える。

表2-1　観点別学習状況の評価を行う場面の精選例

観点	知識・技能	思考・判断・表現	主体的に学習に取り組む態度
単元Ⅰ	評価	評価	大括りで評価
単元Ⅱ	評価	評価	
単元Ⅲ	評価	大括りで評価	大括りで評価
単元Ⅳ	評価		
学期末	評価	評価	評価

3 卒業までに育成を目指す資質・能力について

知的障害のある児童生徒の学習上の特性としては、学習によって得た知識や技能が断片的になりやすく、実際の生活の場面の中で生かすことが難しいことが挙げられる。そのため、実際の生活場面に即しながら、繰り返して学習することにより、必要な資質・能力を身に付けられるようにする継続的、段階的な指導が重要となる。

また、知的障害のある児童生徒は、発達期における知的機能の障害が、同一学年であっても、個人差が大きく、学力や学習状況も異なる。そのため、知的障害のある児童生徒のための各教科は、学年ではなく、段階を設けて示すことにより、児童生徒一人一人の実態等に即して、各教科の内容を精選して、効果的な指導ができるようになっている。

そこで、それぞれの知的障害特別支援学校が、教育課程の編成について検討する際には、児童生徒一人一人が、それまでの学習を積み上げていくボトムアップの視点のほか、児童生徒の残りの在籍期間を見通しながら、どのような資質・能力を、どこまで育むとよいのかといった、卒業までに育成を目指す資質・能力を整理して、それらに重点を置いて指導するといったトップダウンの視点が必要になる。

（１）卒業後の視点で教育課程を検証する

小学部６年間、中学部や高等部３年間を通して、各教科等で育成を目指す資質・能力の何を、どこまで指導すれば、自立し、社会参加するために必要な「生きる力」を育むことができたといえるのか。

次のコメントは、長崎県内のある知的障害特別支援学校の高等部生徒が職場実習や就労先としてお世話になっている観光ホテルの社長からいただいたコメントである。

「特別支援学校高等部を卒業した生徒を実際に雇用している企業である。高い再現性が求められる業務、例えば、客室清掃、ベッドメイキング、客室アメニティや備品のセッティングについて安心して任せられている。品質管理の面でも他のスタッフの良い手本となっている。在学中に最も磨いて欲しい力は、対面でのコミュニケーション能力である。具体的には、聞く、話す、書く、読むという基本的な力である。特に、元気に挨拶や返事をする、自分が伝えたいことを言葉で表現する、分からないことは素直に聞く、引継ぎのメモを書く、他のスタッフからのメモを読むという力が求められる。分かったふりをする、返事をしない、メモを取らない、これだと業務上の不具合・事故につながり、何よりもスタッフ間に不必要な隙間風や摩擦を生じさせてしまう。強固なチームには対面でのコミュニケーション能力が非常に重要である。」

知的障害特別支援学校の卒業生の働きぶりは、とてもまじめで、決められたこと、指示されたことは正確に、そして、とてもスピーディに実行してくれるとのことであった。具体的には、図 2-10 のとおり、高い再現性が求められる客室清掃、ベッドメイキング、客室アメニティや備品のセッティング等の業務があり、例えば、クッションの形や柄、色を手掛かりに決められた向きに並べるという仕事の話を聞きながら、この仕事には、算数科の小学部３段階又は中学部１段階相当の図形の領域で、図形の性質を見出して考察する力や、上司や同僚とやりとりには数学的な表現を用いて事象を簡潔・明瞭・的確に思考・判断・表現する力が求められていると感じた。

また、上司や同僚との対話の力も必要とあり、具体的には、聞く、話す、書く、読むという基本的な力、まさに国語の力も求められている。これについても国語科の何段階相当の目標水準が求められているのか、雇用先や職内容に応じて、特別支援学校での検証が必要であると感じた。

このような情報は、高等部や進路指導部の教師が中心となって入手しやすい情報といえるが、いつ、どのようにして学校全体で共有したり、それに関連した各教科等の内容の取扱いについて、学部間で共通理解したりして、学習を保証していくことが、知的障害のある児童生徒一人一人の自立と社会参加を見据えた教育課程の在り方を整理する大切なポイントだといえる。

まさに、社会に開かれた教育課程の実現につながる観点の重視である。

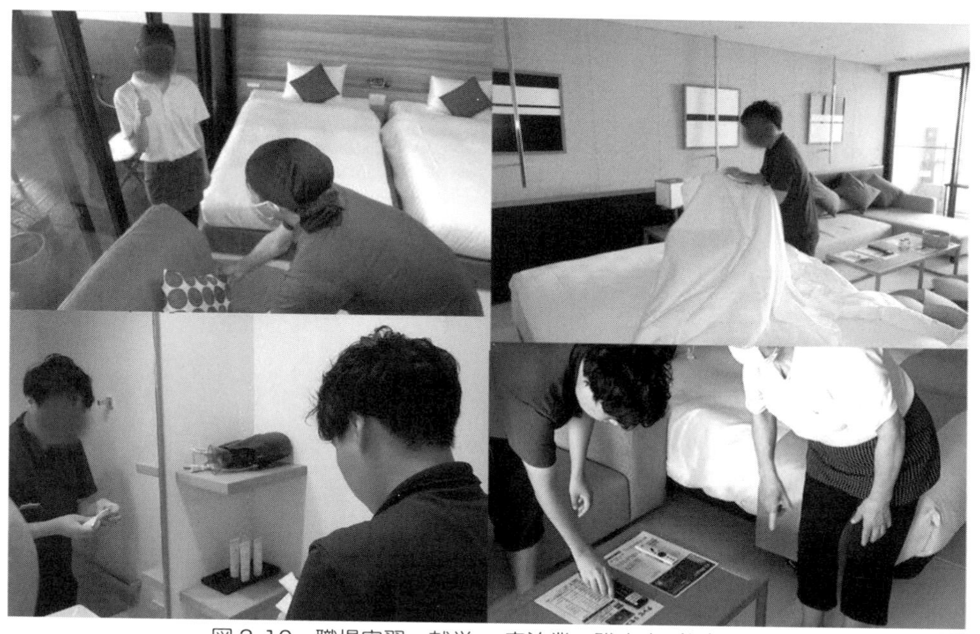

図2-10　職場実習・就労 －宿泊業の職内容（例）－

（2）今後の課題について

長崎県教育委員会では、2022（令和4年）10月に「長崎県特別支援学校就労支援フォーラム2022」を開催し、知的障害特別支援学校の教育課程の在り方について、県下特別支援学校、企業や保護者、小中学校の管理職や特別支援学級担任、就労支援機関等と共に考える機会を設定した。先ほどの観光ホテルの社長のコメントもその時のものである。

一方で、知的障害特別支援学級を設置する公立中学校長から、次のようなコメントが聞かれた。

「知的障害のある児童生徒の未来の可能性を信じて、日々の指導や連携に努めている。中学校の知的障害特別支援学級を卒業した生徒の進路先の一つである特別支援学校高等部の教育課程に対する理解や、高等部卒業後の進路先での活躍について知ることができた。また、中学校としてどのような連携・協働をすべきか考えることができた。このように、知る、連携する、という理解から、今後、我々中学校の教員は、どのような取組を進めていけばよいのか、ずっと考えながら意見交換を聞いていた。なかなか難しいところがある。」

「なかなか難しいところ」とは何を指しているのだろうか。時間の都合上、具体的な意見交換はできなかったが、設置者が異なる中学校の知的障害特別支援学級と、知的障害特別支援学校との間で、教育課程の接続に関して意見交換する場がないと言っているのか、それとも共同でカリキュラム研究する機会がないと言っているのか、どのような難しさが立ちはだかっているのだろうか。

これからの新しい時代におけるインクルーシブ教育システム下の知的障害特別支援学校におけるカリキュラム研究と実践は、地域の知的障害特別支援学級も巻き込みながら、自立と社会参加を見据えた一貫性のある教育課程の在り方について、共同研究を進めるためのリーダーシップが求められているのではないだろうか。

（分藤 賢之）

《引用・参考文献》

国立教育政策研究所　教育課程研究センター（2020）「「指導と評価の一体化」のための学習評価に関する参考資料　小学校　算数」第３編第１章１，35-47.

中央教育審議会（2016）「幼稚園、小学校、中学校、高等学校及び特別支援学校の学習指導要領等の改善及び必要な方策等について（答申）」第３章２（4），18-19.

中央教育審議会初等中等教育分科会教育課程部会（2019）「児童生徒の学習評価の在り方について（報告）」2, 3-5, 3, 6-23，3（4），14.

文部科学省（2018）「特別支援学校教育要領・学習指導要領解説　総則編（幼稚部・小学部・中学部）」第２章第４節３（1），270-271.

文部科学省初等中等教育局長（2019）「小学校，中学校，高等学校及び特別支援学校等における児童生徒の学習評価及び指導要録の改善等について（通知）」4（7），4（4），〔別紙 1〕〔別紙 2〕〔別紙 3〕〔別紙 4〕，参考一覧〔参考 3〕

文部科学省（2020）「特別支援学校小学部・中学部学習評価参考資料」第１編第１章第２章，1-15，第２編第２章，29-31，第３章，36-40.

第4節 各教科等の年間指導計画と評価計画の作成

(1) 学習評価及び評価規準

学習評価とは、「学校における教育活動に関し，児童生徒の学習状況を評価するもの」であり、学習状況を観点別に評価していくものが、「観点別学習状況の評価」である。

観点別学習状況の評価は、児童生徒の学習状況について、どの観点において望ましい学習状況が認められ、どの観点において課題が認められるのかということを分析的にみとっていくものである。児童生徒の学習状況を複数の観点からみとっていくことの必要性は、例えば、知識や技能偏重になることのないよう、身に付けた知識を用いて思考する力や、技能を用いて表現する力など、生きる力に求められる資質・能力がバランスよく身に付いているかどうかを判断していくためであり、これらは、具体的な学習や指導の改善に活かすことにつながっていく。

そして、「評価規準」とは、この観点別学習状況の評価を的確に行うために、「学習指導要領に示されている各教科等の目標がどの程度実現できているか」ということを判断するための根拠として作成される、目標に準拠したものになる。

今般の学習指導要領の改訂で、知的障害特別支援学校の各教科の目標や内容の示し方が、小学校等と同様の整理をされた。そのため、このことは、知的障害特別支援学校の各教科の学習評価についても同様であり、知的障害特別支援学校の各教科で指導する場合でも、学習指導要領に示す目標の実現の状況を判断するための根拠として、評価規準を作成する必要がある。

具体的に、小学部算数科を例にして見てみると、１段階では、ＡからＤまでの４つの領域があり、例えば、「Ａ　数量の基礎」の領域では、表2-2のような目標が設定されている。

表2-2　小学部算数科　１段階「Ａ　数量の基礎」の目標

Ａ　数量の基礎
- ア　身の回りのものに気付き，対応させたり，組み合わせたりすることなどについての技能を身に付けるようにする。
- イ　身の回りにあるもの同士を対応させたり，組み合わせたりするなど，数量に関心をもって関わる力を養う。
- ウ　数量や図形に気付き，算数の学習に関心をもって取り組もうとする態度を養う。

そして、この目標を達成するために指導する内容が、「2　内容」に、各領域の内容のまとまりとして示されている（表2-3）。

表2-3 「A　数量の基礎」の内容のまとまり

A　数量の基礎 ア　具体物に関わる数学的活動を通して，次の事項を身に付けることができるよう指導する。 (ア)　次のような知識及び技能を身に付けること。 ㋐　具体物に気付いて指を差したり，つかもうとしたり，目で追ったりすること。 ㋑　目の前で隠されたものを探したり，身近にあるものや人の名を聞いて指を差したりすること。

「評価規準」は、学習指導要領に示されている各教科等の目標を達成するために指導する観点ごとの内容が、児童生徒にどの程度身に付いているかを把握できるように設定する必要がある。そのため、同じ段階の目標を達成するために同じ内容を学んでいる児童生徒に対する「評価規準」は、共通のものが設定されることになり、児童生徒一人一人に応じて設定することにはならないことに留意が必要である。

②「評価規準」と児童生徒一人一人の学習状況の評価について

「評価規準」は児童生徒一人一人に設定するものではないことは、前述したとおりであるが、一方で、特別支援学校における学習評価について、実際の評価に当たっては、障害の状態や特性及び心身の発達の段階等（以下、「障害の状態等」という）を踏まえた上で、児童生徒一人一人の学習状況を一層丁寧に把握する工夫を行うことも必要になる。この工夫として活用できるものが、個別の指導計画や学習指導案作成の際に合わせて示されることがある、個別の指導目標及びそれに対する評価などである。令和２年に文部科学省が発行した「特別支援学校小学部・中学部学習評価参考資料」（以下、「学習評価参考資料」という）においても、「個別の指導計画の作成に当たっては、各学校が定める各教科等の評価規準の内容を、個別の指導計画の指導目標や指導内容の設定に活かすことが考えられる」と示されている。

「評価規準」と児童生徒一人一人の学習状況の評価の関係について、具体的な例をもとに考えると、次のようになる。高等部の数学科１段階の「D　データの活用」の内容を見ると、「D　データの活用」の領域における「ア　データの収集とその分析」の内容のまとまりのうち、知識及び技能では、「数量の関係を割合で捉え，円グラフや帯グラフで表したり，読んだりすること。」、思考力、判断力、表現力等では、「目的に応じてデータを集めて分類整理し，データの特徴や傾向に着目し，問題を解決するために適切なグラフを選択して読み取り，その結論について多面的に捉え考察する

学習指導要領に示された「内容」を基に、「具体的な指導内容」を設定する。

高等部数学科１段階の「内容」
D　データの活用
【知・技】㋐数量の関係を割合で捉え，円グラフや帯グラフで表したり，読んだりすること。

「具体的な指導内容」の設定は生徒によって変わり得る

生徒Ａ	生徒Ｂ
ある季節の「好き」「嫌い」の割合を調べてグラフで表す。	学年の「好きな季節」の割合を調べてグラフで表す。

図 2-11　「具体的な指導内容」の設定

知識・技能の評価規準

数量の関係を割合で捉え，円グラフや帯グラフで表したり，読んだりしている。

生徒Ａの「一人一人の学習状況の評価」
・２つの関係をグラフで表すことができていれば，評価規準に照らして，当該の技能が身に付いていると判断

好き　60	きらい　40

生徒Ｂの「一人一人の学習状況の評価」
・４つの関係をグラフで表すことができていれば，評価規準に照らして，当該の技能が身に付いていると判断

夏	春	秋	冬
45	25	20	15

図 2-12　一人一人の学習状況の評価

こと。」という内容がある。これらの内容を取り扱う単元を設定したとき、学習をする生徒の障害の状態等や学習の習得状況などから、それぞれの生徒に対して「具体的な指導内容」を設定することが必要となる。

例えば、知識及び技能に関する内容について考えると、生徒Ａには、学年の中で、ある季節、例えば「春」を好きな人の数とそうではない人の数を調べ、その２つの数を割合で捉えてグラフで表すことを具体的な指導内容として設定し、生徒Ｂには、学年のそれぞれの生徒が四季のうちで一番好きな季節を調べ、その４つの数を割合で捉えてグラフで表すことを具体的な指導内容として設定することが考えられる（図2-11）。

この場合、この単元での最も基本的な形の知識・技能の評価規準として、「数量の関係を割合で捉え，円グラフや帯グラフで表したり，読んだりしている。」というものを設定することができる。この評価規準をもとに、生徒一人一人の学習状況の評価をしていくと、生徒Aの場合には、2つの関係を帯グラフで表すことができていれば、また、生徒Bの場合には、4つの関係を帯グラフで表すことができていれば、数量の関係を割合で捉えてグラフで表すという技能が身に付いているという判断ができることになる（図2-12)。

知的障害教育において、数値や段階による評価ではなく、記述によって評価をすることの意義がここにあるといえる。

③ 年間の評価計画の作成

第3節で紹介されている「学習評価参考資料」で示している評価規準の作成の基本的な考え方は、内容のまとまりごとに単元を設定している場合の考え方である。実際には、各学校で、複数の内容のまとまりを合わせて単元を設定していたり、ある内容のまとまりと別の内容のまとまりの一部を合わせて単元を設定していたりすることが行われている（図2-13)。また、教科等の枠をこえて複数の内容のまとまりを合わせた単元を組む場合もあり、それが各教科等を合わせた指導という指導の形態で指導をする単元となる。これらの場合には特に、各教科の年間指導計画において、各教科の内容のまとまりが、設定した単元にどのように位置付いているのかを把握しておくことが必要になる。そして、この把握は、授業をするときに改めて行うのではなく、年間指導計画を立てる段階で行っておくことにより、単元で身に付けるべき資質・能

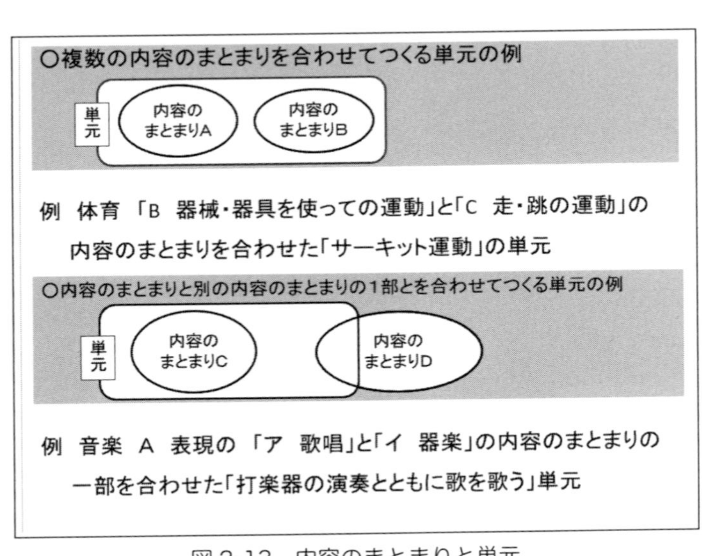

図2-13　内容のまとまりと単元

力を明確にして指導を行うことができる。

さらに、評価を行う場面を適切に捉え、意味のある評価を行うためには、指導計画の作成と合わせて、評価の計画を作成することが必要不可欠である。日々の評価の負担を減らすとともに、評価を行うこと自体が目的とならないようにするためにも、評価を行う場面を精選すること、どの指導場面でどの資質・能力について評価をするかということを計画することが重要になることは、「学習評価参考資料」でも示されているところである。

各学校で学部全体を見通した指導計画を作成することの重要性については、第２章第２節の４でも述べられている通りであるが、その上で、実際の指導に当たる教員が取り組むカリキュラム・マネジメントの視点から、学校全体で作成した全体的な指導計画に基づき、学年教員や授業者等で、各学年や習熟度別の学習グループなどに応じた各教科等の指導計画を作成することが求められる。ここでは、児童生徒の障害の状態等や学習内容の習得状況などを踏まえ、単元のまとまりや具体的な指導内容、指導の形態や学習活動などを考えながら計画をすることになるが、その際、単元のまとまりのどこの場面で、どの資質･能力について評価を行うかということについての計画、評価の計画を作成することにより、見とるべき資質・能力を明らかにしながら授業を行うことができることになる。この点については、第３節の２の図 2-9 を参照してほしい。さらに、個別の指導計画をあわせて活用することで、個に応じた指導の計画を立てることも必要となる。

4 各教科等を合わせた指導の評価規準の作成の考え方

今般の学習指導要領の改訂により､各教科等を合わせて指導を行う場合においても、各教科等の目標を達成していくことになり、育成を目指す資質・能力を明確にして指導計画を立てることが重要であることが示されている。

また、各教科等を合わせた指導は、あくまでも指導の形態の一つであり、国語や算数・数学といった教科等と同等のものではない。そのため、生活単元学習や作業学習に固有の目標や内容があるものではないということに、十分留意する必要がある。

教科別の指導における評価規準の作成の基本的な考え方については、第３節で述べられているとおりであるが、各教科等を合わせた指導においても各教科等の目標を達成していくということを踏まえれば､「各教科等を合わせた指導」の評価規準を作成するに当たっても、教科別の指導における評価規準の作成の基本的な考え方を基にして考えることができる。

その参考として、小学校生活科の複数の内容のまとまりで単元を構成した場合の評価規準の例を、国立教育政策研究所から発行されている「｢指導と評価の一体化」の

【参考】1単元を2内容で構成した場合の評価

小学校　生活科

単元名「かぞくのにこにこ　ふやし隊」
内容のまとまり　第1学年
内容（2）「家庭と生活」
内容（8）「生活や出来事の伝え合い」

	知識・技能	思考・判断・表現	主体的に学習に取り組む態度
単元の評価規準	家族がにこにこになるための活動やそれを伝え合う活動を通して，家族の大切さや自分が家族によって支えられていること，家族と交流することのよさや楽しさが分かっている。	家族がにこにこになるための活動やそれを伝え合う活動を通して，家族のことや自分でできることを考えたり，伝えたいことや伝え方を選んだりしている。	家族がにこにこになるための活動やそれを伝え合う活動を通して，自分の役割を積極的に果たし，規則正しく健康に気を付けて生活したり，進んで家族と触れ合ったりしようとしている。

令和2年3月国立教育政策研究所
「『指導と評価の一体化』のための学習評価に関する参考資料　小学校　生活」をもとに筆者が作成

図 2-14　複数の内容のまとまりを合わせた単元の評価規準

ための学習評価に関する参考資料」の内容から図 2-14 に示した。

ここでは、複数の内容のまとまりを取り扱っている単元の評価規準の作成の方法として、それぞれの内容に対する評価規準を並列して設定するという方法が示されているが、この方法以外にも、別々に項目を立てて記載をする方法や、必要な内容を落とさない形でまとめて示す方法など、各学校での工夫が期待されるところである。いずれにせよ、取り扱っている内容については、それに対応する評価規準を作成する必要があるわけであるが、一般的に考えると、単元の中に学ぶ内容が数多く設定されている場合、児童生徒にとっては、何を学んでいるのかが分かりにくくなる。各教科等を合わせた指導の評価について、評価規準の数が多くなって大変であるという声を聞くことがあるが、こういった教師側の視点から考える前に、本当に児童生徒が当該の単元の中で設定されている指導内容を意識し、見通しをもって学ぶことができているのかといった、児童生徒側の視点からの見直しをする必要がある。

また、各教科等を合わせた指導と学習評価を考えるに当たっては、本章第２節の４で示されているように、内容の関連があることをもって、各教科等を合わせた指導の形態を選択しているとすることではないことに留意する必要がある。これに加え、各教科等を合わせた指導を行う際には、各教科等において育成を目指す資質・能力を明らかにすることが必要であることは前述のとおりであるが、このことと関係して、学習活動と育成すべき資質・能力とを整理して考えることが特に必要になる。

例えば、本節の２で例に挙げた高等部の数学科１段階の「Ｄ　データの活用」を再度例に挙げて見ていくと、「学習指導要領に示されている育成すべき資質・能力ごとの内容のまとまり」として、「知識及び技能」「思考力，判断力，表現力等」それぞれ

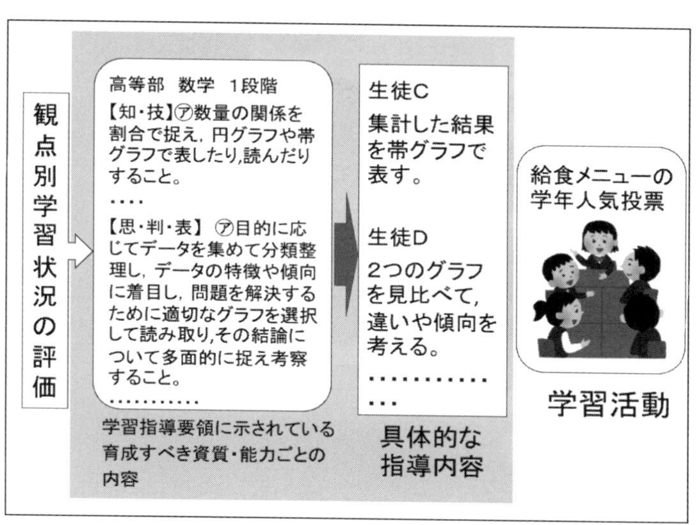

図 2-15　育成すべき資質・能力と学習活動の整理

に内容が示されている。これらの内容に対して、本節の２で述べたとおり、実際に指導する生徒の障害の状態等に応じて、具体的な指導内容を設定していくわけであるが、例えば、図 2-15 に示したように生徒Ｃには、「集計した結果を帯グラフで表す」という「知識及び技能」の資質･能力に対応した具体的な指導内容を、生徒Ｄには、「２つのグラフを見比べて、違いや傾向を考える」という「思考力，判断力，表現力等」に対応した具体的な指導内容を設定したとする。そして、その具体的な指導内容を指導するに当たっては、生徒が主体的に活動できる学習活動を計画する必要があり、例えば、「給食メニューの人気投票とその集計」という活動が設定されることも考えられる。

ここで注意すべきことは、観点別学習状況の評価は、それぞれの教科で示されている育成すべき資質・能力に対して行うものであり、学習活動に対して行うものではないため、「積極的に投票用紙づくりに取り組んでいた」「好きなメニューは何か相手に丁寧に聞くことができた」などという評価は、当該の学習における評価にはなりえないということである。こういったことに陥らないようにするためにも、当該の学習において育成すべき資質・能力と、それを効果的に身に付けるための手段としての学習活動とを明確に整理することが重要である。

このことは、教科別の指導の場合には比較的明確にしやすいが、各教科等を合わせた指導の場合には、比較的多様な学習活動が展開されるため、評価する対象である資質・能力が見えにくくなり、結果として教科等の目標に準拠していない評価規準が作成されてしまうことがあるため、特に意識をして整理をする必要がある。

⑤ 評価の妥当性と信頼性について

児童生徒の学習評価を行うに当たり、その評価が妥当なものであるのか、信頼性のあるものであるのか、といったことに対する課題を聞くことがある。

評価の妥当性・信頼性については、平成31年1月21日中央教育審議会初等中等教育分科会教育課程部会「児童生徒の学習評価の在り方について（報告）」で、それらを高めるための取組例が示されている（図2-16）。1点目の、評価規準や評価方法の検討や明確化というのは、学習指導要領の内容に準拠した評価規準を学校全体で作成し、明確にして学校内で共有することにほかならない。これにより、それぞれの教員が独自の評価規準を作成して評価している場合よりも、妥当性・信頼性は高まることになる。

また、こうした評価規準に基づいて評価を行う際の評価自体の妥当性や信頼性については、「これを行えば間違いはない」ということはなく、特に知的障害のある児童生徒の場合、指導する人や場面が変わることで、一度は身に付いたと評価された内容に対して再度困難が生じる場合もあるため、絶対に間違いのない評価の方法というものはないように思われる。しかしながら、妥当性・信頼性を限りなく高めていくための工夫を行うことはできる。共通の評価規準に基づいて、複数の目で評価をするということも1つの工夫であると考えられるし、特に、教科の資質・能力といった観点からは、教科部会を組織して教員一人一人の教科の専門性を向上させることも、評価の妥当性・信頼性を高めることにつながると考えられる。こういった工夫については、それぞれの学校で様々な取組を行い、有効な取組については共有していくことが重要である。

（加藤 宏昭）

教師の勤務負担軽減を図りながら学習評価の妥当性や信頼性が高められるよう，学校全体としての組織的かつ計画的な取組を行うことが重要。
※例えば以下の取組が考えられる。

・教師同士での評価規準や評価方法の検討，明確化
・実践事例の蓄積・共有・評価結果の検討等を通じた教師の力量の向上
・校内組織（学年会や教科等部会等）の活用

図2-16　評価の妥当性・信頼性を高めるための取組例

《引用・参考文献／サイト》
国立教育政策研究所（2020）『「指導と評価の一体化」のための学習評価に関する参考資料 小学校 生活』東洋館出版社
中央教育審議会初等中等教育分科会教育課程部会（2019）「児童生徒の学習評価の在り方について（報告）」
文部科学省（2017）「特別支援学校小学部・中学部学習指導要領（平成29年告示）」
文部科学省（2018）「特別支援学校教育要領・学習指導要領解説　総則編（幼稚部・小学部・中学部）」
文部科学省（2018）「特別支援学校教育要領・学習指導要領解説　各教科等編（幼稚部・小学部・中学部）」
文部科学省（2020）「特別支援学校小学部・中学部学習評価参考資料」

第5節　カリキュラム・マネジメントの一環としてある授業改善について

知的障害のある児童生徒が、学習した内容を、人生や社会の在り方と、結び付けて深く理解し、これからの時代に求められる資質・能力を身に付け、生涯に渡って、主体的に学び続けることができるようにするためには、各教科等での授業や、各教科等が関連した授業において、児童生徒が、何だろう、おもしろそうだ、やってみよう、なるほど、できたぞ、もっとやってみたいなどと解を導くためだけではなく、その過程において考えることを楽しむような学習・指導方法の質を一層高める授業改善を、活性化していくことが求められている。

特別支援学校の学習指導要領の『解説　総則編』では、「学習評価は、学校における教育活動に関し、児童生徒の学習状況を評価するものである。児童生徒にどういった力が身に付いたかという学習の成果を的確に捉え、教師が指導の改善を図るとともに、児童生徒自身が自らの学習を振り返って次の学習に向かうことができるようにするためにも、学習評価の在り方は重要であり、教育課程や学習・指導方法の改善と一貫性のある取組を進めることが求められる」としている。

1　どのように学ぶか　－新しい学習指導要領で目指すこと－

実際の社会や生活で、「生きて働く知識及び技能」「未知の状況にも対応できる思考力、判断力、表現力等」「学んだことを、人生や社会に生かそうとする、学びに向かう力、人間性等」の資質・能力を、バランスよく育成するためには、授業において、知的障害のある児童生徒一人一人が、「どのように学ぶのか」という視点から、授業を、よりよくしていくことが、教師には求められている。それが「主体的・対話的で深い学び」の視点からの授業改善の取組であり、いわゆる「アクティブ・ラーニング」の視点からの授業改善ともいわれている。

児童生徒の頭の中がアクティブに働いているか？そういう授業の展開を、常に意識しながら、教師は、授業改善に向き合うことが求められている。

(1)「主体的な学び」の視点からの授業改善とは

「主体的な学び」に関する授業改善の視点とは、「どうしたら、児童生徒が見通しをもって作業したり、粘り強く考えたりすることができるだろうか？」という側面からの授業改善の取組である。

単元の指導計画に基づき、実際に各教科等の特質に応じて重視する学習の過程を展開していく際に、例えば、単元との出会いの時間とその場面など、児童生徒が今後の学習を主体的に進めていくことができるように「主体的な学び」の視点から、授業改善を進めていくことが期待されている。

教師の「具体的な手立て」の例については、次のようなことが考えられる。

・具体物を提示して引き付ける。

・児童生徒が自ら学習のめあてをつかむようにする。

・児童生徒が明らかにしたくなるような学習課題を設定する。

・必要な手順を考えさせ、完成への道筋のイメージをもたせる。

また、「主体的な学び」の視点からは、「どうしたら、振り返る内容を充実させ、次に生かせる気付きに導くことができるだろうか？」という側面からの教師の「具体的な手立て」も求められている。

そこで、単元の指導計画に基づき、実際に各教科等の特質に応じて重視する学習の過程を展開していく際に、例えば、単元の中盤や終盤の指導計画の時に、自分の学びを振り返り、児童生徒が主体的に次の学習に生かしていこうとするよう、「主体的な学び」の視点で、授業改善を実現していくことが期待されている。

教師の「具体的な手立て」の例については、次のようなことが考えられる。

・映像など自分の学びの過程を蓄積し、成長を確かめられるようにする。

・児童生徒の考えに即して授業展開を考える。

・学習課題を解決している児童生徒を励まし、修正の手立てや選択肢を助言する。

このように「主体的な学び」の授業改善の視点では、「見通し」と「振り返り」がポイントといえる。

（2）「対話的な学び」の視点からの授業改善とは

「対話的な学び」に関する授業改善の視点とは、「どうしたら、グループ間の議論を深め、様々な視点で考えを深めることができるだろうか？」という側面からの授業改善の取組である。

単元の指導計画に基づき、実際に各教科等の特質に応じて重視する学習の過程を展開していく際に、例えば、何かを決める、話し合いの場面など児童生徒が、身近な教師とのやり取りを含めた対話的な学びを手掛かりに考えることを通して、自分の考えを広げ、深めることにつながるように「対話的な学び」の視点で授業改善を進めていくことが期待されている。

教師の「具体的な手立て」の例については、次のようなことが考えられる。

・板書や発問で教師が児童生徒の学びを引き出す。

・「こうなるはずだ」という結果の見通しをもって学習を行うようにする。

・他者と考えを交流させて自分の考えを広げさせる。

(3)「深い学び」の視点からの授業改善とは

「深い学び」に関する授業改善の視点とは、「どうしたら、知識をつなげ、深く理解したり、考えを形成したりできるだろうか?」という側面からの授業改善の取組である。

単元の指導計画に基づき、実際に各教科等の特質に応じて重視する学習の過程を展開していく際に、授業で身に付けた一つ一つの資質・能力を活用したり、発揮したりしながら、それに関連した資質・能力を新たに理解するなど、複数の資質・能力をつなげて考え、より深く「わかった!」と思えるような「深い学び」の視点での授業改善を進めていくことが期待されている。

教師の「具体的な手立て」の例については、次のようなことが考えられる。

・自分の考えをまとめたり、自分で選択・判断したりする場面を設定する。
・思いや考えを補うための資料(文章、絵、映像等)を用意し、様々な側面から、「よりよくわかる」ために考える場面を設定する。
・自分の得意な物事の捉え方を促すように助言する。

なお、これまで示した、「主体的・対話的で深い学び」の視点からの授業改善における具体的な手立ての例示は、2016(平成28)年12月、中央教育審議会答申などに示されている内容で、授業をよくしていくための一例とされているものである。そこに、筆者が、知的障害のある児童生徒の実態を考慮し、一部加筆したものである。

単元の指導計画に基づき、実際の授業を展開していく際に、各教科等の特質に応じて重視する学習の過程において「学習したことを生かせる」場面などを仕組み、そのような学び方の経験の繰り返しが、授業以外の生活や人生にも生きて働くようにしていくことが重要である。授業改善では、そのような目的を持って、授業で取り扱う資質・能力を習得するために各教科等の特質に応じて重視する学習の過程において、当該教科又は教科等横断的に既習事項を関連付けながら学ぶことなど「どのように学ばせるか」を授業者は大切に考えていきながら授業改善を進めていく必要がある。ただし、主体的・対話的で深い学びの視点から、授業をよりよくしていくことは、知識の習得をおろそかにすることではないので、主体的・対話的で深い学びの視点からの授業改善を進めていき、知的障害のある児童生徒に育成を目指す資質・能力を、バランスよく育んでいくという考え方が、最も重要であることは、変わらず大切にしていくものである。

(4)主体的・対話的で深い学びの主語は『子供』

2016(平成28)年12月、中央教育審議会答申では、「従来の学習指導要領は「教員が何を教えるか」という観点を中心に組み立てられていて、そのことが、教科等の縦割りを越えた指導改善の工夫や、指導の目的を「何を知っているか」にとどまらず、「何ができるようになるか」にまで発展させることを妨げているのではないか」という議論がなされてきた。

そこで、学習指導要領改訂に向けた中央教育審議会答申では、「まず学習する子供の視点に立ち、教育課程全体や、各教科等の学びを通じて、「何ができるようになるのか」という観点から、育成を目指す資質・能力を整理する必要がある」とされ、「その上で、整理された資質・能力を育成するために「何を学ぶか」という、必要な内容を検討し、その内容を「どのように学ぶか」という、子供たちの具体的な学びの姿を考えながら構成していく必要がある」としている。

児童生徒が「どのように学ぶか」の姿として、学習指導要領に示されたのが「主体的・対話的で深い学び」である。

一方、指導する教師の立場からすると、「児童生徒の「主体的・対話的で深い学び」の実現のための授業改善の視点とするためには、授業を、どのように変えていけばよいか、が明示されていた方が、理解しやすいのではないか」という議論も行われた。表2-4は、国立教育政策研究所プロジェクト研究「学校における教育課程編成の実証的研究（平成29年度～令和3年度）」から抜粋したものである。内容としては、都道府県教育委員会、政令市教育委員会が作成している「主体的・対話的で深い学び」に関する「授業の指針」を収集し、主体的・対話的で深い学びの視点に従って整理されたものである。分析対象とした「授業の指針」には、「中央教育審議会答申と同様、児童生徒の学びの姿を記述しているものもあったが、児童生徒の学びの姿を示すと同時に、そのような姿を実現する教師の働きかけの在り方について記述されているものもある」としている。これらの記述形態を参考にすると、「主体的・対話的で深い学びの実現に向けた授業改善の視点として、『学習者』からの記述に加え、『授業者』からの記述を併せて示すことの有効性が高い」と研究のまとめに示唆されている。

本研究で整理された内容について、表2-4からいくつか取り上げて紹介する。知的障害特別支援学校でも検討・整理の際の参考にしてほしい。

表2-4では、主体的な学びの「学習者」の視点の一つとして、「学ぶことに興味や関心を持つ」が挙げられている。「児童生徒が学ぶことに興味や関心を持つために、教師はどうしたらよいか」に対し、研究で強調されていたのは、授業の導入時に「具体物等を提示して引きつける」であった。導入時には、「既習事項の振り返り」も行われている。これは、「深い学びの視点である「知識を相互に関連付けて、より深く理解する」に関連するところもあるが、多くは、児童生徒が既習事項に絡めて、新たな学びに興味や関心を持たせることを、意図して実施されていることが多い」として

いる。そこで、「具体物を提示して引きつけることや、既習事項の振り返りを通じて、児童生徒が「学ぶことに興味や関心を持つ」ことになると考え、主体的な学びの授業改善に向けた視点の枠組みに位置づけられている」としている。

他の項目も、全て複数の視点に関わる可能性があるものの授業の展開場面と、「主体的･対話的で深い学び」の枠組みを極力対応させるようにして作成しているようだ。

また、「主体的・対話的で深い学びを実現するためには、授業者の視点による改善を行うだけでよいことを示しているのではない」と強調してある。例えば、授業の導入時に具体物を提示して引きつけると、既習事項の振り返りを行うことは、「多くの授業で意識されており､授業研究の際にも議論されている」としている。しかし､往々にして「これらのことを実施していたらよし、とする風潮がある」と指摘もされている。具体物を提示しても、それが児童生徒の関心につながらない場合は、「児童生徒が学ぶことに興味や関心を持つ状態とならない」としている。

表 2-4　国立教育政策研究所プロジェクト研究「学校における教育課程編成の実証的研究」（平成 29 年度～令和３年度）

	授業改善に向けた『学習者』の視点	授業改善に向けた『授業者』の視点
主体的な学び	●学ぶことに興味や関心をもつ ●見通しをもつ ●粘り強く取り組む ●自己のキャリア形成の方向性と関連付ける ●自己の学習活動を振り返って次につなげる	●既習事項を振り返る ●具体物を提示して引き付ける ●子供が明らかにしたくなる学習経験を設定する ●子供が自ら目当てをつかむようにする ●学習課題を解決する方向性について見通しをもたせる ●子供が自分の考えをもつようにする ●子供の思考を見守る ●子供の思考に即して授業展開を考える ●子供の考えを生かしてまとめる ●その日の学びを振り返る ●新たな学びに目を向けさせる
対話的な学び	●子供同士の協働を通じ、自己の考えを広げ広める ●教職員との対話を通じ、自己の考えを広げ広める ●地域の人との対話を通じて、自己の考えを広げ深める ●先哲の考え方を手掛かりに考える	●思考を交流させる ●交流を通じて思考を広げる ●協働して問題解決する ●板書や発問で教師が子供の学びを引き出す
深い学び	●各教科等の特質に応じた「見方・考え方」を働かせる ●知識を相互に関連付けてより深く理解する ●情報を精査して考えを形成する ●問題を見いだして解決策を考えたり、思いや考えを基に創造したりすることに向かう	●資質・能力を焦点化する（つけたい力を明確にする） ●単元や各授業の目標を把握する ●ねらいを達成した子供の姿を具体化する ●教材の価値を把握する ●単元及び各時間の計画を立てる ●目標の達成状況を評価する

（5）主体的・対話的で深い学びは単元などを通して実現する

前述した国立教育政策研究所プロジェクト研究報告書では、図2-17のとおり、授業改善に向けた「授業者」の視点と、「学習者」の視点の関連が分かりやすく示されている。その部分の解説では、「授業者の、授業改善に向けた努力は、それ自体を目的とした場合には、児童生徒の思考や関心から、遊離した授業になる可能性がある。指導案の完成度は高いが、児童生徒の学びが不十分であったり、ずれた方向に向かったりしている授業がある。逆に、事後の授業研究会で、児童生徒の学びに焦点を当てた議論をしていて、その授業で、どのような資質・能力を身に付けさせようとしているのかの意識が、教師間で共有できていないことがある。授業者の視点と、学習者の視点は、どちらか片方が重要というのでなく、授業者による授業の改善の視点と、学習者における学びの改善の視点が、それぞれ往還することが主体的・対話的で深い学びの実現につながるような考え方が求められている」としている。

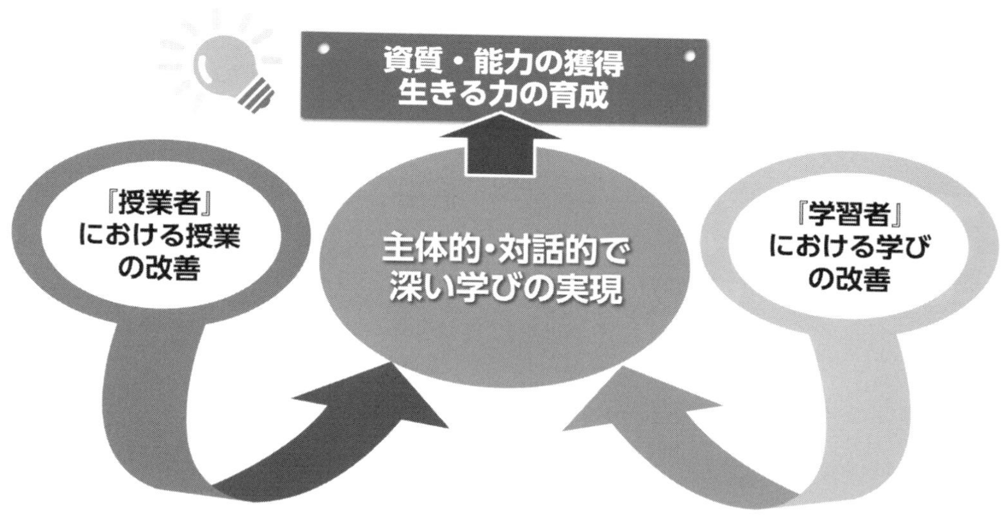

図2-17　『授業者』と『学習者』における授業の改善

主体的・対話的で深い学びは、必ずしも1単位時間の授業の中で、全てが実現されるものではなく、単元など内容や時間のまとまり、つまり、単元の指導計画全体を見通した各教科等の特質に応じて重視する学習の過程において、例えば、主体的に学習に取り組めるように学習の見通しを立てたり、学習したことを振り返ったりして、自身の学びや変容を自覚できる場面をどこに設定するのか、対話によって自分の考えなどを広げたり深めたりする場面をどこに設定するか、学びの深まりをつくりだすために、児童生徒が考える場面と教師が教える場面をどのように組み立てるか、といった視点で、単元の指導計画全体を見渡してデザインしていくものであると考える。

（6）「見方・考え方」とは

「見方・考え方」とは何か。中央教育審議会答申や特別支援学校の学習指導要領において、「見方・考え方」とは「各教科等の特質に応じた物事を捉える視点や考え方」と定義されている。

知的障害のある児童生徒のための各教科には、それぞれの段階に内容があり、その内容に対し、児童生徒はどのようにアプローチして捉えたり、理解したりしていけばよいのか、こうした教科の本質に迫るための「視点」や「考え方」を、児童生徒の立場から表したものが「見方・考え方」としているのである。

知的障害のある児童生徒のための各教科の特質に応じた「見方・考え方」がどのようなものかについては、小学校等の学習指導要領と同様の考え方による「見方・考え方」が、特別支援学校の学習指導要領の知的障害のある児童生徒のための各教科等の目標にも示されているとともに、『解説　各教科等編』には、各教科の特質に応じた「見方・考え方」についての解説がなされている。

例えば、「深い学び」とは、中央教育審議会の教育課程部会の審議において、「各教科等で見方・考え方を働かせながら、資質・能力を獲得していくことが、深い学びにつながるのではないか」とし、「主体的・対話的で深い学びについて、深まりを欠くと、表面的な活動に陥ってしまう」という指摘や議論がなされ、「主体的・対話的で深い学びを実現する上で、各教科等の資質・能力の育成の観点から、深い学びの視点は極めて重要である」と整理された。

また、「主体的な学びや対話的な学びは、その趣旨が、教科共通で理解しやすい視点であるのに対し、深い学びの在り方は、各教科等の特質に応じて示される必要がある」とされた。

結果、各教科等の学びの「深まり」の鍵となるのが、「見方・考え方」である、という見解が示され、中央教育審議会答申において「深い学び」の視点については、習得・活用・探求という学習の展開の中で、「各教科等の特質に応じた「見方・考え方」を働かせながら、知識を相互に関連付けて、より深く理解したり、情報を精査して、考えを形成したり、問題を見出して解決策を考えたり、思いや考えを基に、創造したりすることに向かう「深い学び」が実現できているか授業改善を図っていくことが重要である」とされている。

（7）「見方・考え方」と資質・能力の三つの柱の関係とは

「深い学び」の視点から改善された授業において、子供たちが働かせる「見方・考え方」とは、育成を目指す資質・能力の三つの柱と重なる概念なのか、それとも資質・能力とは別の概念なのか。

中央教育審議会答申や特別支援学校の学習指導要領において「見方・考え方」は、

育成を目指す資質・能力の三つの柱とは別の概念として整理されている。先ほどふれたが、「見方・考え方」は「主体的・対話的で深い学び」の「深い学び」の鍵とされているが、これは「見方」や「考え方」を働かせることによって資質・能力が育まれるということである。すなわち、「見方・考え方」は、「深い学び」の視点からの授業改善を通して、児童生徒に育まれる資質・能力そのものではなく、各教科等の学びを通じて、児童生徒が資質・能力を習得する学習の過程において、児童生徒が「働かせる」ものである。

また、中央教育審議会答申では、「見方・考え方」と資質・能力との関係について説明されている。そこでは、「見方・考え方を働かせることで資質・能力がさらに育まれたり、新たな資質・能力が育まれたり、また、それによって見方・考え方が更に豊かになるというように見方・考え方と資質・能力は相互に支え合う関係にある」とされている。

（8）「見方・考え方」と当該教科等を学ぶ意義とは

特別支援学校の学習指導要領では、全ての知的障害のある児童生徒のための各教科について、なぜ、それを学ぶのか、それを通じて、どのような力が身に付くのか、という、教科を学ぶ、本質的な意義を明確にする議論が展開され、各教科において育成を目指す資質・能力が三つの柱に基づき整理されるとともに、「見方・考え方」も教科ごとに整理され、「見方・考え方」は各教科を学ぶ本質的な意義の中核をなすものとして整理された。

さらに、「見方・考え方」は、教科の教育と、社会をつなぐ、言い換えれば、知的障害のある児童生徒が、大人になって生活していく際にも、数字を見ながら考えたり、思ったことを言葉で表現したりする時には、学校教育を通じて身に付けた「数学的な見方・考え方」や、「言葉による見方・考え方」を働かせられるようになるなど、各教科の学びの中で鍛えられた「見方・考え方」を働かせながら、身近な生活場面において様々な物事を理解し、思考し、よりよい社会や、自らの人生を創り出していくために、重要な働きをするものである。

（9）各教科の目標と「見方・考え方」との関係

次に「見方・考え方」を働かせて、資質・能力を育成する授業を実現する上で、配慮すべき事項について述べる。

まず、知的障害のある児童生徒のための各教科の目標に「見方・考え方」を働かせることが含まれていることを確認してほしい。表 2-5 のとおり、各教科の目標には、①働かせる「見方･考え方」、②実施する学習活動、③当該教科等で育成を目指す資質･能力を示した柱書と、【知識及び技能】【思考力, 判断力, 表現力等】【学びに向かう力, 人間性等】の三つの柱で整理された目標を、⑴、⑵、⑶に位置付けた部分から構成されている。

「見方・考え方」と資質・能力とは相互に支え合う関係にあり、「見方・考え方」を働かせることは、それぞれの教科としての本質的な学びを促し、資質・能力全体の育成にも作用することを踏まえ、「見方・考え方」は目標の最初の柱書に位置付けられている。

中央教育審議会答申では、「児童生徒が、学習や人生において「見方・考え方」を自在に働かせられるようにすることにこそ、教員の専門性の発揮が求められている」としており、「深い学び」の視点から授業改善し、児童生徒の「見方・考え方」を働かせる授業に迫ることが、今まさに教師に期待されているところである。

表 2-5　各教科における「目標」の基本的な構造

（教科の特質に応じた）見方・考え方を働かせ、（※）活動を通して、（教科でねらう）資質・能力を次のとおり育成することを目指す。 ⑴　**【知識及び技能】** ⑵　**【思考力，判断力，表現力等】** ⑶　**【学びに向かう力，人間性等】** 下線部（※）：特別支援学校学習指導要領の第２章各教科において、第３「指導計画の作成と内容の取扱い」の⑴のアに「見方・考え方」を働かせる授業を実現するための学習活動が記載されている。

❶　当該教科の目標（柱書）の構成を確認する

表 2-6 は、知的障害のある児童のための小学部の国語科の目標（柱書）であり、その内容をア〜ウの三つの側面から整理したものである。

国語科では、アの「言葉による見方・考え方」を働かせることが、国語科において育成を目指すウの「国語で理解し表現する資質・能力」を、よりよく身に付けることにつながるものとしている。これに加えて、言語能力を育成する中心的な役割を担う国語科では、イの「言語活動」を通して、ウの「国語で理解し表現する資質・能力」を育成していくことも重視されている。

このように、国語科では、国語で理解し表現する資質・能力の育成を目指し、国語科が重視する学習の過程の中に「言語活動」と「言葉による見方・考え方」を働かせる場面を授業の中にデザインしていくことが、目標のつくりからも理解できるのである。

このようにして、表 2-6 を参考にしながら、他の教科においても目標（柱書）の示し方と、その意味について、しっかりと整理することが、授業改善のヒントにつながっていくのである。

表2-6　小学部・国語科の目標の基本的な構造

教科の目標の「柱書」を確認	言葉による見方・考え方を働かせ、言語活動を通して、国語で理解し表現する資質・能力を次の通り育成することを目指す。
ア　働かせる「見方・考え方」を確認	言葉による見方・考え方を働かせ、
イ　実施する「学習活動」を確認	言語活動を通して、
ウ　当該教科で「育成を目指す資質・能力」を確認	国語で理解し表現する資質・能力を育成する。

❷　目標（柱書）部分の解説等を確認する

ア　働かせる「見方・考え方」の確認

『特別支援学校学習指導要領解説　各教科等編』等において、次のように示されている。

○　解説　各教科等編　国語科の目標（第２の２）

> 言葉による見方・考え方を働かせるとは、児童が学習の中で、対象と言葉、言葉と言葉の関係を、言葉の意味、働き、使い方等に着目して、捉えたり問い直したりして、言葉への自覚を高めること。

○　解説　各教科等編　国語科の指導計画の作成と内容の取扱い（第２の４の(1)のア）

> 対象と言葉、言葉と言葉との関係を、言葉の意味、働き、使い方等に着目して捉えたり問い直したりするとは、言葉で表される話や文章を、意味や働き、使い方などの言葉の様々な側面から総合的に思考・判断し、理解したり表現したりすること、また、その理解や表現について、改めて言葉に着目して吟味することを示したものとし、さらに習得・活用・探究という学習の過程で言葉による見方・考え方を働かせることを通じて、より質の高い深い学びにつなげることが重要である。

○　文部科学省編『初等教育資料』（2019年９月号）より抜粋

> ・「対象と言葉との関係」について、「対象」とは、言葉で表されている事物や事象、考えや気持ちなどのことであり、私たちは、事物や事象、考えや気持ちなどを様々な「言葉」で表しているが、この表す「言葉」と、表された「対象」との関係のことを指している。
> ・「言葉と言葉との関係」とは、話や文章における言葉同士の関係のことを指している。
> ・これら二つの関係について「言葉の意味、働き、使い方等に着目して、捉えたり問い直したりして、言葉への自覚を高める」とは、同じ意味をもつ言葉でも、相手や状況に応じて、使い分けたり、ある文章を一読した際に、捉えた言葉の意味を、文脈に即して、捉え直したりするなど、言葉で表されている「対象との整合性」や、用いられている「言葉の相互関係」を、意味や働き、使い方などの、言葉の様々な側面から「対象化」したり、「意味付け」したりすることを通して、自らが理解したり、表現したりする言葉に、より「自覚的になること」を指している。

例えば、取り扱う「言語事項」として、自分の名前（A さん）を取り上げたとする。「A さん」という自分の名前を表す言葉は、私のことを表し、私の名前である、ということである。

また、「A さん」という言葉で表されている「対象との整合性」については、名前を呼ばれる「言語活動」を設定し、「言葉による見方・考え方」を働かせながら、「A さん」と呼ばれている意味の側面から言葉を「対象化」したり、「A さん」という同じ意味を持つ言葉でも、状況との「相互関係」から、呼び掛けの意図や働き、反応することについて、「自分の名前が呼ばれたら返事をする」、「自分の名前ではない時は返事をしない」などと「意味付け」したりする中で、対象となる言葉を、この例の場合、「A さん」という自分の名前を、より「自覚的になる」営みである。

このように、「言葉による見方・考え方」を働かせ、「言葉に着目し、言葉への自覚を高める授業」というのが、小学部国語科における「見方・考え方」を働かせて資質・能力を育成する授業のキーワードになるものである。

イ　実施する「学習活動」の確認

国語科は、様々な事物、経験、思い、考え等を、どのように言葉で理解し、どのような言葉で表現するか、という言葉を通じた理解や表現、そこで用いられる言葉そのものを学習の対象とする。そのため、「言葉」に着目し、「言葉」への自覚を高める授業となっているか、どうかを意識しながら、育成したい資質・能力に適した「言語活動」を構想することが、国語科で目指す資質・能力を確実に育成することにつながっていくものであると考える。

その上で、「資質・能力」と、「見方・考え方」の関係性を改めて整理すれば、「資質・能力」を育成するための国語科が重視する学習の過程において、「見方・考え方」が働くような「言語活動」を構想し、その中で「資質・能力」が育成されていくという相互に支え合う関係にしなければならない。

❸　文部科学省著作教科書の教科書解説を授業改善に活用する

ここでは、小学部 1 段階の国語科の内容を取り扱う児童生徒に対する「深い学び」の視点からの授業改善を進めるために、その鍵となる「見方・考え方」について考えるヒントになればと考える。なお、小学部 1 段階の［思考力、判断力、表現力等］の内容のまとまりで「A　聞くこと・話すこと」の「イ　身近な教師の話し掛けに慣れ、言葉が事物の内容を表していることを感じることができる。」の授業例を計画し、「深い学び」の視点からも構想する。

Step1）「言語事項」を設定し、題材を選択する

まずは、図 2-18 のとおり、「言語事項」を定める。例えば、［知識及び技能］の内容のまとまりで「ア　言葉の特徴や使い方」から「(ア) 身近な人の話し掛けに慣れ、

言葉が事物の内容を表していることを感じること。」を取り扱うものとする。

ここで取り扱う「言語事項」については、『解説　教科等編』を踏まえて作成されている文部科学省著作教科書☆の教科書解説に示されている、題材ごとに取り扱うことのできる言語事項に示されているものの中から「自分の名前（○○さん）」を選択することとし、それに対応した題材「おーい」（文部科学省著作教科書こくご☆）を通して指導するものと仮定する。

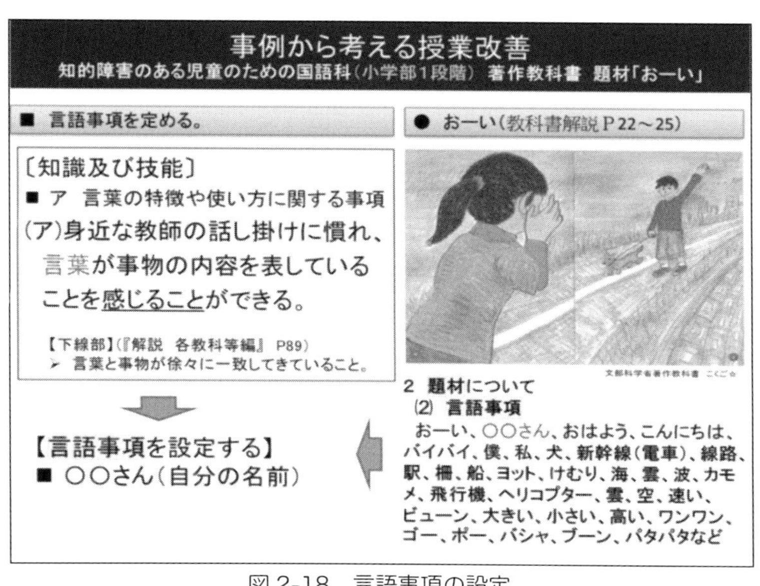

図2-18　言語事項の設定

Step2）「言語活動」を構想する

知的障害のある児童生徒のための国語科における「言語活動」については、『解説　各教科等編』に「各段階の内容は、児童生徒の日常生活に関連のある場面や言語活動、行動と併せて示しているため、知的障害のある児童生徒にための国語科では、小学校等の国語科のように言語活動例を示していない」とした上で、「国語科の目標が達成されるよう、教師が児童生徒の実態に応じた場面や言語活動を創意工夫して設定し、授業改善を図ることが重要である」としている。この点は、小学校等との学習指導要領の構成上の異なる点であるため、十分留意するとともに、そのことを踏まえ、各段階の「内容」や、その該当箇所の『解説　各教科等』から、教師が、児童生徒の実態に応じた場面や、言語活動を創意工夫して設定する必要がある。

図2-19のとおり、〔思考力，判断力，表現力等〕の内容のまとまり「A　聞くこと・話すこと」の「イ　身近な教師の話し掛け」の部分が、児童の日常生活に関連のある場面や言語活動、行動と併せて示してある部分に当たるものと想定される。Step1）で選定した「言語事項」（自分の名前）と関連して考えると、「身近な教師から自分の

名前を呼び掛けられる活動」を設定するものと仮定する。

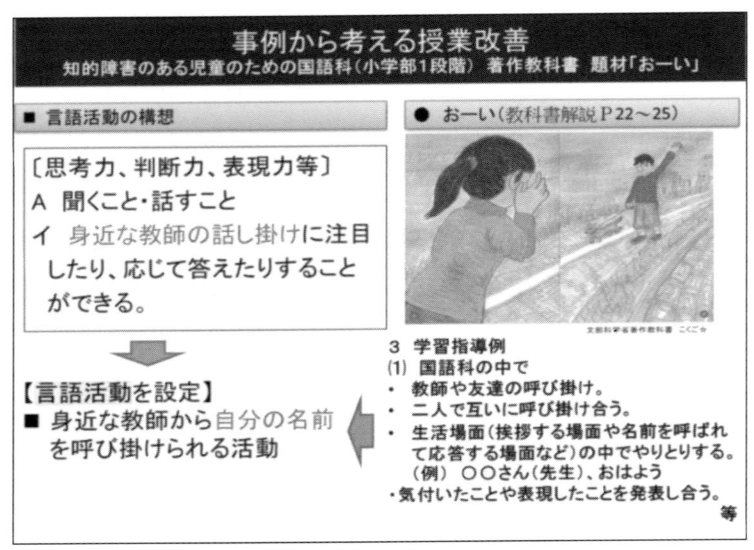

図 2-19　言語活動の設定

Step3）言葉への自覚を高める場面を設定する（深い学びの視点からの授業改善）

身近な教師から自分の名前を呼び掛けられ、単に呼び掛けを受け止めたり、応じたりするだけではなく、図 2-20 の上段のとおり、深い学びの視点から、身近な教師から自分の名前（言葉）を呼び掛けられた時に、子供自身が「言葉による見方・考え方」を働かせ、自分の名前（言葉）に着目し、自分の名前（言葉）への自覚を高めることができるような言語活動を構想することが重要であり、そのような授業が具体的にどのようなものであるのかを整理したのが、図 2-20 の下段部分である。

深い学びの視点から、どんな授業にしていくのか？

- 言語事項（自分の名前）と、それが表す対象（私のこと、私の名前であること）、事象（私に対する呼び掛けであること）、考えや気持ち（名前を呼ばれている意味に気付くこと）との関係を理解させる。
- 言語事項（自分の名前）は同じでも、文脈（1 対 1 で呼び掛ける場面、自分を含む複数の名前を順番又は順不同に呼び掛ける場面）に即して対象化させながら、言語事項に自覚を高めるような授業を仕組むことができるよう、「深い学び」の視点からの授業改善に努める。
- ただ単に、言葉（○○さん、自分の名前）を知り、それを基に、2 語文などの発展的な学習に移行することが「深い学び」であると誤解しないように留意したい。

事例から考える授業改善
知的障害のある児童のための国語科（小学部1段階）著作教科書　題材「おーい」

■ 深い学びの視点から授業改善 ⇔ 言葉への自覚を高めるような場面の設定

〔思考力、判断力、表現力等〕
「A 聞くこと・話すこと」の授業
イ 身近な教師の話し掛けに注目したり、応じて答えたりすることができる。

【言語事項を定める】
- ○○さん（自分の名前）

【言語活動を設定】
- 身近な教師から自分の名前を呼び掛けられる活動

【言葉に着目し、言葉への自覚を高める言語活動を構想】
- 身近な教師から自分の名前を呼び掛けられ、子供が「言葉による見方・考え方」を働かせながら、注目したり、応じて答えたりする活動。

図 2-20　深い学びの視点からの授業改善の例

このような解釈や、分析を行う上では、文部科学省著作教科書☆の教科書解説の題材ごとにある「題材について」の内容や、「指導上の留意点」などに示されている内容が大変参考になる。これらの解釈、分析、整理の手続きに慣れていきながら、教科書解説のない一般図書（附則９条本）を採択する場合も、教科書ありきではなく、国語として１年間でどのような「言語事項」を、どこまでの範囲で取り扱うのか、を設定してから、それに適した主たる教材である一般図書（附則９条本）を採択するシステムの構築が必要である。

（10）学習評価と「見方・考え方」との関係

「見方・考え方」は、学習評価の対象か否か。「見方・考え方」は、育成を目指す資質・能力そのものではなく、資質・能力を育成するための各教科等が重視する学習の過程で、児童生徒が働かせる「物事を捉える視点や考え方」であるとされている。よって、観点別学習状況の評価の対象は、あくまでも各教科等で育成を目指す資質・能力を、どの程度身に付けているかどうかであるので、「見方・考え方」を働かせているかどうか自体を評価の対象とするものではないとされている。

一方、教師が、自らの指導のねらいに応じて、授業の中での児童生徒の学習を振り返り、授業改善を行う中で、児童生徒が「見方・考え方」を働かせることができていたかを確認し、教師の更なる指導の改善につなげることは重要なポイントである。

（分藤 賢之）

《引用・参考文献》
国立教育政策研究所プロジェクト研究（2020）「学校における教育課程編成の実証的研究（平成 29 年度～令和 3 年度）検討メモ －主体的・対話的で深い学びを実現する授業改善の視点について－」1-5.
中央教育審議会（2016）「幼稚園、小学校、中学校、高等学校及び特別支援学校の学習指導要領等の改善及び必要な方策等について（答申）」第 4 章 2，21.
文部科学省（2018）「特別支援学校教育要領・学習指導要領解説　総則編（幼稚部・小学部・中学部）」第 2 章第 4 節 3(1)，270.
文部科学省（2018）「特別支援学校教育要領・学習指導要領解説　各教科等編（幼稚部・小学部・中学部）」国語科第 2 の 2，79，第 2，4(1) ア，100-101.
文部科学省（2019）『初等中等教育資料』9 月号

第6節 知的障害のある児童生徒のための各教科等における「学習の過程」を検討する

① 各教科等の特質に応じて重視する「学習の過程」とは

学習指導要領が目指すのは、教育の内容と方法の両方を重視し、児童生徒の学びの過程を質的に高めていくことである。各教科等の指導においてこれまで重視されてきた学習活動を、児童生徒にとっての学びの過程として捉え直し、学習の過程のイメージとして示されている。こうした学習の過程の実現を目指しながら、児童生徒の実態や教育の内容に応じ、授業の組み立て方や重点の置き方、具体的な指導方法について、幅広い創意工夫が期待されている。

図 2-21 は、小中学校の理科における資質・能力の育成を目指し、理科で重視する学習の過程（問題解決の過程）である。他の教科等も、小学校等の学習指導要領においては、各教科等の特質に応じて重視する学習の過程が示されており、それらを基盤にしながら、「主体的・対話的で深い学び」の視点で、授業改善を進めていくことが求められている。

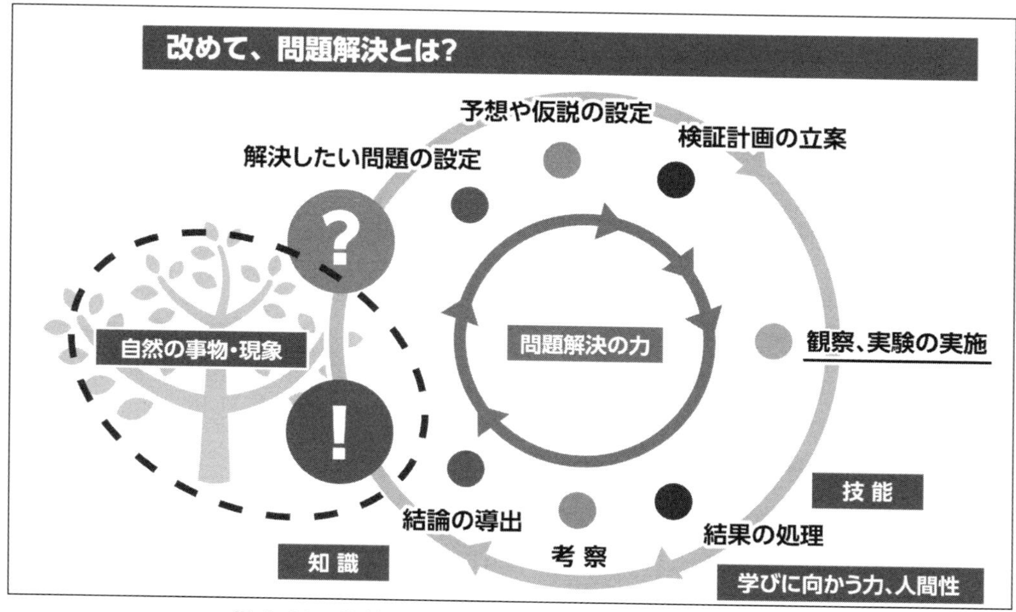

図 2-21　理科で重視する「問題解決の過程（小学校）」

特別支援学校の学習指導要領では、知的障害のある児童生徒のための各教科においても、小学校等に準ずる形で各教科等で重視する学習の過程が整理されている。そのことを踏まえ、「主体的・対話的で深い学び」の実現に向けた授業改善の推進が求められているが、その理解が十分とは言えない状況にある。

(2) 知的障害のある児童生徒の「認知の過程」にも注目した授業改善

知的障害のある児童生徒の学習上の特性としては、学習によって得た知識や技能が断片的になりやすく、実際の生活の場面で生かすことが難しいことが挙げられる。

知的障害のある児童生徒に対しては、小学校等の各教科等の特質に応じて重視する「学習の過程」を踏まえつつ、知的障害のある児童生徒の「認知の過程」にも着目し、各教科等の資質・能力を育むための「習得・活用・探究」や、「思考・判断・表現」の基本的な学習の過程の在り方について授業改善の研究を重ねていくことが必要であると考える。

認知とは、「感覚を通して得られる情報を基にして行われる情報処理の過程であり、記憶する、思考する、判断する、決定する、推理する、イメージを形成するなどの心理的な活動」を指す。こうした認知の活動に対する支援を適切に進めていくことは、

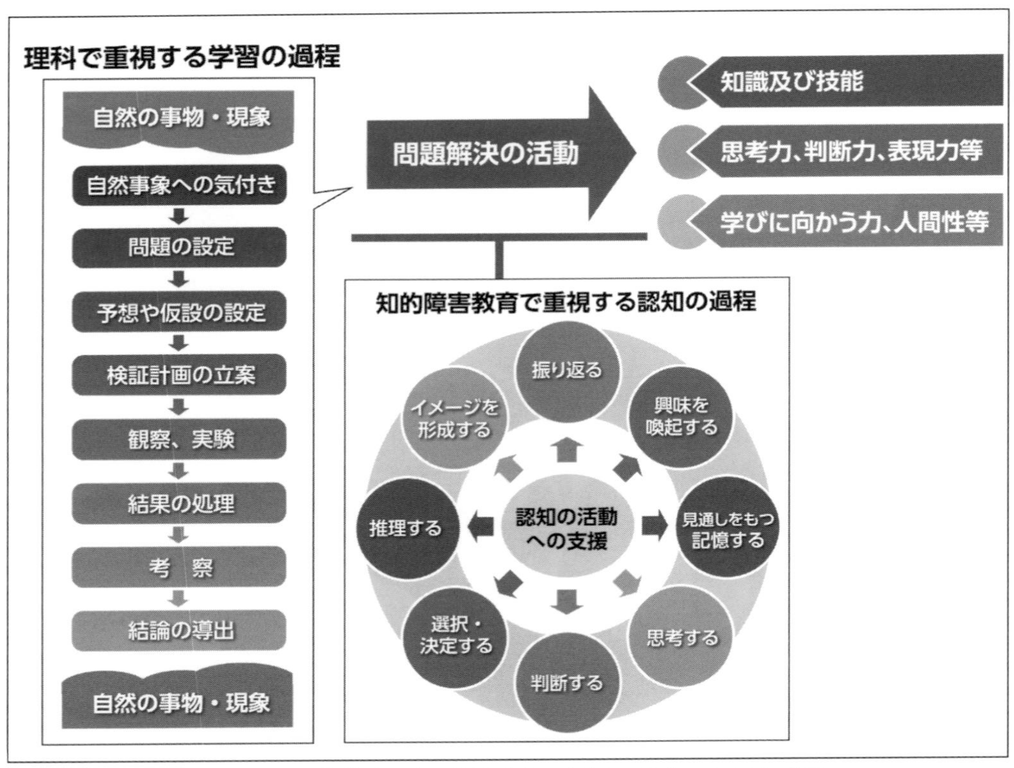

図 2-22　知的障害のある児童生徒の認知の活動への支援（例）

知的障害のある児童生徒のための各教科等の資質・能力を育む（次第により高次な概念の形成）ための「学習の過程」の在り方を検証するためにも重要な役割を果すものである。

したがって、図2-22のとおり、小学校等の各教科等の特質に応じて重視する「学習の過程」を踏まえつつ、知的障害のある児童生徒に対し、常時行われている効果的な認知の方略も重ねて「学習の過程」を組み立てていくような授業改善の研究も必要であると考える。

（分藤 賢之）

《引用・参考文献》
文部科学省（2017）「特別支援学校小学部・中学部学習指導要領」第１章第４節１（1），69，第２章第１節３（1），105-106.
文部科学省（2018）「特別支援学校教育要領・学習指導要領解説　総則編（幼稚部・小学部・中学部）」第２章第４節１（1），250-254.
文部科学省（2018）「特別支援学校教育要領・学習指導要領解説　自立活動編（幼稚部・小学部・中学部）」第６章４（5）①，81-83.
文部科学省（2021）「New Education EXPO 2021　理科の指導におけるICTの活用について」（視学官　藤枝秀樹、教育課程課教科調査官　鳴川哲也）

第3章

年間指導計画システムの手続きを踏まえた実践

実践 1

知的障害特別支援学校のカリキュラム・マネジメントに関する研究

熊本県立熊本支援学校教諭（現 熊本県立苓北支援学校教諭） 古川 伊久磨

平成29～31年度の３年間、本校を含む熊本県立特別支援学校３校においては、文部科学省「特別支援教育に関する実践研究充実事業」の指定校として、学習指導要領を「学びの地図」にしながら各校の特色のある教育の改善・充実を図る「カリキュラム・マネジメント」の実践研究に取り組んだ。ここでは、本校が焦点化して取り組んだ「年間指導計画と単元配列表の改善」及び「主体的・対話的で深い学びを実現するための仕組みづくり」について、その実際を述べる。

1 学校概要

本校は、昭和49年に開校し、令和５年度には開校50周年を迎える。熊本市中央区に位置し、小学部、中学部、高等部の３学部が設置されている。

本校は、長年にわたり熊本市及び近隣地域における知的障害特別支援学校への就学ニーズを一手に担ってきた一方で、児童生徒の継続的な在籍数増加に伴う施設狭隘の課題を抱えていた。平成26年度以降、同一市内に高等部に特化した知的障害教育校など数校が新設された。このことにより、本校高等部は令和６年度に募集停止、令和８年度には小中学部のみの学校として施設の狭隘化解消が図られる予定である。

令和４年度現在の児童生徒数及び教員数（授業を担当する者のみ）は、表１のとおりである。

表１　熊本支援学校の児童生徒及び職員数（令和４年度５月１日時点）

	小学部	中学部	高等部	計
児童生徒数	100人	60人	25人	185人
職員数	74人			

2 実践の紹介

（1）背景

これまで、本県の多くの知的障害特別支援学校では、生活単元学習や作業学習をはじめとする各教科等を合わせた指導形態を中心にした教育活動が展開されてきた。本校の小学部でも中庭やプレイルームを活用して、教員が大工さながら設置した遊び場での遊びの指導を行ったり、中・高等部では作業学習を年間指導計画の主たる単元に位置付け、作業製品の製作と販売活動を行ったりして、体験や実際的な活動を重視しながら子供の生きる力の育成に取り組んできた。その反面で、毎年形式的に単元が繰り返され、各教科等の目的や指導内容を多角的に検討するには至らず、とりわけ学習評価に関しては類似した活動や内容が扱われる面が見られ、各教科等の内容を段階的、計画的に指導するには不十分な実状にあった。

そこで、本県では各教科等を計画的に指導できるカリキュラム・マネジメントを進め、授業改善と授業充実を図ることを目的に、熊本支援学校、荒尾支援学校、菊池支援学校の３校が合同研究に取り組んだ。

（2）目的

３校合同研究での共通の取組として「各教科内容表」（図１）を作成した。これは、学習指導要領で示された各教科の内容別に、段階ごとの目標を系統的に一覧表に整理したもので、子供の学習状況の確認や今後の指導目標の設定等に活用するためのツールである。本校では、この各教科内容表を基に新たなアセスメントシートの作成と運用を行うとともに、教育課程改善を進める校内組織をしっかり位置付けることで、知

各段階の目標	A数と計算（B数と計算　小1段階）					
		知識技能	ア　ものの有無や３までの数的要素に気付き，数に関心をもって関わる技能を身に付けるようにする。P109	ア　10までの数を理解し，数の感覚をもち，ものと数との関係に関心をもって関わる技能を身に付けるようにする。P116	ア　100までの数を理解し，数に対する感覚を豊かにするとともに，加法，減法の意味について理解し，簡単な計算の技能を身に付けるようにする。P124	ア　３位数程度の整数の概念を理解し，数の感覚を豊かにし，加法，減法，乗法の意味や性質について理解し，計算する技能を身に付けるようにする。P306
		思考力判断力表現力等	イ　数を直感的に捉えたり，表現したりする力を養う。P110	イ　日常生活の事象で，物の数に着目し、具体物や図を用いて数え方を考え，表現する力を養う。P116	イ　日常の事象で，物の数に着目し，具体物や図を用いて数の数え方や計算の仕方を考え，表現する力を養う。P124	イ　数の表現や数の関係に着目し，具体物や図を用いて，数の表し方や計算の仕方などを筋道立てて考えたり，関連付けて考えたりする力を養う。P306
		学びに向かう力人間性等	ウ　数量の学習に関心をもって取り組もうとする態度を養う。P110	ウ　数量に関心をもち，算数で学んだことの楽しさやよさを感じながら興味をもって学ぶ態度を養う。P116	ウ　数量の違いを理解し，算数で学んだことのよさや楽しさを感じながら学習や生活に活用しようとする態度を養う。P124	ウ　数量に進んで関わり，数学的に表現・処理し，数学のよさに気付き，そのことを生活や学習に活用しようとする態度を養う。P306

図１　各教科内容表（算数／数学科の一部）

的障害特別支援学校の各教科等に基づくカリキュラム・マネジメントを進め、段階に応じた指導を行うことができるようにした。

（3）取組内容

❶　年間指導計画と単元配列表の改善

ア）指導内容を明らかにし、教科横断的な視点で指導内容のつながりを見直す

図2は、本校の「めざす子供像」の実現及びそのために必要な具体的な指導内容を明確化するために作成している3つのツール「年間指導計画」「単元配列表」「個別の指導計画」のつながりを示したものである。授業－単元－年間計画につながりを持たせ、系統的、計画的な指導になるよう留意している。ここでは特に、指導内容を明らかにし、教科横断的な視点で指導内容のつながりを見直すための取組について述べる。

まず、各教科の年間指導計画の作成手順についてだが、図3は年間指導計画の一部である。年間指導計画は、前年度の1～2月に担任らが担当教科を分担して作成する。作成時には、在籍する児童生徒のアセスメントシートや学習の様子等の実態及び、年度内の学習評価を踏まえて指導内容を選定していく。その際、各教科内容表を活用して、取り扱う内容が段階的・発展的に選定されているか、内容に偏りや漏れがないかを確かめることで、根拠ある適切な学びが実施できるようにする。また、学年や取り扱う教科によっては、児童生徒の学習段階別に学習グループを編制して指導を行っている。その際は「中学部2年国語Aグループ」というように、児童生徒の学習段階別に年間指導計画を作成する。

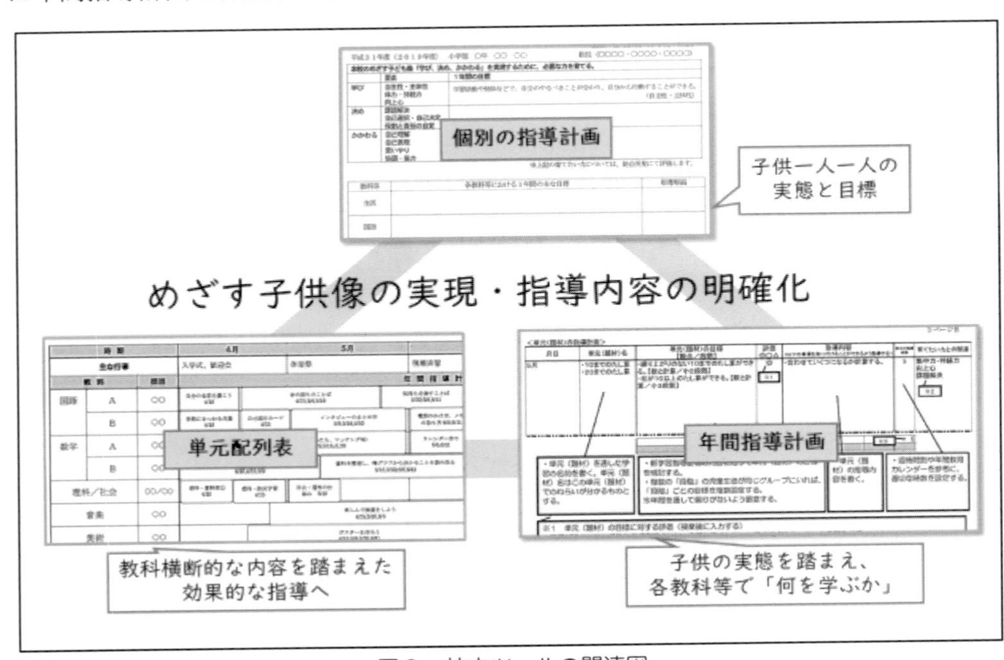

図2　校内ツールの関連図

令和4年度（2022年度）小学部（2）年（生活）科 － 午前（　）グループ　年間指導計画

作成者（　古川　伊久磨　）

めざす子ども像を実現するために育てたい力

	教科を通して特に育てたい力
学び	自主性・主体性、体力・持続力、向上心
決め	課題解決、自己選択・自己決定、役割と責任の自覚
かかわる	自己理解、自己表現、思いやり、協調・協力

<単元（題材）の指導計画>

月日	単元（題材）名	教科の内容【段階】		学習内容（使用教材、実施内容等）	単元の指導時数	育てたい力との関連
		知・技	思・判・表			
4／12 4／13 4／14	2年生になったぞ （新しい教室 新しい先生）	・【小1】オー（イ） <身近な人との関わり>	・【小1】オー（ア）	・友達の好きなこと、得意なことクイズをする ・友達が好きなことや好きな遊びを一緒にする	3	自己理解 思いやり 協調・協力
5／17 5／18 5／19 5／20 6／9（観察）	花や野菜を育てよう パート1	・【小1】サー（イ） <動物の飼育・ 植物の栽培>	・【小1】サー（ア）	・アサガオの種まき（鉢） ・トマト・キュウリなどの野菜植え（畑） ・観察、記録	5	自主性・主体性 協調・協力
6／7 6／8	雨をたのしもう	・【小1】アー（イ） <身なり>	・【小1】アー（ア）	・長靴、傘等の雨具の使い方、 ・季節の虫や花（カタツムリ、あじ	2	自主性・主体性 協調・協力

図3　年間指導計画（一部抜粋）

時期			4月	5月	6月
主な行事			入学式、歓迎会	体育祭	現場実習
教科		担当	年間指導計画に		
国語	A	○○	自分の名前を書こう 4/18 身の回りのことば 4/25,5/9,5/16		気持ちを表すことば 5/30,6/6,6/11
	B	○○	季節にまつわる言葉 4/18 自己紹介カード 4/25	インタビューのまとめ方 5/9,5/16,5/30	電話のかけ方、メモの取り方　6/6,6/11
数学	A	○○	カレンダー作り 4/18	個別学習（数、かたち、マッチング等）4/25,5/9,5/16,/5,30	カレンダー作り 6/6,6/11
	B	○○	いろいろな分配方法を考える 4/18,4/25,5/9	資料を整理し、棒グラフから分かることを読み取る 5/16,5/30,6/6,6/11	
理科／社会		○○／○○	理科・夏野菜① 4/18 理科・防災学習 4/26	社会・選挙の仕組み 5/10	
音楽		○○		楽しんで演奏をしよう 4/25,5/16,6/6	
美術		○○		ポスターを作ろう 4/18,5/9,5/30,6/11	
保健体育		○○	体づくり運動 4/17 新体力テスト 4/24	集団行動、体育祭の練習 5/8-24	保健・基本的生活習慣 6/5
職業	農園芸	○○	春、夏作の栽培をしよう	地域環境整備をしよう	現代美術館の花壇整備

図4　単元配列表（一部抜粋）

次に、単元配列表（図４）の作成については、年間指導計画の作成後に本表の整理・作成を行う。１年間における学びの全体像を捉えるために、学年の各教科における全ての単元を一覧表として配列したものが単元配列表である。単元配列表の作成に当たっては、まず各教科で計画した単元を全て付箋紙に書き出し、それらを教科別、月順に１枚の模造紙に貼り出す。各教科での単元を学校行事や季節行事に関連させて構成したり、他教科での学びを反映させながら発展的に学習が進んでいくように順序や内容を再検討したりして、学年の教科全体の学びを可視化できる単元配列となるよう表に仕上げる。

イ）単元の実施時期の検討や指導内容の整理

次に、次年度の年間指導計画の見直しに必要な単元の実施時期の検討や指導内容の整理について述べる。本校は単元ごとに、学習評価の結果を学習評価シート（図5-1）に記載し、蓄積している。それぞれの単元計画時に「知識・技能」「思考・判断・表現」「主体的に学習に取り組む態度」の３観点別に評価規準を設けており、単元終了時には、評価規準に対する達成度を「◎、○、△」の記号で評価する。また、同データ内には集計シート（図5-2）を設けており、各単元における評価規準の達成度や個人ごとの達成状況を集約するようにしている。

	◎	○	△
	規準を達成	達成には至らないが70%の到達度	未達成又は要継続指導

単元名

中学部2段階			
目標	知識・技能	思考・判断・表現	主体的に学習に取り組む態度
評価規準	二等辺三角形と正三角形の違いを知り、コンパスと定規を使って作図することができる。㋐㋑㋒	辺の長さや数に着目しながら二等辺三角形と正三角形を比較し、その違いを考えている。㋐	二等辺三角形や正三角形に興味を持ち、自分なりに工夫して作図しようとしている。
熊本太郎	◎	○	△
熊本花子	△	◎	○
◎合計数	0	0	0
○合計数	0	0	0
△合計数	0	0	0

図5-1　学習評価シート（一部抜粋）

令和〇年度　〇〇部〇年生「〇〇科」評価一覧																	
個人評価の総計									児童生徒氏名	1				2			
知識・技能			思考・判断・表現			主体的に学習に取り組む態度				単元「〇〇」観点:				単元「〇〇」観点:			
◎合計数	○合計数	△合計数	◎合計数	○合計数	△合計数	◎合計数	○合計数	△合計数		段階	知	思	主	段階	知	思	主
1	0	0	0	1	0	0	0	1	熊本太郎	中学部2段階	◎	○	△				
0	0	1	1	0	0	0	1	0	熊本花子	中学部2段階	△	◎	○				
0	0	0	0	0	0	0	0	0									
0	0	0	0	0	0	0	0	0									
0	0	0	0	0	0	0	0	0									
0	0	0	0	0	0	0	0	0									
0	0	0	0	0	0	0	0	0									
0	0	0	0	0	0	0	0	0									
0	0	0	0	0	0	0	0	0									
0	0	0	0	0	0	0	0	0									
0	0	0	0	0	0	0	0	0									
0	0	0	0	0	0	0	0	0									
0	0	0	0	0	0	0	0	0									
0	0	0	0	0	0	0	0	0									
0	0	0	0	0	0	0	0	0									
0	0	0	0	0	0	0	0	0									
0	0	0	0	0	0	0	0	0									
0	0	0	0	0	0	0	0	0									
0	0	0	0	0	0	0	0	0									
0	0	0	0	0	0	0	0	0									
									◎合計数		1	1	0		0	0	0
									○合計数		0	1	1		0	0	0
									△合計数		1	0	1		0	0	0
									◎割合		50.0	50.0	0.0		####	####	####
									○割合		0.0	50.0	50.0		####	####	####
									△割合		50.0	0.0	50.0		####	####	####

◎	○	△
規準を達成	達成には至らないが70%の到達度	達成できなかった

図5-2　集計シート（一部抜粋）

また、月１～２回の頻度で行っているグループタイムと称する職員によるミーティングにおいて、この評価結果を基に学年や学習グループ単位で授業の振り返りや気づきを検討、共有している。検討の際は、授業の実施時期や時数、学習で取り扱う指導内容に対する学習活動や指導・支援が適切かどうか等、計画の在り方から具体的な活動部分について広く協議している。グループタイムで得られた反省や気づきを授業評

	学年・教科等	小2・生活 AM			小2・生活 AM			小2・生活 AM			小2・生活 PM		
単元	単元	花や野菜を育てよう			雨具を使おう			きまりを守って遊ぼう（生単）			着替えをしよう		
	内容	サー(ア)(イ)			アー(ア)(イ)、サー(ア)(イ)			アー(ア)(イ)			アー(ア)(イ)		
評価	3観点評価	知	思	主	知	思	主	知	思	主	知	思	主
	◎の割合（%）	72.22	55.56	77.78	58.82	66.67	64.71	83.33	50	88.89	44.44	50	55.56
課題	題材設定	他の種も提示することが種への関心、小ささへの意識に目が向くか									日常生活動作である着替えが題材であることで移行の着替え場面での振り返りや活用としては有意義だったが、時間における指導の中での目的が子供の実態に即していなかったかもしれない		
	目標設定	「丁寧に」という規準の解釈を子供一人一人に落とし込む作業						きまりを守ろうとする姿の共有や程度を学年で共有できていなかった。また、1段階であっても個人差があるため、個別の目標設定の必要がある					
	指導・支援（教材教具含む）	種の小ささを感じ取り、大切に扱おうとする思考を目指したが、それを促す提示や丁寧に扱うための手立て（小皿等）を共有できていなかった											
	単元期間				傘を差したり、綴じたりする技能面や雨具に対する関心を目標の軸においているため、それらが高まるまでの時数や活動量がもっと必要						年度初めに設定すべし⇒日常支援へ指導したことや題材が生きる		

図6　授業評価まとめシート（一部抜粋）

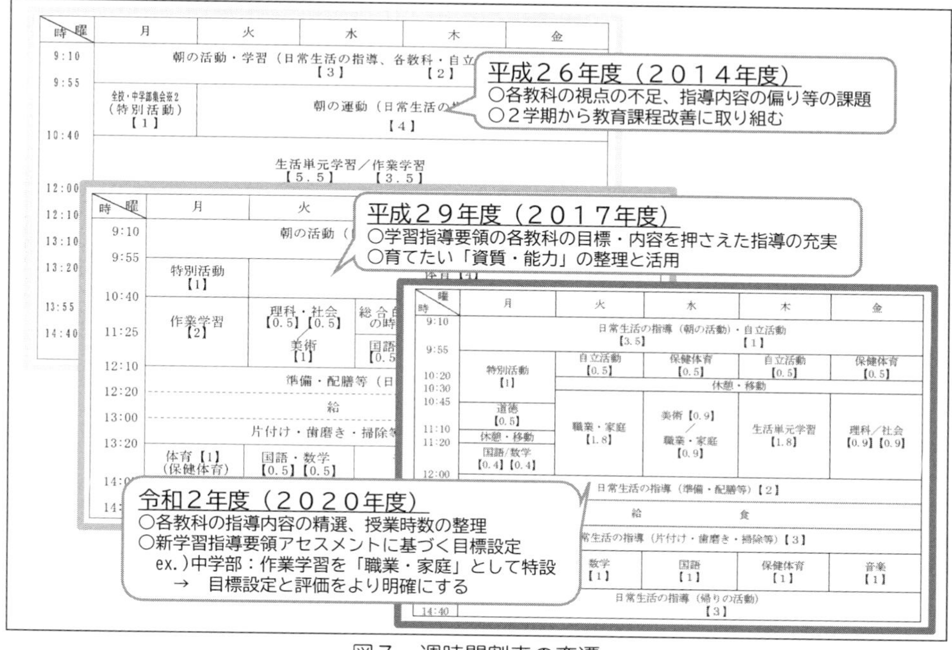

図７　週時間割表の変遷

価まとめシート（図６）に記入する。

この授業評価まとめシートを基に、次年度の年間指導計画作成時には、時数や実施時期、指導内容等についての見直しに活かすようにしている。なお、時数の大幅な変更や学習形態や学習内容に変更がある場合には、学部ごとに教育課程検討の時間を設けて検討するとともに、校内の教育課程検討委員会にて改善の方向性を整理していく。図７は週時間割表の変遷の一例である。

❷　主体的・対話的で深い学びを実現するための仕組みづくり

○　指導案の工夫と授業研究（音楽科の事例）

本校では「主体的・対話的で深い学びを追求した授業改善」を行うに当たり、各教科の「見方・考え方」、三つの柱の関係性を踏まえることが、課題として挙げられていた。そこで、学習指導要領の内容の「何を教えるのか」を明確にし、児童生徒が自分で学ぶ姿を目指した授業研究を行った。図８は、「何を教えるのか（児童生徒が何を学ぶのか）」に当たる３観点（資質・能力）を育むことを明らかにし、児童生徒が各教科の「見方・考え方」を働かせながら学びに取り組めるように授業づくりをすることのデザイン図である。学習指導案の様式は、子供たち自身が学習活動に興味を持ち、自ら取り組み、学ぶ姿を引き出すための共通理解を図るツールとなるように見直した。指導案冒頭の単元観では、その単元ならではの学習の意義や内容、方法を明記し、教師の共通理解を図るようにした。子供にとって学ぶ必然性のある授業となるように、学習内容と子供の実態を照らし合わせ、「子供たちは何を、どのように学ぶのか」

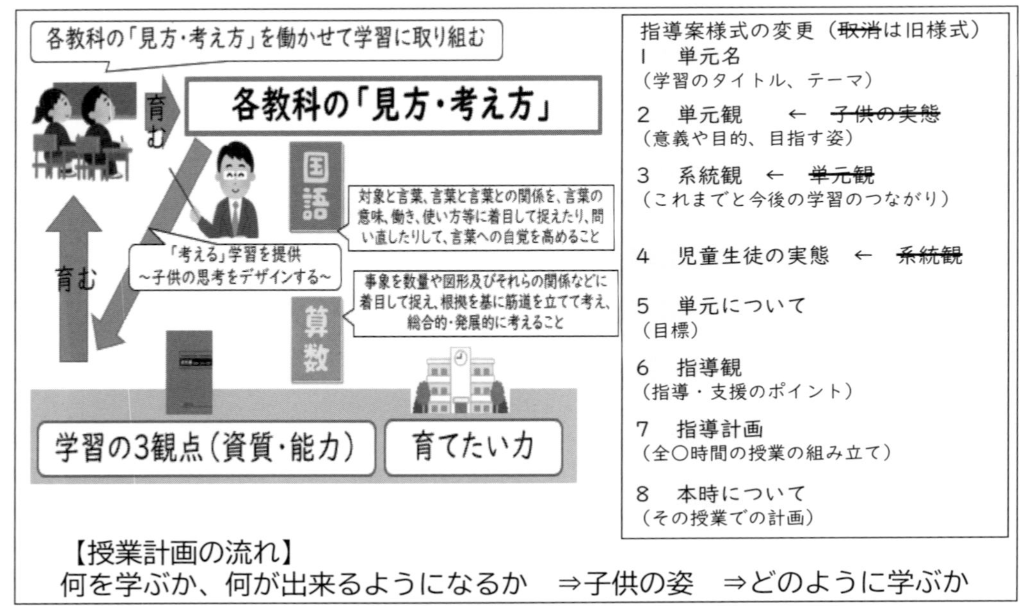

図８　授業づくりのイメージと指導案の変更

の授業づくりのプロセスと授業で引き出したい子供の学びの姿、それを支えるために必要な指導・支援の方法や教材の工夫等が指導案の記載内容に表れるようにした。

ここで、小学部6年生音楽の実践例を紹介する。図9は、小学部6年生音楽の授業で単元「旋律を感じよう」を実施するに当たっての指導案検討の例である。この単元では、音楽を構成する音階について取り上げた。音階の並びやリズムが旋律（メロディー）を作り出すことに気付くことができるよう、手作り木琴を作製している（図10）。音板を取り外したり、並び替えたりできるように作製することで、音階の並びに変化を付けて児童が自ら旋律を作れるようにした。曲の途中に児童が作った旋律を流したり、児童が木琴を鳴らしたりすることで、音階の並びの違いが旋律に変化を持たせ、曲の印象が変わることを楽しめるようにした。「何をどのように教えるか」という授業イメージの共有として、図11のように、木琴を右から順番にたたくように演奏指導の方法を統一したり、児童の実態に応じて曲の使い分けをしたりすることで、児童が適度な強さで木琴を演奏できるようにした。また、自分なりのテンポで木琴をたたいて旋律を奏でたりして、主体的に学習に取り組む姿を引き出すことができた。また、3観点の評価規準を踏まえた授業計画としたことで、学習中の子供の思考や判断の様子、単元を通しての変容の姿を捉える職員の評価力が向上した。

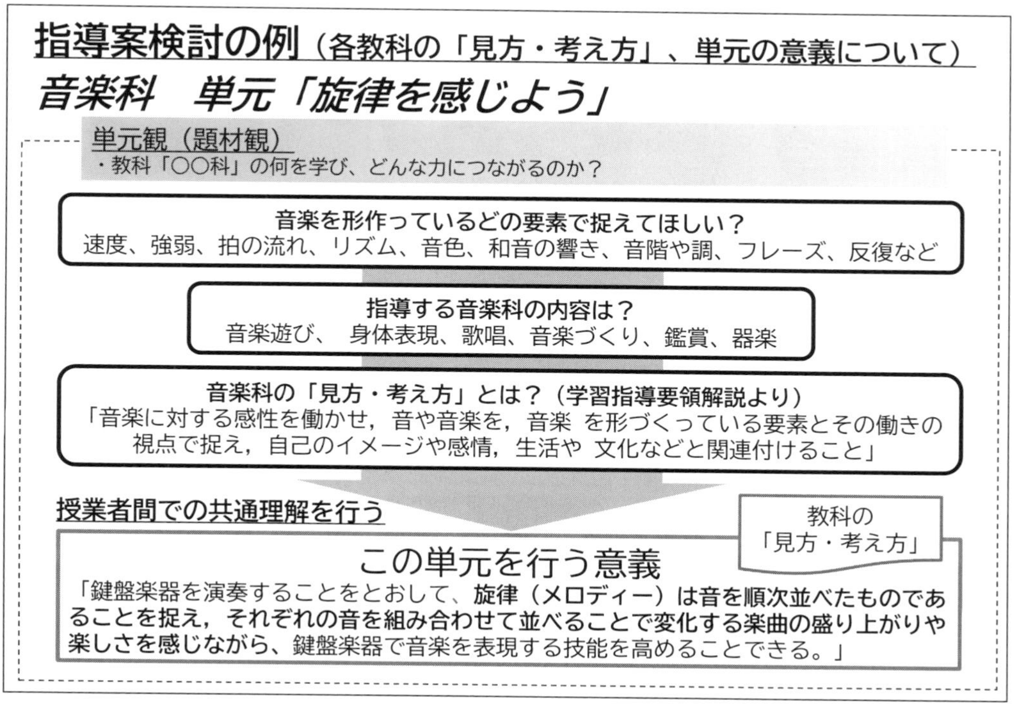

指導案検討の例（各教科の「見方・考え方」、単元の意義について）

音楽科　単元「旋律を感じよう」

単元観（題材観）
・教科「○○科」の何を学び、どんな力につながるのか？

音楽を形作っているどの要素で捉えてほしい？
速度、強弱、拍の流れ、リズム、音色、和音の響き、音階や調、フレーズ、反復など

指導する音楽科の内容は？
音楽遊び、 身体表現、歌唱、音楽づくり、鑑賞、器楽

音楽科の「見方・考え方」とは？（学習指導要領解説より）
「音楽に対する感性を働かせ，音や音楽を，音楽 を形づくっている要素とその働きの視点で捉え，自己のイメージや感情，生活や 文化などと関連付けること」

授業者間での共通理解を行う

教科の「見方・考え方」

この単元を行う意義
「鍵盤楽器を演奏することをとおして、旋律（メロディー）は音を順次並べたものであることを捉え，それぞれの音を組み合わせて並べることで変化する楽曲の盛り上がりや楽しさを感じながら、鍵盤楽器で音楽を表現する技能を高めることできる。」

図9　授業検討の例（小学部6年音楽）

旋律を捉え、音の並びでかわる面白さや楽しさを感じられるために

指導方法の工夫

【手作り木琴】

たたきやすい幅の木材

ルール：端から順にたたく

教材教具の工夫

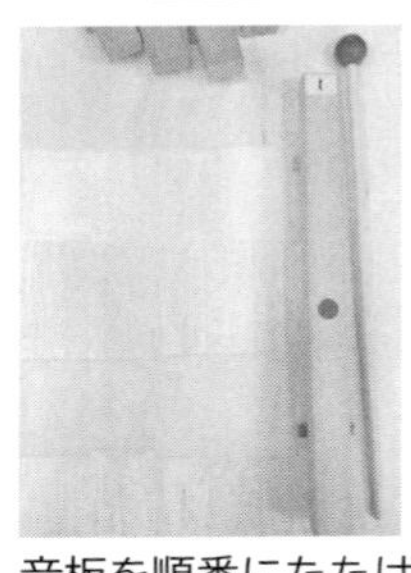

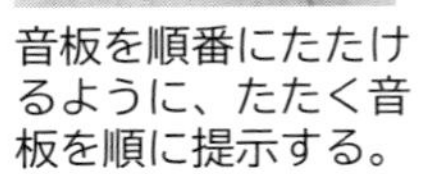

音板を順番にたたけるように、たたく音板を順に提示する。

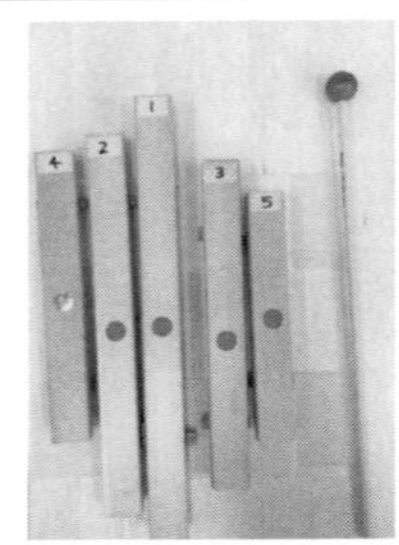

音板を部分的に外して順番を変えたりできる。

・教材を教師がたたいて見せ、いろいろな旋律を奏でる。
・曲間で数小節無音にした音楽を流すことで、途切れたフレーズを続けるために自分で楽器をたたきたい気持ちを引き出す。

図10　手作り木琴

単元開始時の様子

・好きな音板だけを力いっぱいたたいていた。

・音に対して過敏で、曲に合わせた演奏が難しい。

一人一人の学びが充実した授業であるか。（関連：知・技）

学習や活動の仕方が明確になっているか。（関連：知・技）

単元終了時の様子、変容

・右から順に適度な強さでたたけるようになった。

・前奏だけ音楽を流したことで、その続きの音を自分なりのテンポで楽器で表現できた。

図11　指導の実際

③ まとめ

学習指導要領に示されている各教科等の内容に基づいた学習計画を立てるに当たり、必然的に子供たちに教える内容は膨大になっていく。今回、年間指導計画と単元配列表の改善に取り組んだことは、教科等横断的な内容を確認し、指導内容の精選に役立たせることができた。主体的・対話的で深い学びの仕組みづくりでは、特に、知的障害のある児童生徒の学習上の特性や実態把握の重要性について改めて認識できた。一方、課題として、学習評価シート等の様々なツールが作成・活用されるようになったことにより、業務量の増加も見られている。ツールの内容やそれぞれが持つ意味合い、つながりを精査しながら、今後も継続したカリキュラム・マネジメントにより、教育・授業改善を図っていかなければならない。

Comment

本実践は、学習指導要領に基づいた「各教科内容表」から年間指導計画と単元配列表を改善したことにより、各教科の内容について、系統的、計画的に指導をするためのカリキュラム・マネジメントが行われた好事例である。課題で述べられているように、このような取組は「○○シート」のような資料の量が多くなっていくため、今後はICT機器を活用した、より簡便な資料作成・整理が求められる。

（加藤 宏昭）

実践 2

学習指導要領を踏まえた教育の充実に向けて

～「生活単元学習 単元構成表」の作成及び学習計画表を活かした「カリキュラム・マネジメント」～

長崎県立鶴南特別支援学校教諭　吉田 治子

2017（平成29）年４月に告示された『特別支援学校幼稚部教育要領小学部・中学部学習指導要領』及び2019（平成31）年２月に告示された『特別支援学校高等部学習指導要領』（以下、『学習指導要領』という）の理念を実現するために、各教科等を合わせた指導「生活単元学習」の単元構成表の作成と本校の教育課程における年間指導計画の見直し及び学習計画表を活かした「カリキュラム・マネジメント」の確立についての取組について事例を紹介する。

1 学校概要

本校は、「元気に　たゆまず　美しく」という校訓のもと、小・中学部、高等部が設置され、児童生徒数156名、職員94名（令和４年５月現在）の長崎市に所在する知的障害特別支援学校である。各学部・各学年の実態は様々で知的障害の状態等も多様化している。学年によっては、児童生徒の実態差が大きく、同学年内であっても学習グループを複数編成したり、学年を縦割りにしたグループを編成したりするなどして指導を行わなければならない場合がある。職員は、経験豊富な教員、中堅教員、初任者を含めた若手教員など職員同士が学び合える環境が整っている。海が見え、新緑の山々に囲まれた自然豊かな土地で、小・中学部、高等部の縦のつながりや分掌部間の横のつながりも大切にしながら、職員全員で児童生徒が安心して、よりよい学校教育が受けられるような学校運営に取り組んでいる。

2 実践の紹介

（1）背景

❶　校内研究の研究テーマの設定

令和元年度、それまで行っていた研究テーマが終了し、新たに研究テーマを設定するために、研究部が「本校での教育課題」「校内研究として取り上げたい主題」のアンケートを全職員に実施したところ、学習指導要領に対応した本校の教育課程における教育の内容の見直しや授業の在り方、学習評価の仕方などの回答が９割近くを占めた。

また、教務部が次年度の教育課程の編成に向けて行ったアンケートでも「学習指導要領に示されている教育の内容がバランスよく網羅されているかを確認する必要がある」、「合わせた指導について、合わせている教科とその内容を明確にする必要がある」、「個別の指導計画や学習計画表が、授業と学習評価とのつながりをもって活用されることが必要である」などの課題が多くあがった。

これらのアンケート結果より、当時、学習指導要領への対応は急務であり、各学部の指導の系統性の確保や個別の指導計画、学習計画表といった既存のツールと授業のつながりなどを考えると、各学部で課題を解決していくより校内研究として取り扱い、学校全体として解決する必要があった。

❷「生活単元学習 単元構成表」の作成

本校では平成30年度より「生活単元学習」の年間指導計画に、どの教科を合わせているのか、単元毎に教科名を明記するようにしていた（表1）。

表1　平成30年度「生活単元学習」年間指導計画（小学部1年）より抜粋

月	4	5	6
行事	入学式　交通安全教室 歓迎遠足　火災避難訓練	運動会	
生活単元学習	○運動会 ・集団の中で活動することに慣れる【生】 ・合図に合わせて走ったり、身体を動かしたりする【体】	○なかよしランドで遊ぼう ・いろいろな遊具で大きく体を動かして楽しむ【体】 ・様々な揺れや回転、振動を伴った遊びを楽しむ【体】 ・友達と関わりながら遊ぶ【国・道】 ・自分の気持ちを表情や身振りで表現する【国】	○触って遊ぼう ・素材そのものに触れる【図】 ・いろいろな素材で遊ぶ【生】 ・形を変えたり、色が変わったりするなどの変化に気付く【図】 ・いろいろな形に興味をもつ【算】

しかし、学部や学年毎の表記にばらつきがあったため、様式や作成の仕方を統一する必要があった。また、県の指示により令和元年度から教育課程の各教科の時数を明らかにし、「どの教科の、どの内容が含まれているか」の指導の根拠をより明確にする必要があった。

（2）目的

本校の教育課程に関するアンケート結果を踏まえ、研究部と教務部が連携し、3か年計画で「学習指導要領に基づいた指導と評価の一体化」を目指して校内研究に取り組むことにした。また、本校の「カリキュラム・マネジメント」を確立し、教育課程と授業（指導・評価）の有機的なつながりを意識した実践研究とするために、以下の4項目を設定した。

❶　学習指導要領の内容の理解と把握

学習指導要領の総則において「各教科等の内容に関する事項は、特に示す場合を除き、いずれの学校においても取り扱わなければならない」という規定を受け、これまでの本校の教育課程の見直しを行い、「年間指導計画」で取り扱う教育の内容が、各教科等の内容を網羅しているか把握する。

❷ 「生活単元学習 単元構成表」の作成

システム（各教科、領域等、自立活動）と関連付けた表現を目指し、単元を構成する教科・領域等（自立活動を含む）の内容を精選し、構成表の様式や主な内容の取り上げ方を統一させ、各学部の系統性を図る。

❸ 「評価規準一覧表」の作成

「指導と評価の一体化」を実現するために、「特別支援学校小学部・中学部　学習評価参考資料」（令和２年４月　文部科学省）を基に、本校の「評価規準一覧表」を作成する。

❹ 「学習計画表」の様式の作成

『学習指導要領』に基づいた「年間指導計画」と「評価規準一覧表」を関連付けた「学習計画表」の様式を作成することにより、同じ水準、同じ根拠に基づく指導ができ、様式を統一することで比較検討が行いやすくなる。さらに、「学習計画表」と「個別の指導計画」を関連付けることで、これらの評価を基に授業改善や教育課程の見直しを図ることができ、それが「カリキュラム・マネジメント」へとつながり、業務の効率化を図る。また、「個別の指導計画」については、長崎県の校務事務支援システムが導入されることに伴い、システムの様式と連動できるような「学習計画表」の様式を作成する。

（3）取組内容

上記①の教育課程の見直しや年間指導計画で取り扱う教育の内容と学習指導要領に示されている教育の内容との照合は各部の研究（以下、「部研」という）で行うこととし、②～④の生活単元学習の単元構成表の作成、評価規準一覧表の作成、学習計画表の様式の作成は、小・中学部、高等部の職員の縦割りのチームを結成し、校内研究（以下、「チーム研」という）として取り組むこととした（表２）。

表２　本校の取組

部　研	小学部	○学習指導要領に示されている教育の内容と本校の年間指導計画で取り扱っている教育の内容との照合 ○生活単元学習の教育の内容の見直し
	中学部	
	高等部	
チーム研	Ａチーム	「生活単元学習 単元構成表」の作成と指導内容の検討
	Ｂチーム	各教科等の内容のまとまりごとの「評価規準一覧表」の作成
	Ｃチーム	「学習計画表」の様式の作成

部研とチーム研の取組を以下に紹介する。

【部研】

学習指導要領と本校の年間指導計画における教育の内容との照合を行い、「どの教科等の内容を取り扱っていて、どの内容を取り扱っていないのか」を明確にした。照合には、『特別支援学校学習指導要領解説　各教科等編（小学部・中学部）』（平成30年３月）を基に作成された「新学習指導要領　内容一覧表」（長崎県立諫早特別支援学校が作成したもの、以下、「内容一覧表」という）を使用し、取り扱っている教科等の内容には色付けを行い、学年や単元名を記入した（表３）。

取り扱っていない教科等の内容については、教科別の指導や各教科等を合わせた指導の内容を見直し、各学年で必要かどうかを協議し、学部教員全員で検討した結果、できるだけ学習指導要領の内容を網羅できるように年間指導計画の内容を再考した。高等部に関しては、『特別支援学校学習指導要領解説　知的障害者教科等編（上）（下）（高等部）』の公表が平成31年２月だったため、「内容一覧表」を作成するところから開始し、作成が完了した後、照合を行った。

小学部では教科別の指導や各教科等を合わせた指導の内容を整理していく中で、これまで「生活単元学習」で行っていた一部の内容は、「生活単元学習で取り扱うのではなく、教科に起こした方が、教員が教えるべきことが明確になり、内容が充実する」「目標が明確になり、学習が進めやすい」など意見が多数あったため、一部の学年に

表３　学習指導要領と本校の年間指導計画における教育の内容との照合を行った表（抜粋）

学習指導要領　内容　【生活　１段階】					日生		生単	
					１年	２年	１年	２年
ア	基本的生活習慣	ア	簡単な身辺処理に気付き、教師と一緒に行おうとすること	思考力・判断力・表現力	衣服、排せつ、整理・整とん、朝の活動、帰りの活動、給食、健康、清潔、掃除		水遊び	
		イ	簡単な身辺処理に関する初歩的な知識や技能を身に付けること	知識及び技能	衣服、排せつ、整理・整とん、朝の活動、帰りの活動、給食、健康、清潔、掃除			水遊び
イ	安全	ア	身の回りの安全に気付き、教師と一緒に安全な生活に取り組もうとすること	思考力・判断力・表現力			触って遊ぼう	触って遊ぼう
		イ	安全に関わる初歩的な知識や技能を身に付けること	知識及び技能			乗って遊ぼう	乗って遊ぼう
ウ	日課・予定	ア	身の回りの簡単な日課に気付き、教師と一緒に日課に沿って行動しようとすること	思考力・判断力・表現力				
		イ	簡単な日課について、関心をもとうとすること	知識及び技能	朝の活動 帰りの活動			

は実施していなかった「図画工作」や「体育」の教科別の指導を立ち上げ、指導を行うことになった。

また、国語や算数などの教科別の指導で取り扱う内容と、「生活単元学習」で取り扱う国語や算数などの各教科の内容を整理することができた。具体的には、この部研において知的障害のある児童生徒の学習上の特性から考えて、「生活単元学習」では、より主体的に「思考力，判断力，表現力等」や「学びに向かう力，人間性等」を身に付けることができる内容に重点を置いて取り扱うなど、整理することができた。

【チーム研】

表２に示したチーム研を紹介する。

ア）Ａチーム（「生活単元学習 単元構成表」の作成）

年間指導計画表に明記してある各教科等のどの内容に当たるのか、「内容一覧表」と照らし合わせた。

例えば、小学部１年生の「生活単元学習」の「夏のくらし」という単元では、「【生国】」と明記してある（表４)。これは、「生活」と「国語」の内容が含まれていることを示している。「生活」と「国語」のどの内容なのかを明確にするため、学習指導要領の各教科等の内容と照らし合わせ、長崎県が示している「内容のまとまり」（P143　実践５　表２）の文言を選び、「単元構成表」を作成していく（表５・６・７)。系統性が確認できるように、統一した様式を全学部使用した。なお、小学部の「生活」は中学部の「社会」「理科」「職業・家庭」、高等部の「社会」「理科」「職業」「家庭」「情報」に派生していくものとしている。中学部の「職業・家庭」は高等部の「職業」「家庭」「情報」に派生していくものとしている。

表４　「生活単元学習」年間指導計画　小学部１年生より抜粋

令和４年度小学部１年生

月(週数)	4（2）	5（3）	6（4）	7（2）	9（4）
生活単元学習	○１年生になって（2） ・新しい友達や先生の名前 ・新しい教室 ・自分のロッカーなど 【生国】	○運動会（4） ・導入 ・めあて ・道具作り ・開閉会式の練習 ・振り返り 【生図特】	○みんなであそぼう（6） ・集合・集団遊び ・ルール ・遊びの模倣 ・遊びで扱う物・数、形への関心 ＜あつまれ、玉入れ、箱積み、宝さがし、椅子取りゲームなど＞ 【国算生道】	○夏のくらし（2） ・季節の変化と名前 ・衣服の調節 ・自然への興味 ・季節の行事 ＜四季の名前、天気調べ、気温、発汗時の対応など＞ 【生国】	○鶴南まつり（12） ・めあて ・まつりについて ＜期日、舞台発表の内容、お店体験、バザーなど＞ ・道具作り ・舞台発表練習 ＜ブロック練習、全体練習 ・振り返り 【生国音図体特など】
	○春のくらし（2） ・季節の変化と名前 ・自然への興味 ・いもさし	○公園に行こう①（3） ・事前学習（日時、場所など） ・公共施設の利用 ・きまり		○夏のあそび（2）→ ・自然素材を使った遊び ・簡単な決まりやルール ・ものの仕組みと動き	（4）

表5　長崎県教育委員会「内容のまとまり一覧（生活）」より抜粋

【生活】　※内容のまとまりの下に記載されている項目を指導内容として示している。

内容のまとまり	小1段階	小2段階	小3段階
基本的生活習慣	食事 用便 寝起き 清潔 身の回りの整理 身なり	食事 用便 寝起き 清潔 身の回りの整理 身なり	食事 用便 寝起き 清潔 身の回りの整理 身なり
遊び	いろいろな遊び 遊具の後片付け	いろいろな遊び 遊具の後片付け	いろいろな遊び 遊具の後片付け
生命・自然	自然との触れ合い 動物の飼育・植物の栽培 季節の変化と生活	自然との触れ合い 動物の飼育・植物の栽培 季節の変化と生活	自然との触れ合い 動物の飼育・植物の栽培 季節の変化と生活

表6　長崎県教育委員会「内容のまとまり一覧（国語）」より抜粋

【国語】　※各内容の文言を細分化して指導内容を示している。

内容のまとまり	小1段階	小2段階	小3段階	中1段階
言葉の特徴や使い方	身近な人からの話し掛け 事物の内容を表す言葉 言葉のもつ音やリズム 言葉が表す事物やイメージ	会話などの話し言葉 気持ちや要求を表す言葉 平仮名の読み 物の名前や動作を表す言葉	物事の内容を表す言葉 話すときの姿勢や口形 促音、長音などを含む語句の読み 平仮名の正しい読み 片仮名の正しい読み 漢字の正しい読み	事物の内容を表す言葉 経験したことを伝える言葉 話すときの発音や声の大きさ 長音、拗音、促音、撥音の正しい読み方や書き方 助詞の正しい読み方や書き方 意味による語句のまとまり

表7　生活単元学習単元構成表　小学部1年　単元名「夏のくらし」

令和4年度　教育課程表（単元構成表）　【生活単元学習】　小学部　1・2年

単元名	学習内容	国語	算数	音楽	図画工作	体育
夏のくらし	【予定】 ・季節の変化と名前 ・衣服の調整 ・自然への興味 ・季節の行事 （四季の名前、天気調べ、気温、発汗時の対応など）	○言葉の特徴や使い方 ・言葉のもつ音やリズム ・事物の内容を表す言葉				
		生活				
		○生命・自然 ・季節の変化と生活 ・自然との触れ合い ○基本的生活習慣 ・清潔	○遊び ・いろいろな遊び			
		外国語活動	道徳	特別活動	自立活動	
授業時数	【予定】　2 【実施】					

単元構成表に記載する教科別の指導や各教科等を合わせた指導の内容も各部によって捉え方がちがっていたため、「主に目標を達成させるもの」とし、時数や内容等を考えると、各単元でねらう教科別の指導や各教科等を合わせた指導の内容は四つまでとして精選を行い、単元ごとに一覧表を作成した。

イ）Ｂチーム（「評価規準一覧表」の作成）

『特別支援学校小学部・中学部　学習評価参考資料』を基に、「評価規準一覧表」を作成した。教科によっては、評価規準を作成することが難しかったが、概ね学習指導要領の解説から暫定的に導き出すことができた。さらに、「評価規準一覧表」を長崎県が作成した各教科の「内容のまとまり」に対応させることで「学習計画表」と評価の一体化をねらった（表８）。

表８　評価規準一覧表の一部

生活　小学部　１段階

段階	主な指導内容			評価規準		
	○内容のまとまり	・具体的項目		知識・技能	思考・判断・表現	主体的に学習に取り組む態度
１段階	A 基本的生活習慣	ア 食事 イ 用便 ウ 寝起き エ 清潔 オ 身の回りの整理 カ 身なり	①	簡単な身辺処理に関する初歩的な知識や技能を身に付けている。	簡単な身辺処理に気付き、教師と一緒に行おうとしている。	自ら進んで簡単な身辺処理に気付き、教師と一緒に行おうとする。
	B 安全	ア 危険防止 イ 交通安全 ウ 避難訓練 エ 防災	①	安全に関わる初歩的な知識や技能を身に付けている。	身の回りの安全に気付き、教師と一緒に安全な生活に取り組もうとしている。	安全に関わる初歩的な知識や技能を主体的に身に付けようとしている。
	C 日課・予定	ア 日課	①	簡単な日課について、関心をもっている。	身の回りの簡単な日課に気付き、教師と一緒に日課に沿って行動しようとしている。	教師と一緒に日課に沿って主艇的に行動しようとしている。
	D 遊び	ア いろいろな遊び イ 遊具の後片付け	①	身の回りの遊びや遊びや遊び方について関心をもっている。	身の回りの遊びに気付き、教師や友達と同じ場所で遊ぼうとしている。	身の回りの遊びや遊びや遊び方について主体的に関心をもとうとしている。
	E 人との関わり	ア 自分自身と家族 イ 身近な人との関わり ウ 電話や来客の取次ぎ エ 気持ちを伝える応対	①	身の回りの人との関わり方に関心をもっている。	教師や身の回りの人に気付き、教師と一緒に簡単な挨拶などをしようとしている。	自分自身のことや身の回りにいる人の存在に気付き、挨拶などの初歩的な関わりを経験することによって、人との関わりをもとうとしている。

ウ）Ｃチーム（「学習計画表」の様式作成）

指導の根拠を明らかにするために、各教科の単元毎に「内容のまとまり」とそれに対する目標の「評価規準」を「学習計画表」に明記するようにした。これを明記することで、教員が指導と評価の一体化を意識できるようにした。さらに、単元の指導計画に「何を学習させるのか」が分かるように、観点別学習状況の評価の三観点を示すことで、教員が学習評価の見通しが持てるようにした。このように明記することで、ティームティーチングによる授業での「ブレない指導と評価」ができると考えた。単元終了後には、次年度の教育課程編成に当たっての課題や提言などを記入する欄を設け、次年度の教育課程の編成に生かせるようにした（表９）。

表９　学習計画表（例）

各教科

令和　４年度　前期　**学習計画表**　R４～Ver

小学 部

計画者（　　　　　　）

提出	最終	検印	

単元名・題材名	球技（ボールを使った運動やゲーム／鬼ごっこ） 器械運動（機械・器具を使っての運動／鉄棒）　［1単位時間内で２つの単元を扱う］		
教科名・指導形態名	体育	対象学年（グループ）	３・４年生
関連する教科	体育科	時数	予定：　4
実施時期	10月12日　～　11月15日		実施：　3

主な指導内容　⇒　〇「内容のまとまり・評価規準一覧」より

〇球技 ・ボールを使った運動やゲーム	〇器械運動 ・器械・器具を使っての運動

評価規準 ※「内容のまとまり・評価規準一覧」参照		
	小２ 段階	知）教師の支援を受けながら、楽しくボールを使った基本的な運動やゲームをしている。
	小１ 段階	主）簡単な合図や指示に従って、ボール遊びをしようとしている。
	小２ 段階	知）教師の支援を受けながら、楽しく器械・器具を使っての基本的な運動をしている。
	小１ 段階	思主）器械・器具を使って体を動かすことの楽しさや心地よさを表現している。

学習内容	時数	評価の観点 知技	思判表	主体的	手立て ※使用する教材や教具、その用い方なども記しておく。
・準備運動をする。	4⇒3 10/12水 10/19水 ~~11/ 2水~~ ~~11/ 9水~~ 11/15火	〇			・手首や足首を中心に準備運動をさせる。
【球技（鬼ごっこ）】 ・友達と手をつないで逃げる鬼ごっこをする。		〇	〇	〇	・基本ルールを徹底するために、最初は教師が鬼役で実施し、タッチされたら座るとということを繰り返し伝える。その後、手をつないで逃げるようにし、教師は無理のないように追いかけ、逃げる楽しさを味わわせる。⇒手つなぎは時間不足でできず。 ・３４年を得意、不得意の２グループに分けて行い、状況を見ながら鬼役も分担させる。⇒時間不足でできず。
・転がしドッジボールをする。					・転がし役は教師が担当し、不得意な子には逃げやすいボール、得意な子には速めのボールを転がし、逃げる楽しさを十分に体験させる。敷いたブルーシートの上ですることで、逃げる範囲を意識させる。不慣れな児童は教師が手をつなぎ一緒に逃げるようにする。
【器械運動（鉄棒）】 ・とび上がりをする。		〇	〇		・不得意な児童⇒教師が両脇から支え、棒上にそっと下ろしたり、鉄棒に柔らかい布を巻いたりして、腹部に痛みがないように配慮する。得意な子⇒棒上にいる時間を教師がカウントして競わせる。
・とび下りをする。					・とび上がりからの続きとして行うが、不得意な児童⇒教師が棒上の姿勢をキープするように支え、棒から降りるところのみをほぼ自力で行わせる。安全のため、ビニールシートで覆ったマットを下に敷く。
・~~つばめをする。~~⇒ぶらさがり（ぶたのまるやき）					・不慣れな児童⇒数秒、両手で鉄棒をつかみ、体を支える（足は前方に伸ばし地面につけておく）活動に取り組ませる。両手両足をかける手を離しがちなので、Tが手を添えて安全を確保する。足をかけるときに、少し手伝う。

単元及び題材の反省	
	授業の到達状況
	〇時数、時期など
	10月の実施がまつり単元やR&Wでとれず（他の時間に積極的にとるようにすべきだった）、11月中旬まで伸ばす。二つの学習を並行して行うので、次年度は時数確保に配慮したい。晴天続きで、運動場の鉄棒使用には適した時期といえる。
	〇時数、手立て、教材、構成についての振り返り
	鉄棒では、中学年は前回り系の運動は入れなかった。他ブロックで取り組む運動内容の基本のようなものがあるとよいかも。安全確保のため、外ですぐに敷けるクッションがほしいところ。マットにシートをかけたが、固いこともあり、落下衝撃を和らげるにはいかないのかも。
	〇次年度の教育課程編成にあたっての課題や提言など
	・体育館に設置できる鉄棒があれば。安全面の確保も容易だし、天候を気にしなくともよい。 ・時期的なこともあり、なんとか４時間確保できるように時間割変更を積極的に行う必要がある。 ・球技（鬼ごっこ）という表記だと、ややイメージがつきにくいか？

第3章　年間指導計画システムの手続きを踏まえた実践

この「学習計画表」の記載内容は、校務事務支援システムの「個別の指導計画」に引用できるように、長崎県が提案した各教科等「内容のまとまり」や「具体的な指導内容」(P143　実践５　表２) の文言を使用して作成した。また､「手だて」の内容も、「個別の指導計画」の「手だて・配慮事項」に引用できるようにした。

(4) まとめ (成果と課題等)

❶ 「生活単元学習 単元構成表」の作成ついて

生活単元学習について、改めて見直してみたところ、単元名だけが残り、それを構成する各教科等の内容についての十分な吟味はなされていなかった。今回、単元を構成する内容のまとまりが「どの教科・領域等(自立活動を含む)」の「どの内容」で構成されているかを整理することによって、指導の内容とそれに対する目標の評価規準が明確になり、系統的な指導を実現することができるようになった。また、教科別の指導や各教科等を合わせた指導の捉えを考える機会となり、児童生徒がより効果的に「知識及び技能」「思考力，判断力，表現力等」「学びに向かう力，人間性等」を身に付けるために、どのような指導形態で行うか検討することができた。

まだ、全ての単元の各部の系統性を見直すには至っていないため、教科等部会や学部会で検討する機会を設け、「社会に開かれた教育課程」の実現を目指していきたい。

❷ 学習計画表を活かした「カリキュラム・マネジメント」(図１)

指導の根拠となる『学習指導要領』を基に本校の「年間指導計画」と関連付けて「学習計画表」を作成したことで、教員が教科別の指導や各教科等を合わせた指導を同じ水準で行うことが可能になった。また、単元ごとに「学習計画表」を作成することによって、例えば、単元の１時間目には「知識及び技能」の内容を主に取り扱い、その

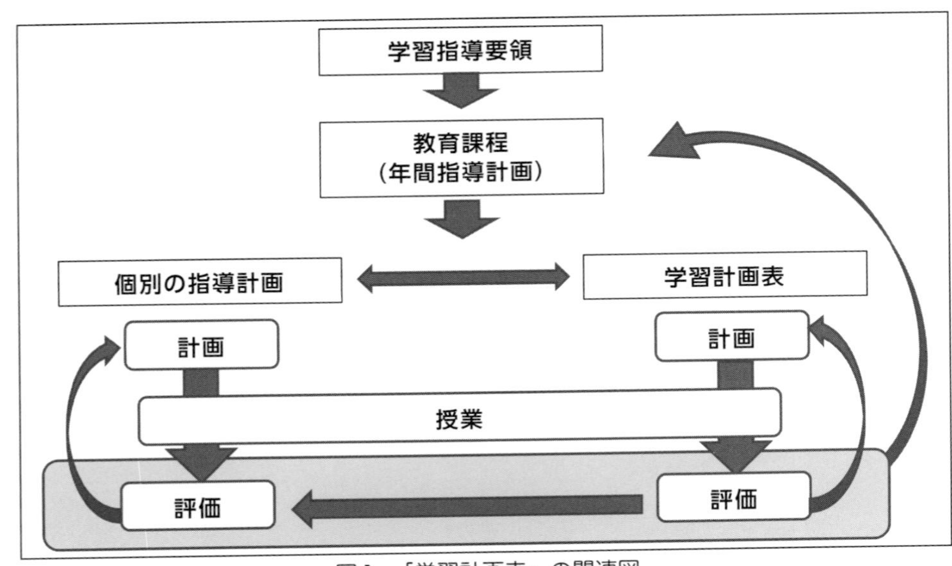

図１　「学習計画表」の関連図

時に「知識・技能」の観点から評価するすなど「知識・技能」「思考・判断・表現」「主体的に学習に取り組む態度」をいつ、どの場面で評価するかが分かりやすくなった。また、「学習計画表」を基に授業の前に教員間で確認し合うことで、一貫した指導やその授業で目指す目標を教員間での共有がしやすくなった。特に、手立てや教材についての有効性を考えることは、授業改善につながり、別の単元や他の教科でもそれを活かしたり、比較したりすることが検討しやすくなった。さらに、単元の反省を行うことで、時数や教科別の指導や各教科等を合わせた指導の内容について検討し、次年度の教育課程の編成に反映することができるようになった。

「学習計画表」と「個別の指導計画」を関連付け、「学習計画表」に目標に照らした「評価規準」を記載することで、「指導と評価の一体化」を実現することができる。また、「個別の指導計画」の評価は児童生徒個人にも返っていくが、教育課程にも反映される仕組みになっている。これにより、本校での「カリキュラム・マネジメント」が確立できたと考える。

3 まとめ

今回の学習指導要領の改訂において、本校の教育課程が『学習指導要領』に即しているか全職員で取り組めたことは、大きな意識改革となり、これまで行ってきた自分自身の指導を見直すことができた職員も多かった。

生活単元学習の単元構成表や「学習計画表」を作成することで、指導の根拠が明確になり、授業改善が行いやすくなり、新しい時代に必要となる資質・能力を育成するための学校教育の質の向上につながっていくと考えている。そして、個別の指導計画の実施状況の評価と改善を、教育課程の評価と改善につなげていくように工夫することで、より効果的な指導ができるようにしていきたい。授業改善に取り組み、「学習計画表」を充実させることで自然と教育課程の改善を行い、業務の効率化にもつながっている仕組みを作ることができたと考えている。

「学習計画表」を「年間指導計画」や「個別の指導計画」と関連付けた「カリキュラム・マネジメント」を確立できたことで、「カリキュラム・マネジメントは管理職や教務主任が行うもの」と思っている職員も多くいたが、この取組によって、全職員がカリキュラム・マネジメントに参加することができ、「教育活動の質」を向上させていく意識を高めていくことができた。

今後も、カリキュラム・マネジメントと業務の効率化を図りながら、子どもたちが日々大きく変化する社会を生き抜いていくために、全職員が一丸となって学校教育の充実を図っていきたい。

《引用・参考文献》
長崎県教育委員会（2021）「教科　内容のまとまり一覧」
長崎県立諫早特別支援学校（2018）「指導内容一覧表」
三浦光哉監修・編著、岩松雅文・河村修弘編著（2021）『知的障害教育の「教科別の指導」と「合わせた指導」ー新学習指導要領を踏まえた19の学習指導案ー』ジアース教育新社
文部科学省（2017）「特別支援学校小学部・中学部学習指導要領」
文部科学省（2020）「特別支援学校学習指導要領解説　各教科等編（小学部・中学部）」
文部科学省（2021）「特別支援学校高等部学習指導要領」
文部科学省（2021）「特別支援学校学習指導要領解説　知的障害者教科等編（高等部）（上）（下）」
文部科学省（2022）「特別支援学校小学部・中学部　学習評価参考資料」

Comment

本実践は、学校がこれまで行ってきた、特に各教科等を合わせた指導における単元を見直すことにより、児童生徒に効果的に指導を行うことができる指導の形態を改めて整理したことに大きな意義がある。また、「年間指導計画」と「評価規準一覧表」を関連付けた「学習計画表」の作成により、学校として単元目標に対する評価規準が定まるとともに、計画的に評価を行うことができるようになったといえる。

（加藤 宏昭）

実践 3

授業研究を活用して児童生徒の学びの姿を根拠に年間指導計画を評価・改善

鹿児島大学教育学部附属特別支援学校教頭　上仮屋 祐介

日々の授業における児童生徒の学びの姿を根拠にして授業改善や年間指導計画の評価及び改善を行うために、日常的に授業研究を実施して児童生徒の学習状況等を確認したり、授業研究の記録等を生かして単元・題材の総括的評価や年間指導計画の評価及び改善を行ったりする仕組みを構築するために学校全体で取り組んだ実践である。

1 学校概要

本校は、知的障害のある児童生徒を対象に小学部 18 人、中学部 18 人、高等部 24 人の合計 60 人を定員としている。教職員は約 30 人であり、その内の 8 割が 30 歳代前半から 40 歳代半ばの年齢構成となっている。鹿児島大学教育学部の附属学校であるため、大学教員と連携しながら学校全体で実践研究に取り組んでいる。これまでの学校研究では、児童生徒が豊かに学ぶ授業を実現するための授業方法や教師の授業づくりを下支えする授業研究の在り方、カリキュラム・マネジメントの在り方を検討し、これらの研究で得た知見や確立してきた仕組みを日々の授業づくりや教育課程に係る業務に生かしている。

2 実践の紹介

（1）実践の背景と目的

学習指導要領では、育成を目指す資質・能力を育むために教育課程を軸に学校教育の改善・充実の好循環を生み出すカリキュラム・マネジメント確立の必要性が示された。つまり、学校教育目標の実現に向けてどのように授業を展開し、実施した授業を基にどのように年間指導計画等の教育課程を評価・改善するかという一連の過程を充実させることが更に求められているといえる。本校では、授業における児童生徒の学びの姿に基づいた授業研究の仕組みを構築し、児童生徒が豊かに学ぶ授業を追究してきた。その営みを更に発展させ、日々の授業改善だけでなく、年間指導計画等の評価・改善を図る仕組みの構築を目指すことにした。

（2）実践の方向性

❶ 児童生徒一人一人の学びを見つめることが年間指導計画の評価・改善の第一歩

特別支援学校では、授業づくりのよりどころとするために様々な計画を作成する。各学校は、学校教育目標の達成に向けて、在籍する児童生徒に適した学びの道筋の大綱を各教科等や指導の形態の枠組みで年間指導計画として整理する。教師は、この年間指導計画と個別の指導計画を照らして、目の前にいる児童生徒の実態に即した単元等の指導目標や指導内容、学習活動を具体化し、日々の授業に臨むことになる。そして、実施した授業を省察することを通して日々の授業改善や単元等の総括的評価、年間指導計画の評価・改善に取り組んでいく。このように授業のよりどころとする様々な計画相互の関係性（図１）を概観したときに、本実践では授業から各計画を評価・改善するプロセスに焦点を当てている。

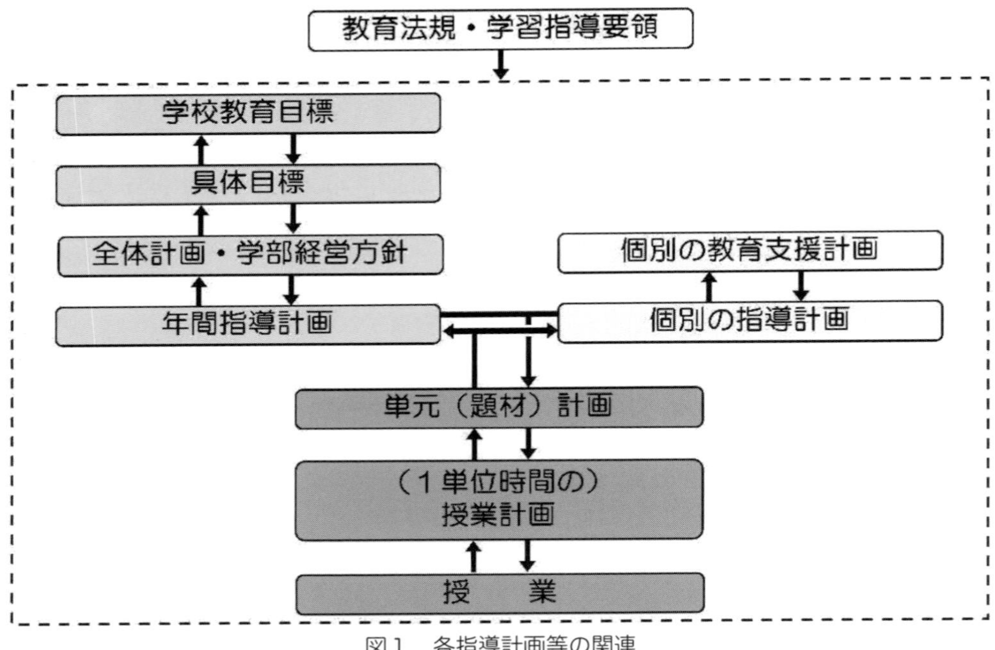

図１　各指導計画等の関連

学習指導要領では、カリキュラム・マネジメントの重要性が示されており、「特別支援学校教育要領・学習指導要領解説　総則編（幼稚部・小学部・中学部）」及び「特別支援学校学習指導要領解説　総則編（高等部）」では、カリキュラム・マネジメントを効果的に進めるための取組が次の四つで整理されている。

ア　教育の目的や目標の実現に必要な教育の内容等を教科等横断的な視点で組み立てていくこと
イ　教育課程の実施状況を評価してその改善を図っていくこと
ウ　教育課程の実施に必要な人的又は物的な体制を確保するとともにその改善を図っていくこと
エ　個別の指導計画の実施状況の評価と改善を、教育課程の評価と改善につなげていくこと

ア～ウについては、全ての校種に共通して記されているが、エについては特別支援学校学習指導要領解説のみに特筆されているものであり、児童生徒一人一人の学びの評価や改善の取組を個に閉じるのではなく、学校が整える年間指導計画等の評価・改善に生かすことの重要性が示されているといえる。

上述したことを踏まえると、授業における児童生徒の具体的な学びの姿をしっかり見つめることが年間指導計画等の評価・改善を行う第一歩であると考えた。

❷　日々の授業改善と単元等の総括的評価に資する授業研究の実施

教師は、授業づくりの過程で様々な指導計画を作成する際、児童生徒の実態を的確に把握することで、単元等全体を見通した適切な指導目標や指導内容、学習活動を設定できるようになる。しかし、授業を行うと児童生徒に教えようとしたことと児童生徒が実際に学んだことが、必ずしも一致するとは限らない（教師の意図どおりに、児童生徒が学ぶとは限らない）。そこで、授業研究を通して児童生徒の学びの姿を丁寧に分析するとともに、作成した指導計画に立ち返り、児童生徒の成長につながる指導目標や指導内容、学習活動などであるか評価・改善を繰り返すことが大切になる。

このとき、日常的に授業研究に取り組み、単元等における児童生徒の学びの姿を連続的に評価できる仕組みを構築することで日々の授業改善が促進されるとともに、授業研究のたびに蓄積されていく記録が単元等の総括的評価を行う際の重要な資料になると考えた（図２）。

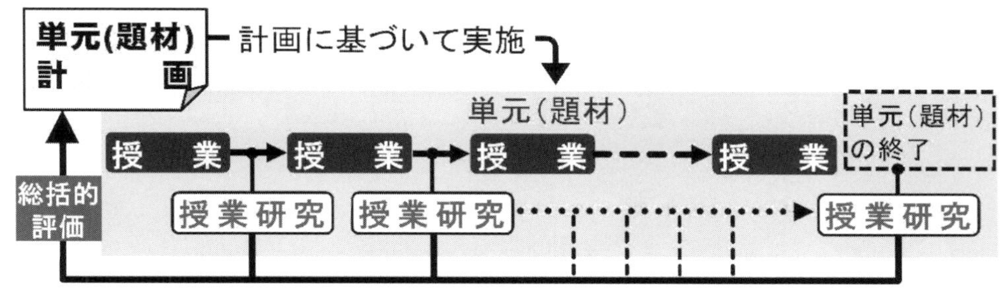

図２　連続的に実施する授業研究

（3）具体的な取組内容

❶ 継続的に授業研究を行うための工夫

前述したとおり、日々の授業における児童生徒の学びの姿を基に授業改善や単元等の総括的評価を行うためには、授業研究を限られた時間の中で効果的かつ継続的に実施していきたい。そこで、実施する授業研究について参加する教師の人数に着目し、図３で示す三つのスタイルに整理した。それぞれの授業研究には長所（図３の○）と短所（図３の▲）があることから、授業者はそれらの特徴を踏まえた上で単元等の一連の授業において三つのスタイルの授業研究を適宜組み合わせて取り組んだ。

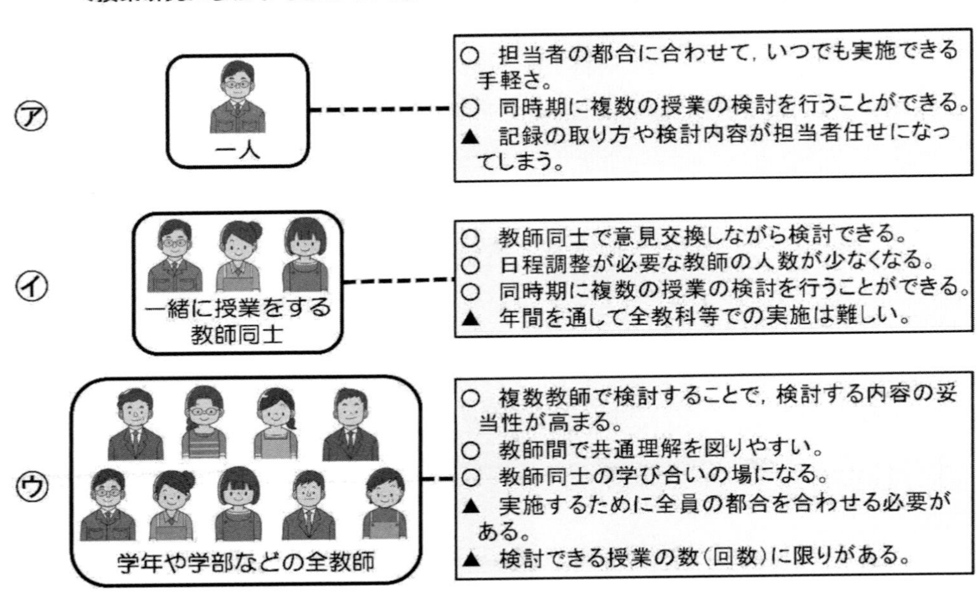

図３　授業研究に参加する教師の人数とその特徴

なお、本校では図３の㋐～㋒の授業研究の名称を次のとおりとした。

㋐：一人で行う授業研究［単元等の指導計画を作成した授業者（主担当）が一人で行う授業研究］

㋑：授業ミーティング［同じ学習グループの授業を担当する教師同士による授業研究（ティーム・ティーチングを行う２～４人を想定している）］

㋒：授業研究会［学年や学部の教師全員による授業研究（本校の場合は、各学部の職員数である８～９人を想定している）］

❷ 三つのスタイルの授業研究の組合せ方

授業研究の実施に当たっては、「同一単元等において、前項㋐～㋒のスタイルのいずれかを組み合わせて実施すること」のみを定め、「どのスタイルの授業研究」を「いつ」実施するかという選択は授業者に委ねた。授業の主担当となる教師は、単元等の指導計画の立案時に設定した指導目標や指導内容、学習活動のまとまりを踏まえて、どの授業でどのスタイルの授業研究を行うか見通しを立てて単元等の授業を開始するようにした（例えば、「単元の節目となる学習活動を設定した授業については、授業ミーティングを行い、授業担当者全員で学習状況等の確認を行う」等）。また、単元等の開始当初は㋐の授業研究を行う予定であった場合も、児童生徒の学習状況等から複数の教師で検討を行いたいと考えた場合には、㋑や㋒の授業研究に変更して実施することもあった。なお、実際的には、様々な業務がある中で㋒（授業研究会）を頻繁に実施することは難しいため、㋐（一人で行う授業研究）と㋑（授業ミーティング）が取組の中心となった。

❸ 進め方や検討の視点などが明確化された授業研究の実施

日々の授業改善や単元等の総括的評価に資する授業研究を学校全体で実施するためには、授業研究の進め方や検討の視点などの取組み方を明確化し、教師間で共有することが重要な鍵となる。ここでは、取組の中心となった㋐（一人で行う授業研究）と㋑（授業ミーティング）について説明する。

＜㋐（一人で行う授業研究）と㋑（授業ミーティング）の要点等＞

- □ ㋐と㋑の授業研究は、参加する教師の人数に違いがあるものの、進め方や検討の視点（図４）、使用する記録用紙（図５）などは共通したものを用いた。
- □ ㋑については実施時間の目安を 20 分間に設定し、他の業務等がある中でも教師が集まって授業研究に取り組むことができるようにした。
- □ 授業研究の実施に当たっては、児童生徒の授業における学びの姿を起点とすることを最重要とし、「児童生徒の学びの姿の評価」→「学びの姿の分析」→「改善案などの検討」という手順で評価や検討を行うようにした。
- □ ㋐と㋑の別を問わず、授業研究で検討したことと単元等の指導計画を常に照合し、修正等が必要な部分は随時朱書きを行うようにした。

・「児童生徒の学びの姿の評価」→指導目標と照合
・「学びの姿の分析」→指導内容や学習活動、手立てと照合
・「改善案などの検討」→（次時以降の）指導目標や指導内容、学習活動、手立てと照合

授業ミーティング開始	目安：１分

◎　開始時刻と終了予定時刻を確認する。

- □　日々の授業記録の「授業ミーティング日時」欄に期日と開始時刻を記入。
- □　開始時刻の２０分後にタイマーをセット。

◎　実施した授業が単元（題材）のどの部分に当たるのか，単元（題材）指導計画を見ながら確認する。

- □　単元（題材）指導計画で次や時数を確認。

◎　実施した授業の全体目標を確認する。

- □　日々の授業記録の「本時の全体目標」欄の内容を確認。※前時のミーティングで記入済みが原則。

児童生徒の学習の様子を評価・分析／次時等に向けた検討	目安：15分

◎　次の①，②，③の順で検討することを基本とする。グループを構成する児童生徒の人数や実態，学びの姿などに応じて，それぞれの行程を行き来しながら検討する。

①　学習状況の評価：【児童生徒の姿】欄

本時の全体目標に沿った児童生徒の学びの姿を中心に「学んでいた」又は「学びにつまずいていた」の欄に記述する。

- □　「誰が」，「どの場面で」，「どのような様子だった」のか具体的に記述する（例：「○○さんが□□していた。」　※「～できた。」や「～難しかった。」はＮＧ）。
- □　動画や写真，学習ファイルなどを可能な限り用いて，客観的な視点で評価する。
- □　本時の全体目標やそれに準ずる本時の個人目標との対応を考慮する。

※　グループを構成する人数によっては，すべての児童生徒の様子を取り上げる必要はない。
（□　ただし，ミーティングで取り上げる児童生徒に偏りがないように考慮する。）

※　複数の児童生徒に同じような学びの姿が見られた場合は，「ＡとＢが○○していた。」のように，名前を列挙して記述してよい。

※　本時の全体目標に沿った児童生徒の学びの姿以外にも，学習を進める上で取り上げて検討したい学びの姿がある場合は記述して構わない。

②　学びの姿の分析：【なぜ】欄

①で取り上げた学びの姿について，その理由を分析し，「なぜ」の欄に記述する。

- □　児童生徒の学びの姿を様々な視点で分析する。

※　児童生徒の学びの姿を，個人因子［児童生徒の既習事項，学びの特性（感覚，心理，認知等 など）］や，環境因子［環境因子：場の設定，教材・教具，発問 など］の視点で多角的に分析する。

③　次の授業に向けて／他の授業・生活場面との関連：【どうする】欄

②の分析を踏まえて，次の授業の方向性や，他の授業や生活場面で関連させて取り組めそうなことなどを検討し，「どうする」の欄に記述する。

- □　②で分析した内容に応じて，次時の方向性や他の授業等で関連させて取り組めそうなことを具体的な取組を記述する。
- □　単元（題材）指導計画に記してある「単元（題材）の全体目標」や「主な学習活動・内容」や個別の指導計画などと照合し，必要に応じて内容の加除・修正を行うなど，次の授業の構想を練る。

まとめ（次時の目標等の確認）	目安：４分

◎　評価，分析，検討した内容を確認する。

- □　【児童生徒の姿】→【なぜ】→【どうする】に沿って，評価，分析，検討した内容を確認する。
- □　授業ミーティングで検討した内容と単元（題材）指導計画や，個別の指導計画の内容との対応を確認する。

※　新たに加えたり，削除したりした方が適切と思われる内容がないか？

◎　授業ミーティングを終了し，終了時刻を確認する。

- □　日々の授業記録の「授業ミーティング日時」欄に終了時刻を記入。

授業ミーティングで検討したことを基に，更に次の授業の構想を具体化し，授業準備を行う。

図４　授業ミーティングの進め方

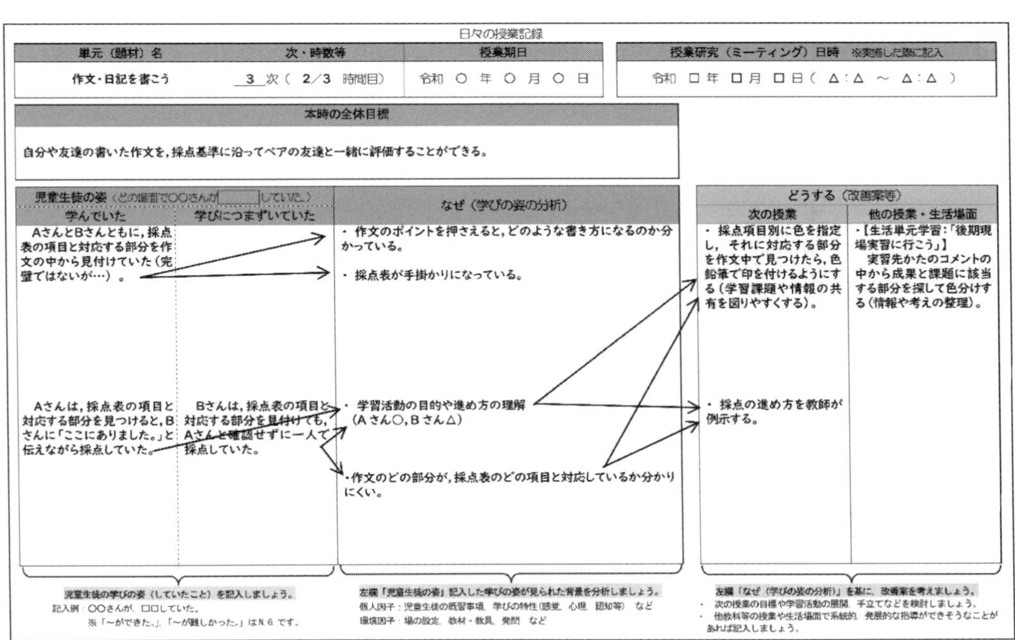

日々の授業記録

単元（題材）名	次・時数等	授業期日	授業研究（ミーティング）日時 ※実施した際に記入
作文・日記を書こう	3 次（ 2/3 時間目）	令和 ○ 年 ○ 月 ○ 日	令和 □ 年 □ 月 □ 日（ △：△ ～ △：△ ）

本時の全体目標
自分や友達の書いた作文を，採点基準に沿ってペアの友達と一緒に評価することができる。

児童生徒の姿（どの場面で○○さんが［　］していた。）学んでいた	学びにつまずいていた	なぜ（学びの姿の分析）	どうする（改善案等）次の授業	他の授業・生活場面
AさんとBさんともに，採点表の項目と対応する部分を作文の中から見付けていた（完璧ではないが…）。		・作文のポイントを押さえると，どのような書き方になるのか分かっている。 ・採点表が手掛かりになっている。	・採点項目別に色を指定し，それに対応する部分を作文中で見つけたら，色鉛筆で印を付けるようにする（学習課題や情報の共有を図りやすくする）。	・【生活単元学習：「後期現場実習に行こう」】 実習先かたのコメントの中から成果と課題に該当する部分を探して色分けする（情報や考えの整理）。
Aさんは，採点表の項目と対応する部分を見つけると，Bさんに「ここにありました。」と伝えながら採点していた。	Bさんは，採点表の項目と対応する部分を見付けても，Aさんと確認せずに一人で採点していた。	・学習活動の目的や進め方の理解（Aさん○，Bさん△） ・作文のどの部分が，採点表のどの項目と対応しているか分かりにくい。	・採点の進め方を教師が例示する。	

児童生徒の学びの姿（していたこと）を記入しましょう。
記入例：○○さんが，□□していた。
※「～ができた。」，「～が難しかった。」はN.G.です。

左欄「児童生徒の姿」記入した学びの姿が見られた背景を分析しましょう。
個人因子：児童生徒の既習事項，学びの特性（感覚，心理，認知等）など
環境因子：場の設定，教材・教具，発問　など

左欄「なぜ（学びの姿の分析）」を基に，改善案を考えましょう。
・次の授業の目標や学習活動の展開，手立てなどを検討しましょう。
・他教科等の授業や生活場面で系統的，発展的な指導ができそうなことがあれば記入しましょう。

図５　授業研究の記録用紙（記入例）

❹ 授業研究の記録を活用した単元等の総括的評価

前出の①～③で示した工夫を講じて授業研究を連続的に実施することで授業研究の記録が蓄積されていく。授業研究の記録には、授業における児童生徒の学びの姿を起点に目標に照らした学習の評価や教師が講じた手立てなどの評価及びその改善案などが整理して記されている。これらの記録と教師が立案した単元等の指導計画を照合することで、児童生徒の学びの姿を根拠にして教師が設定した指導目標や指導内容、学習活動の有効性、授業時数、実施時期、他の単元等及び他教科等との関連など、単元等全体を通した総括的評価を行うことができるようにした（図６）。

＜単元等における授業研究の記録＞

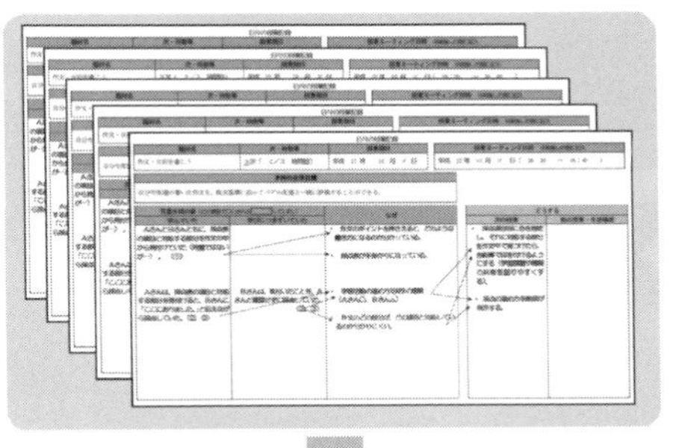

蓄積した授業研究の記録を基に，単元等の計画の内容を評価し，必要に応じて随時朱書きをする。

＜単元等の計画の評価（朱書き）＞

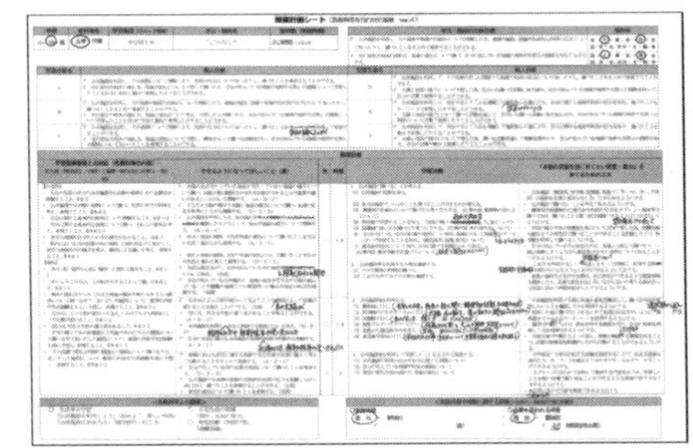

図６　授業研究の記録を活用した単元等の総括的評価

❺ 単元等の総括的評価を年間指導計画の評価・改善につなげる工夫

前出④で述べたように授業研究の記録を活用し、終了した単元等の総括的評価を行うことで、単元等を通した児童生徒の育ちを確認できるとともに、教師が立案した単元等の指導計画を基に、次年度の実践に向けた改善の方向性を導くことができる。単元等の指導計画は、教師が年間指導計画と個別の指導計画を照らして、目の前にいる児童生徒の実態に即して作成したものであるので、総括的評価を終えた単元等の指導計画に記されている内容（朱書き等）は、年間指導計画の評価や改善を行う上で貴重な資料となる。

＜単元等の総括的評価から年間指導計画の評価に至る流れ（図７）＞

□　単元等が終了すると同じ学習グループの授業を担当する教師同士で、朱書きされた単元等の指導計画を確認し、総括的評価を行う。

□　単元等の指導計画を立案した教師が、朱書きされた単元等の指導計画と年間指導計画を照合し、改善の方向性を年間指導計画に朱書きする（図８）。

□　学期末や学年末に行う学部会や教科等部会で、各教師が朱書きした年間指導計画を基に改善案を提案し、その提案を基に協議する。

このとき教師からは「自身の実践だけで年間指導計画を評価してよいのか」等の声が聞かれることがあった。しかし、各教師の実践は年間指導計画と児童生徒の実態を照らして行われたものであり、その実践で児童生徒がどのように学んだかという事実は、年間指導計画を評価する上で机上の検討に勝る根拠を有していると考えている。

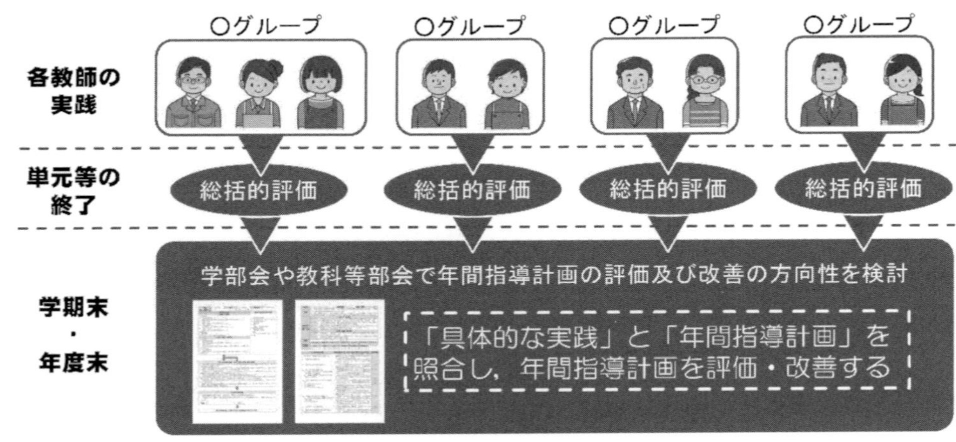

図７　単元等の総括的評価と年間指導計画の評価・改善の接続

Aグループ

題材名	かずしらべをしよう（1から10の数の増加と減少，合成・分解）	月	*2学期* ~~1～3月~~	学部・段階	小学部2段階
目標	ア　10までの数について，基準となるものに，加えて数えたり，ものを減らして数えたりすることや，数を合わせて構成したり，基準となる数から二つに分けたりすることができる。 イ　数詞と数字，ものとの関係に着目し，数の加え方やまとめ方，減らし方や分け方を判断したり，表したりすることができる。 ウ　10までの数について，数の増加・減少，合成・分解について学んだことの楽しさやよさを感じながら興味をもって学ぼうとする。				
教科で育てたい資質・能力	＜知識及び技能＞ ア(ｱ)　具体的な事物を加えたり，減らしたりしながら，集合数を一つの数と他の数と関連付けてみたり数えたりすることが分かる。 イ(ｱ)　一つの数を二つの数に分けたり，二つの数を一つの数にまとめたりして表す。 イ(ｲ)　10の補数が分かる。 ＜思考・判断・表現等＞ ア(ｲ)　数詞と数字，ものとの関係に着目し，数の加え方や減らし方を判断したり，表したりする。 イ(ｳ)　数詞と数字，ものとの関係に着目し，数をまとめたり分けたりすることを判断したり表したりする。 〈学びに向かう力，人間性〉 ウ　数量に関心をもち，算数で学んだことの楽しさやよさを感じながら興味をもって学ぶ態度を養う。（段階の目標：数と計算）				
時数	18時間				
他教科等の内容との関連	【】				

全体計画との関連	言語活動	体験活動	伝統や文化	人権同和教育	道徳教育	情報活用	キャリア
	○					○	
	読書	保健	食育	性教育	安全教育	環境教育	

「いくつといくつ」という題材で実践。
お手玉を仕切りボックスに入れ，片方の部屋を数えた後に，もう片方の部屋の数を予想する活動を作った。
「5は4と1」「5は3と2」など，理解が進んだ。
今後，ボウリングで10の数構成についても迫っていく。

中心的な学習活動	学習活動の工夫（資質・能力を育てるための工夫）	評価場面
1　バスの人数あてクイズをする。 (1)　基準となる数から増える。 (2)　基準となる数から減る。	・　校外学習でのバス利用の経験を写真等で振り返ることで，状況を想起し，学習に取り組むことができるようにする。 ・　1～10人の範囲で，元々バスに乗っていた人数を基準とし，バス停で新たに乗車した人数を加えて数えることができるようにする。 ・　1～10人の範囲で，元々バスに乗っていた人数を基準とし，バス停で降車した人数を減らして数えることができるようにする。	ア(ｱ) ア(ｲ) ア(ｱ) ア(ｲ) ウ
2　的当てやボーリングをする。 (1)　1回戦の結果を数詞や数字で表す。 (2)　2回戦の結果を数詞や数字で表す。 (3)　合計を数詞や数字で表す。（数え足しを含む）	・　児童の興味・関心に応じて的当てやボーリング等のゲームを設定することで，活動への意欲を高めることができるようにする。 ・　1回戦，2回戦それぞれの結果を数えて数詞を伝えたり数字カードから選んだり数字として表記したりすることで，具体的な事象と数詞・数字を結ぶ付けることができるようにする。 ・　1回戦の結果と2回戦の結果を合わせる際は，数詞同士，数字同士での合成や，具体物や半具体物に置き換えた上での計数，数え足しによる計数など，児童の実態に応じて段階的に取り組めるようにする。	イ(ｱ) イ(ｳ) ウ
3　お菓子の分配クイズをする。 (1)　基準となる数を数える。 (2)　二人分に分配する。 (3)　分け方を発表する。	・　児童の興味・関心に合わせた素材を取り扱うことで，活動に対する意欲を高めたり，実生活との結びつきを高めたりすることができるようにする。 ・　発表の場面を設定することで，基準となる数は10までの範囲とした上で，分配のパターンが数種存在することを，自分の分配方法と友達の分配方法の違いから気付くことができるようにし，新たなパターンを自ら考えたり，10の補数の理解につなげたりすることができるようにする。	イ(ｱ) イ(ｳ) イ(ｲ) ウ

図8　朱書きされた年間指導計画（例）

③ まとめ

年間指導計画等の教育課程は学校教育目標の達成に向けた教育活動の大綱を示すものであるため、ややもすると「不変的なもの」という認識に至り、年度ごとの評価やそれに基づく改善につながらない場合がある。本校においては、年間指導計画等の教育課程と児童生徒の学びの場である授業をつなぐ道筋が不確かで、年間指導計画を「誰が」、「いつ」、「どのように」評価するか教師間で共有されていないことがその一因であると考え、本校の強みであった日々の授業研究の取組を活用し、年間指導計画と授業をつなぐ道筋を一つ一つ整理してきた。本実践の成果と課題を次に示す。

（1）成果

❶　日常的に授業研究を行い、児童生徒の学びの姿を連続的に評価したこと

三つのスタイルの授業研究の特徴を踏まえた上で、適宜組み合わせながら日常的に授業研究に取り組むことで、単元等における児童生徒の学習状況や教師が講じた手立てなどを連続的に評価することができた。授業研究の内容は即時的に授業改善に生かすとともに、単元等終了時には児童生徒の学びを根拠にした総括的評価を行う貴重な資料となった。

❷　授業者による単元等の総括的評価を基に年間指導計画の評価を行う手続きを明確にしたこと

学期末や学年末に、学部ごとや教科等部で授業者が行った総括的評価と年間指導計画を照合し、教師同士で検討・共有する機会を設けた。前述したとおり単元等の総括的評価は日々の授業研究を基に行われているため、総括的評価と年間指導計画を照合する機会を設けることで、日々の授業実践が年間指導計画の評価につながっていることを教師が一層認識しやすくなり、年間指導計画等の編成・評価・改善に係る業務に対する教師の自己関与意識が高まった。

（2）課題

●　全ての単元等で日常的に授業研究を行うことが難しいこと

本校の授業研究は日々の授業を対象としているため、日常的に取り組むことができるように、授業研究で使用する資料や時間（授業研究会:45分間、授業ミーティング:20分間）などを明確にしているものの、年間を通して全ての単元等で授業研究を繰り返し、総括的評価を行うことが難しいという点が本実践の課題であった。

しかし、前項で成果として述べたとおり、教師が特定の単元等で授業研究を活用した総括的評価や年間指導計画の評価を実践することで、日々の授業実践が単元等の総括的評価や年間指導計画の評価につながっていると意識できるようになった。そのため、授業研究を連続的に行わなかった単元等においても「この単元の授業ではＡさんの○○する姿が見られたから～」等、児童生徒の学びの姿を基に年間指導計画を評価したり、改善に向けた検討を行ったりする取組が日常化していった。

このことから、日々の授業改善や年間指導計画の評価・改善を促進するためには、児童生徒の学びの姿に基づく授業研究を学校文化として根付かせることが重要であると考え、全校的に授業研究に取り組む「授業研究の日」を毎月設けたり、放課後の会議等を設定しない日を定め、授業研究に取り組みやすい環境を整えたり、学校運営上の観点からも工夫を講じて取り組んでいる。

《引用・参考文献》

肥後祥治・雲井未歓・片岡美華・鹿児島大学教育学部附属特別支援学校（2013）「特別支援教育の学習指導案と授業研究－子どもたちが学ぶ楽しさを味わえる授業づくり－」ジアース教育新社

肥後祥治・雲井未歓・廣瀬真琴・鹿児島大学教育学部附属特別支援学校（2020）「子どもの学びからはじめる特別支援教育のカリキュラム・マネジメント－児童生徒の資質・能力を育む授業づくり－」ジアース教育新社

文部科学省（2018）特別支援学校教育要領・特別支援学校学習指導要領解説総則編（幼稚部・小学部・中学部）第３編第２章第２節

文部科学省（2019）特別支援学校学習指導要領解説総則編（高等部）第２編第２部第１章第２節

Comment

カリキュラム・マネジメントは、学校管理職のみならず、全ての教職員が自身の職層の役割に応じて行うものである。本実践は、学校全体の計画に基づいた各学習グループの年間指導計画の評価・改善を、担当する教員が確実に行うことに組織的に取り組んだことで、授業を行う全ての教員が、日々の授業と種々の指導計画とのつながりをより意識し、指導と評価の一体化を具現化した取組であるといえる。

（加藤 宏昭）

実践 4

一貫性・系統性のある学びの地図
単元配列表の作成へ向けて

沖縄県立大平特別支援学校主幹教諭（現 沖縄県総合教育センター） 平良 錦一郎

沖縄県立大平特別支援学校の令和３年度の教育課程の取組についての報告である。

令和３年度は単元配列表の作成を目指し、本校の年間指導計画の教育の内容を学習指導要領に示されている各教科等の目標や内容、指導内容確認表（熊本大学教育学部附属特別支援学校作成）と比較、修正し、見直しを図った。また、「一貫性・系統性を意識する」、「教科等横断的な視点を踏まえる」ことなどを念頭におきながら、単元配列表の作成、整理をすることで児童生徒の深い学びの実現を図ることをねらいとした。

①学校概要と令和３年度の実情

（１）学校紹介

本校は、昭和 40 年 4 月 13 日に沖縄県で最初の知的障害養護学校として開校し、知的障害のある生徒の教育活動を開始して以来、今日まで多くの児童生徒の自立と社会参加を目指した教育を行っている。本校の教育目標のモットーは、「愛汗」の精神であり「愛」の絆をしっかりと結び、共に「汗」して励み、子供が広い社会で羽ばたき活躍することを願うという意味である。現在、本校は小学部、中学部、高等部、久米島分教室が設置されており、270 名の児童生徒が在籍をしている。職員も 184 名おり、県内においても比較的規模の大きな学校である。

（２）令和３年度の実情

令和３年度はコロナ禍にあり、集合研修は一部オンラインでの研修であったり、短時間設定の研修であったりと、対面での研修を進めていくには難しい現状であった。そのようなコロナ禍においても工夫をしながら教育課程に関する研修を進めていった。また、研修を進める上で教務部、研修部、各学部主事が中心となり、全体研修や学部研修に取り組んできた。教員一人一人が教育課程に対する理解を深める上では、全体研修も有効ではあるが各学部規模の方が、様々な疑問を具体的に投げかけやすく、協議し解決する場として、とても有効であった。制限の多い中での教育課程の取組であったが、教員一人一人が主体的に研修に取り組むことができた令和３年度であった。

②実践の紹介

（1）これまでの背景

文部科学省は、児童生徒が「何を学ぶか」、「どのように学ぶか」、「何ができるようになるか」に基づき自校の教育課程の編成、実施、評価及び改善に関する課題がどこにあるのかを明確にしてカリキュラム・マネジメントの充実に努めることが大切であるとしている。

本校の令和２年度の教育課程の課題は「何ができるようになるか」、「どのように学ぶか」等の確認が必要である、ということであった。その課題解決のため、令和３年度は単元配列表の作成を行った。その作成方法は、本校の教育課程に基づく年間指導計画の教育の内容を学習指導要領や指導内容確認表（熊本大学教育学部附属特別支援学校作成）と比較、修正し、単元を配列していくという方法であった。また、「一貫性・系統性を意識する」、「教科等横断的な視点を踏まえる」ことなどを念頭におきながら、単元配列表の作成や整理を行った。更に、これまで行われていた各教科等を合わせた指導の形態についても、各教科等の目標や内容、指導方法等を再度確認し、どのような学習形態が児童生徒にとって教育の内容を学びやすいのかを検討した。

いずれも、児童生徒の学習を保障し、深い学びを実現する上では大切なことであるため、研修の柱として置き、取組を行った。

（2）目的（改善の方向性）

【ゴールの設定】

単元配列表の完成を目指すことを全職員で確認をした。単元配列表とは、児童生徒の学びの地図であり、その学びの地図を作成し、指導することは、単元間の学びが関連し合って、発展的に学習が進みやすくなるなど、取り扱う指導内容の順序や関連を意識できやすい、など職員にとっても有用なことであることを共有した。

教育課程をどのように編成していくか、単元の配列をどのように行うか等の取組方法を明確にしながら、全職員でやるべきこと、ゴールの確認を行い取り組んだ。

【目的】

単元配列を作成する目的や方法について全職員で共有を図り、各学部での研修等がスムーズにできるようにした。

① これまでの単元計画が適切であったのか、学習指導要領に示されている各教科等の目標や内容を踏まえた単元計画が立てられているのかを確認するため、年間指導計画の指導目標や指導内容の見直しを行う。

② 各教科において、同じ学習の繰り返し指導となっていないかの確認を行い、指導目標の設定や指導内容等の修正を行う。

③ 一貫性、系統性のある学習の保障を行うため、各学部間においても文部科学省

著作教科書（以下、「星本」という）等の扱いについて確認を行い、学部間で学習の連続性が保たれるようにする。

④　教師が教科等横断的な視点を意識しながら、単元の配列を行う。

以上のことを確認し、研修を進めていった。

（3）取組内容

①　全職員で研修を行い、各類型＊[1]の児童生徒像及び各類型の履修イメージを共有した（図1）。

＊1　本校の各類型には、A類型、B類型、C類型の３類型あり、知的障害の程度が重度の児童生徒から軽度の児童生徒の教育課程の編成がなされている。A類型は、重度知的障害の児童生徒を対象とした教育課程、B類型は、中度知的障害の児童生徒を対象とした教育課程、C類型は、軽度知的障害の児童生徒を対象とした教育課程である。

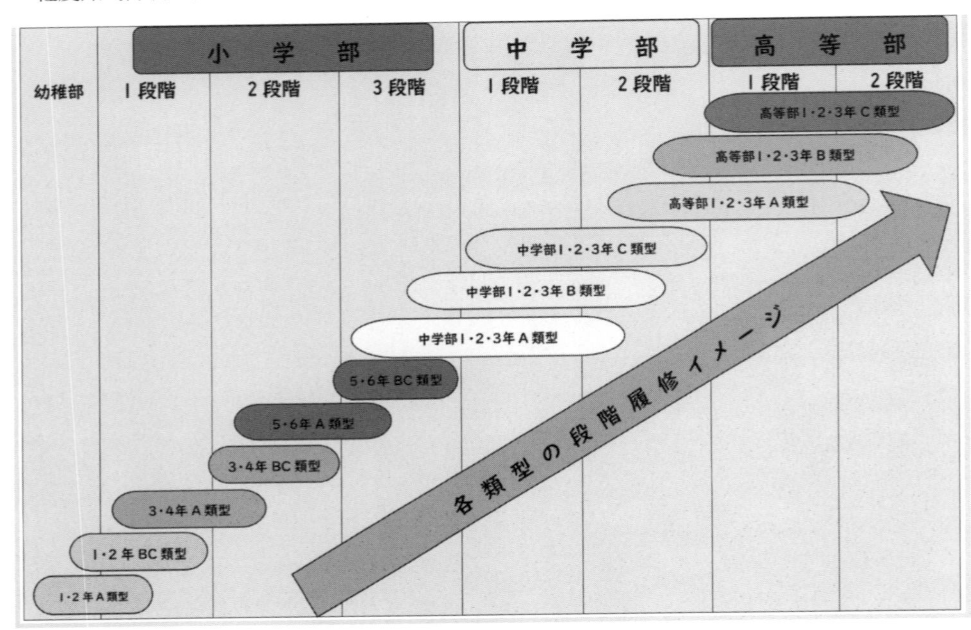

図1　各類型の段階イメージ図

②　令和３年度の教科別の年間指導計画及び各教科等を合わせた指導の年間指導計画で取り扱われている目標や内容等を指導内容確認表と比較し、指導内容が反映されているかを確認した（図2）。熊本大学教育学部附属特別支援学校が作成した指導内容確認表を借用して確認作業を行った。

小学部は、学年ごとに担当教科を決め確認を行い、中学部、高等部においては、各教科担当で確認等を行った。

③　各学部の研修において、一貫性、系統性、教科等横断的な視点について理解を深めるため、研修部、教育課程係が講師を務め「一貫性、系統性」、「教科等横断的な視点」を持った単元配列表の作成方法等について理解を図った（図3）。単

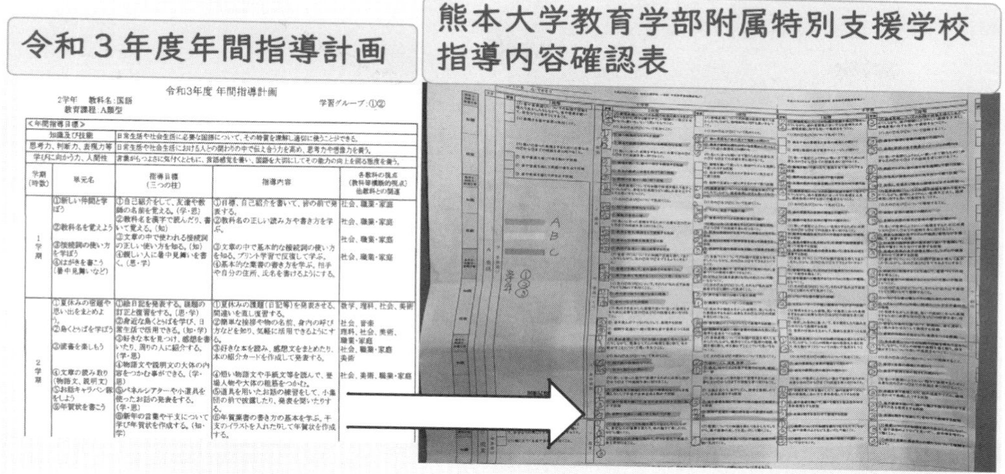

令和3年度 年間指導計画

2学年　教科名：国語
教育課程：A類型
学習グループ：①②

＜年間指導目標＞

知識及び技能	日常生活や社会生活に必要な国語について、その特質を理解し適切に使うことができる。
思考力、判断力、表現力等	日常生活や社会生活における人との関わりの中で伝え合う力を高め、思考力や想像力を養う。
学びに向かう力、人間性	言葉がもつよさに気付くとともに、言語感覚を養い、国語を大切にしてその能力の向上を図る態度を養う。

学期（時数）	単元名	指導目標（三つの柱）	指導内容	各教科の視点（教科等横断的視点）他教科との関連
1学期	①新しい仲間と学ぼう ②教科名を覚えよう ③接続詞の使い方を学ぼう ④はがきを書こう（暑中見舞いなど）	①自己紹介をして、友達や教師の名前を覚える。（学・思） ②教科名を漢字で読んだり、書いて覚える。（知） ③文章の中で使われる接続詞の正しい使い方を知る。（知） ④親しい人に暑中見舞いを書く。（思・学）	①目標、自己紹介を書いて、皆の前で発表する。 ②教科名の正しい読み方や書き方を学ぶ。 ③文章の中で基本的な接続詞の使い方を知る。プリント学習で反復して学ぶ。 ④基本的な葉書の書き方を学ぶ。相手や自分の住所、氏名を書けるようにする。	社会、職業・家庭 社会、職業・家庭 社会、職業・家庭 社会、職業・家庭
2学期	①夏休みの宿題や思い出をまとめよう。 ②身近なことばを学ぼう ③読書を楽しもう ④文章の読み取り（物語文、説明文） ⑤お話キャラバン隊をしよう ⑥年賀状を書こう	①絵日記を発表する。課題の訂正と復習をする。（思・学） ②身近な身近なことばを学び、日常生活で活用できる。（知・学） ③好きな本を見つけ、感想を書いたり、周りの人に紹介する。（学・思） ④物語文や説明文の大体の内容をつかむ事ができる。（学・思） ⑤パネルシアターや小道具を使ったお話の発表をする。（学・思） ⑥新年の言葉や干支について学び年賀状を作成する。（知・学）	①夏休みの課題（日記等）を発表させる。間違いを直し復習する。 ②簡単な挨拶や物の名前、身内の呼び方などを知り、気軽に活用できるようにする。 ③好きな本を読み、感想文をまとめたり、本の紹介カードを作成して発表する。 ④短い物語文や手紙文等を読んで、登場人物や大体の粗筋をつかむ。 ⑤道具を用いたお話の練習をして、小集団の前で披露したり、発表を聞いたりする。 ⑥年賀葉書の書き方の基本を学ぶ。干支のイラストを入れたりして年賀状を作成する。	数学、理科、社会、美術 社会、音楽 理科、社会、美術、職業・家庭 社会、職業・家庭 美術 社会、美術、職業・家庭

図２　年間指導計画の目標や内容の確認

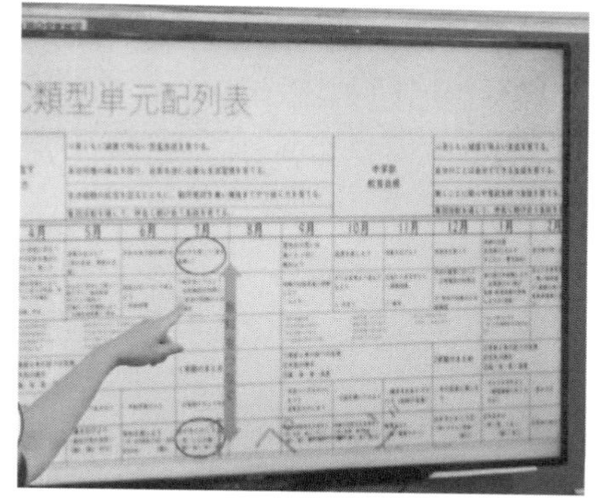

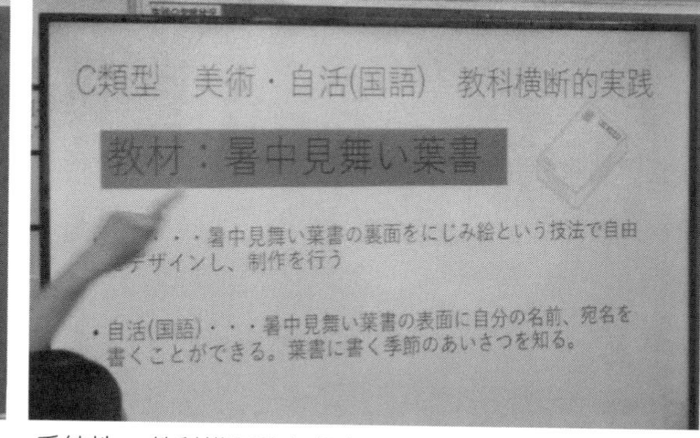

図３　一貫性、系統性、教科横断的な視点

元配列表の作成を行うときは、学部ごとにコアとなる教科の設定や行事等を決め、その教科や行事等に他の各教科等との関連性があるのかを確認しながら単元を配列した。

小学部と高等部は、行事等を中心に配列を進め、中学部においては、行事等と国語科をコア教科と置き単元配列表の作成を行った。

④　各学部のコアを教科や行事等＊2とすることにより、教科や行事等で児童生徒に身に付けさせたい力（資質や能力）を明確にした。そして、各教科においても共通する身に付けたい力（資質や能力）をどのような単元の配列を行えば、児童生徒に習得させることができるのかを各教科担当者が検討を行った。

＊2　行事等とは、学校行事や月行事や季節行事、各学部の独自の取組や活動も含まれている。

⑤　各教科担当者が集まり各学部のコアを念頭に置き身に付けさせたい力（資質や

I R3年度の取り組み（一貫性・系統性教科横断的な視点）
学びの地図～単元配列表作成への一歩
各学部

図４　一貫性、系統性、教科横断的な視点を持った単元配列

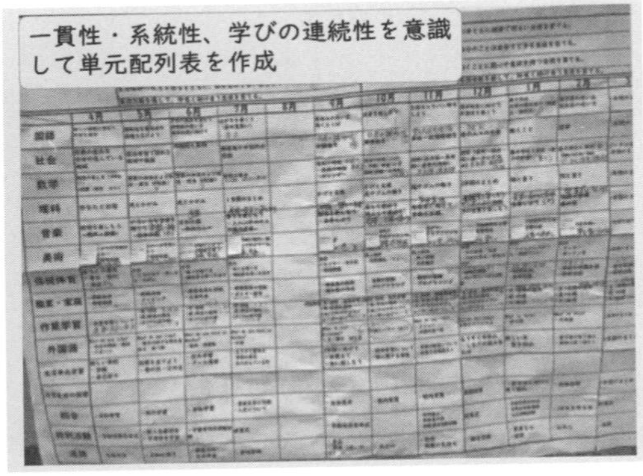

一貫性・系統性、学びの連続性を意識して単元配列表を作成

図５　単元配列表の作成の過程

図６　Teams 等を利用した研修

能力）はどのような力なのかを話し合い、朱書きや訂正を繰り返し行い、それぞれの単元配列を丁寧に行った。この時期の空き時間等には、図４のような場面が各学部や教室等で多く見られた（図４・５）。

⑥　コロナ禍のため、全職員での集合研修や長時間の研修ができない現状であったので、教科等での小規模単位での研修、Teams を利用しての研修、各教科を縦割りにしての研修、学部単位での研修等様々な研修スタイル（図６）で行った。そのような中で、年度当初から研修部が「研修だより」を作成し、各学部の取組や進捗状況等を随時、発信し続けた。そのことで先生方は、他学部を意識し、一貫性、系統性を意識し、確認しながら各学部で単元配列表の作成を進めることできた（図７）。

⑦　各教科等を合わせた指導の形態による学習から教科指導中心への移行するために、本来、学習指導要領に記載されている各教科等を合わせた指導の形態とは何か、合わせた指導の形態の考え方や指導方法等について研修を行った。

ア　校長先生を講師に招いて各教科等を合わせた指導の形態について理解を深めた。合わせた指導の形態による学習を実施する場合、どのような児童生徒が対象であり、どのようなことに気をつけて学習指導を進めていく必要があ

おおひら研修だより

沖縄県立大平特別支援学校　職員用資料（小・中・高・舎）

2021年度（令和3年度）
6月21日　No.3
発行　新妻かおり　仲里翔

職員の皆さん、こんにちは。研修部の新妻香織と仲里翔（中学部）です。新しい年間指導計画及び単元配列表の作成に向け、各学部で話し合いが行われていると思います。今回の研修だよりは、中学部学部研修の様子をお知らせします。本校の児童・生徒の実りある学習のために、今後も頑張っていきましょう。

中学部は、教育課程係のリーダーシップの下、昨年度に指導内容確認表を各教科でチェックして、R3年度年間指導計画を作成。それをベースに、教育課程・情報係が単元配列表を作成しました。【写真1】

第1回学部研修では、その第1弾となる単元配列表を確認しながら進めていきました。今後、教科の特質を活かしつつ、横断的視点で並び替えをしていくこと、A 類型→B 類型→C 類型の順で完成させていくことも確認しました。

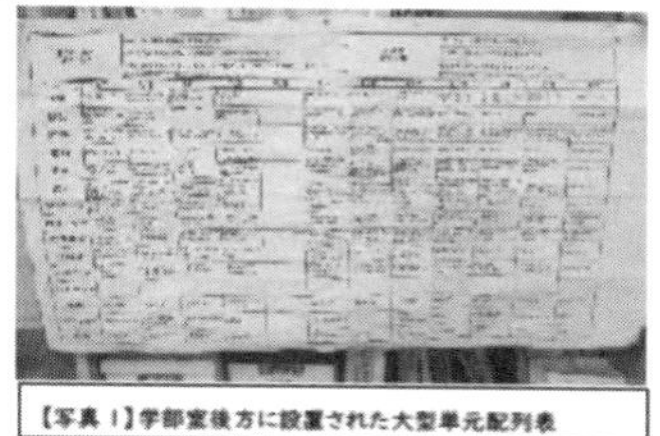

【写真1】学部室後方に設置された大型単元配列表

図７　おおひら研修だより

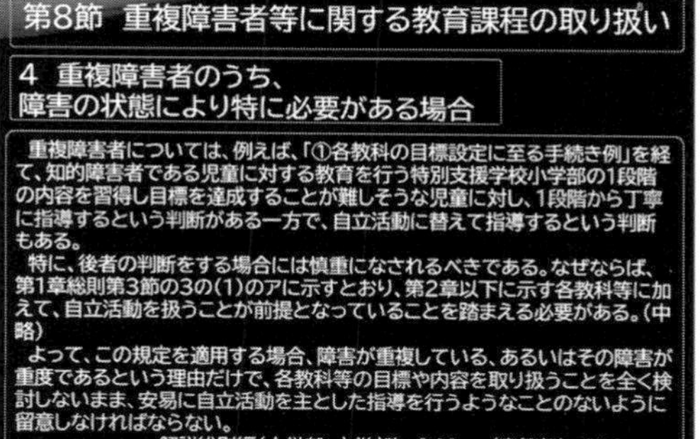

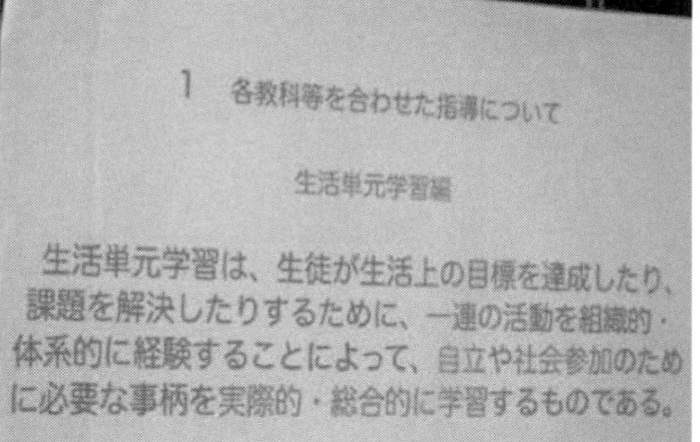

1　各教科等を合わせた指導について
生活単元学習編
生活単元学習は、生徒が生活上の目標を達成したり、課題を解決したりするために、一連の活動を組織的・体系的に経験することによって、自立や社会参加のために必要な事柄を実際的・総合的に学習するものである。

図８　校長講話後の学部研修

るか等の確認を行った。

イ　校長先生の講話後、各学部にて教育課程、研修部を中心に各教科等を合わせた指導の形態や教科別の学習の進め方等について学部単位で確認を行った（図８）。

ウ　各学部の研修においては、重度かつ重複した児童生徒の各教科等の学習の進め方について検討確認を行い、各類型（図１）を捉えつつ、小学部、中学部段階においては、文部科学省著作教科用図書（星本）を基に各段階の目標と内容を押さえることを確認した。高等部においては、各類型を押さえつつも、高等部で学ぶべき指導内容を盛り込んでいくことで確認を行った。

エ　令和４年度の年間指導計画の具体的な指導内容の作成・単元配列表の作成の手順を確認し、作成に入った。先生方が、年間に指導する目標や具体的な指導内容がある程度整理を終えた時点で、令和４年度の年間指導計画の作成を行った。これまでの様式を変更し、学期ごとに書かれていた単元等を各月

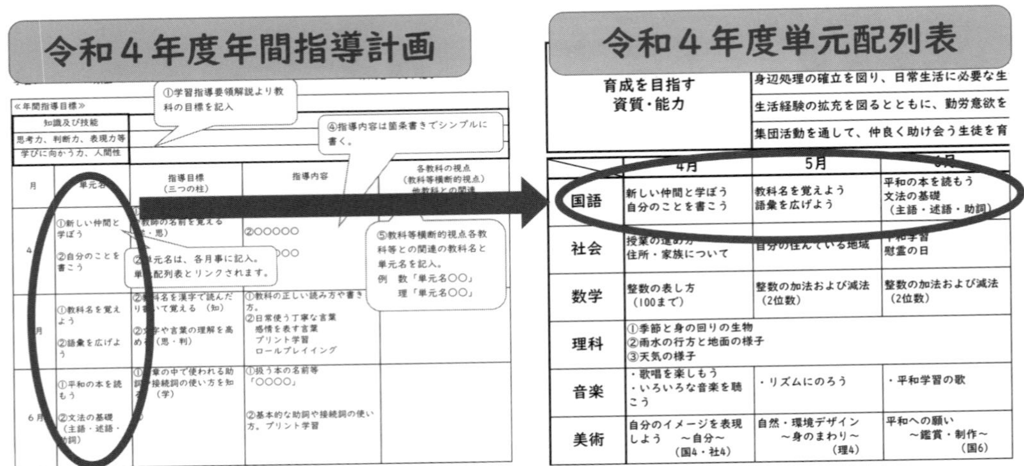

図９　年間指導計画と単元配列表

育成を目指す資質・能力	心身ともに健康で明るい児童生徒を育てる。
	身辺処理の確立を図り、日常生活に必要な生活習慣を育てる。
	生活経験の拡充を図るとともに、勤労意欲を養い最後までやり抜く
	集団活動を通して、仲良く助け合う生徒を育てる。

	4月	5月	6月	7月
国語	新しい仲間と学ぼう 自分のことを書こう	教科名を覚えよう 語彙を広げよう	平和の本を読もう 文法の基礎 （主語・述語・助詞）	はがきを書こう （暑中見舞い） 書道
社会	授業の進め方 住所・家族について	自分の住んでいる地域	平和学習 慰霊の日	地図を読み取ろう
数学	整数の表し方 （100まで）	整数の加法および減法 （2位数）	整数の加法および減法 （2位数）	整数の乗法 （加法から減法へ）
理科	①季節と身の回りの生物 ②雨水の行方と地面の様子 ③天気の様子			1学期のまとめ
音楽	・歌唱を楽しもう ・いろいろな音楽を聴こう	・リズムにのろう	・平和学習の歌	・発表会に向けて合奏をしよう
美術	自分のイメージを表現しよう　～自分～ （国4・社4）	自然・環境デザイン ～身のまわり～ （理4）	平和への願い ～鑑賞・制作～ （国6）	モダンテクニック （国7）

図 10　令和４年度単元配列表（一部抜粋）

ごとに細かく記載する様式へ変更した。年間指導計画の単元記載欄と単元配列表をリンクさせることで、単元配列表が完成するようにした（図９・10）。

オ　教育課程の編成においては、各学部とも各教科等を合わせた指導の形態から教科指導中心への教育課程の変更を行った。小学部においては、低学年において合わせた指導の形態を実施しているものの、各主要教科等の時数は以前よりも増えている状況となっている。

③ まとめ

（1）成果

これまでの年間指導計画の目標や指導内容を改めて見直すことで、学習指導要領の目標及び内容が押さえられていなかったり、指導内容が繰り返し取り扱われ、発展的な学習につながっていなかったりしていることに気づき修正を行うことができた。そして、学習の保障や学びの連続性、一貫性、系統性のある学習計画を立てることができた。

各教科等を合わせた指導の形態とは、どのような児童生徒にとって有効であるのか等を検討しつつ、教科学習中心の指導へ切り替えを行った。本校において、各教科等を合わせた指導の形態で学習を行った方が有効であると考えた児童生徒は、心身の発達の段階が早期段階にある小学部であった。特に小学部１年生と２年生では、日常生活の指導、生活単元学習、遊びの指導での学習形態を継続した。小学部３年生から小学部６年生までは、生活単元学習のみを継続し、その他の教科は教科学習中心の指導へ切り替えた。令和３年度は、各教科等を合わせた指導の形態から教科学習中心の学習への移行時期ということもあり、より慎重に検討を行いながら、小学部にのみ、一部各教科等を合わせた指導の形態を継続することとなった。中学部、高等部においては、生活年齢や発達年齢も加味し検討した上で教科学習中心の指導へ切り替えを行った。今後も継続して児童生徒の学習の様子を把握し、児童生徒が学びやすい学習形態の検討を重ねていく必要がある。

教科学習中心の指導へ切り替えが行われたことにより、教科を扱う各先生方が各教科の目標や内容を更に意識するようになり、教科の指導をより深めることにもつながっている。

単元配列表を作成することで、各先生方が他教科を意識する、行事等の取組を意識する等のことができ、先生方の教科等横断的な視点が身に付き、授業においても他教科を意識した児童生徒への発問等も出てきた。

教科学習が中心となり、各教科の教材教具の工夫がより見られるようになり、児童生徒が学びやすい環境が作られてきた。

（2）改善

教科学習に切り替えたばかりで、教科を進めるにあたり、机上学習が増えてきている。知的障害を有する児童生徒への学習は、体験的な学習や生活に結びついた学習が効果的である。今後、各教科で机上学習と体験的な学習や生活に結びついた学習等をバランス良く行いつつ、児童生徒自身が「わかった、勉強が楽しい、学校が楽しい」と感じることができるような学習活動をこれまで以上に工夫していく必要があると考える。

④ おわりに

本校は、平成29年度から教育課程についてのカリキュラム・マネジメントを行ってきた。その取組があったからこそ、令和３年度の取組を進めることができた。新しいことを取り入れるためには、これまでの考え方だけでなく、違った視点から物事を考え、教員が試行錯誤し、情報共有をしていくことが大切である。その取組こそが、児童生徒の学習の保障にもつながるものである。

令和３年度は、上記のことを教員が体現することができた年であり「変革の年」であったといえる。一貫性、系統性、教科等横断的な視点を意識した単元配列表（学びの地図）の作成やそれを基にした授業実践、授業改善、教材教具の工夫等をこれまで以上に行っていく。この取組こそが、教員一人一人の質の向上につながるものであり、児童生徒の質の高い学習の保障にもつながるものであると考える。

最後に、これまでの取組を踏まえ、児童生徒の学習の保障のためには、どのようなことが必要であるか、そして、児童生徒が「勉強が楽しい、もっと勉強をしたい」と思えるような授業づくりや学校づくりを全職員で行っていきたいと考える。

《参考文献》

熊本大学教育学部附属特別支援学校「指導内容確認表」
田村学（2017）『カリキュラム・マネジメント入門』東洋館出版社
田村学（2019）『「深い学び」を実現するカリキュラム・マネジメント』文溪堂
三浦光哉監修・編著　岩松雅文・川村修弘編著（2021）『知的障害教育の「教科別の指導」と「合わせた指導」』ジアース教育新社
三浦光哉監修・編著　山口純枝・小倉靖範編著（2022）『特別支援学校が目指すカリキュラム・マネジメント』ジアース教育新社
村上雅弘・吉冨芳正・田村知子・泰山裕（2020）『教育委員会・学校管理職のためのカリキュラム・マネジメント実現への戦略と実践』ぎょうせい
文部科学省「特別支援学校小学部・中学部学習指導要領」

Comment

本実践は、単元配列表の作成を通して、これまでの年間指導計画の見直しを図った好事例である。特に、一貫性、系統性、学びの連続性に着目し、組織的な校内研究で作成された単元配列表の作成過程は、各教員の授業力向上に資するものであり、学校の財産となるものである。今後は、その下で実施した授業の成果、及び授業改善から教育課程の改善へとつなげ、より一層の教育活動の質の向上が期待される。

（菅野 和彦）

実践 5

校務事務支援システムの導入に向けた取組

～個別の指導計画と通知表の県統一書式の作成～

長崎県教育庁特別支援教育課係長　廣瀬 雅次郎

長崎県教育委員会（以下、「県教委」）では、学籍情報や出欠情報の管理、成績処理などを行う校務事務支援システム（以下、「システム」）を令和４年度から全ての県立特別支援学校で導入し、令和５年度から本格的に運用することとしている。システムの導入に当たり、学校ごとに異なっていた個別の指導計画や通知表の書式を県で統一した取組について、書式に込めた県教委の意図や工夫点などを紹介する。

1 長崎県の概要

長崎県内の特別支援学校は、県立 17 校（分校４校含む）、国立１校の計 18 校が設置されており、全児童生徒数は 1,769 人である。近年は、小・中学部の児童生徒数が増加傾向にあり、障害種別では知的障害と病弱が増加している。

本県では令和４年２月に「第二期長崎県特別支援教育推進基本計画～第一次実施計画～」を策定し、障害のある子どもの教育の更なる充実に向けた取組を推進しているところであるが、その中の取組の一つが、特別支援学校へのシステム導入である。

2 実践の紹介

（1）背景及び目的

文部科学省では学習指導要領の実施を見据え、平成 29 年 12 月に「2018 年度以降の学校における ICT 環境の整備方針」が取りまとめられ、この方針を踏まえ「教育の ICT 化に向けた環境整備５か年計画（2018 ～ 2022 年度）」が策定された。この中では、統合型校務支援システムを 100％整備することが示されたが、本県の特別支援学校においては、個別の指導計画の書式等が学校ごとに異なることから、これまでシステムを導入することができていなかった。

学習指導要領への対応や校務の ICT 化、インクルーシブ教育システムの構築による学びの連続性への対応などが求められる中、県教委では個別の指導計画や通知表の書式を県で統一したシステムを導入することで、各教科等の目標や内容についての学習評価の充実に加え、校務の効率化や教職員の業務負担の軽減につなげていきたいと考えた。

（2）取組内容

システムで個別の指導計画、通知表、指導要録を作成できるようにするために、既に県で定めていた指導要録以外の、個別の指導計画及び通知表の書式を作成した。以下に、各書式を示しながら、県教委の意図や工夫点などについて紹介する。

なお、個別の教育支援計画については、障害種によって児童生徒の実態に関する記載項目が異なっていることや、統一した書式で運用している地域が一部あることから、これまで同様に地域又は学校独自の書式で作成、活用することとした。

❶ 個別の指導計画及び通知表の書式の作成に当たっての基本的な考え方

○ 特別支援学校の学習指導要領の趣旨を踏まえるとともに、県で定めている指導要録の作成に反映可能な書式とする。

○ 各校の書式は様々であり、全ての特色を網羅することは不可能であるため、総則における教育課程の編成の共通的事項を根拠に各校共通で必要と考えられる最低限の部分を書式に反映させる。

○ 個別の指導計画、通知表のいずれにおいても、活動したことを評価するのではなく、各教科等の目標に照らした学習評価を示すことを基本とすることで、記載内容を連結させる（以下、「リンク」）よう工夫し、業務の効率化を図る。

❷ 個別の指導計画の書式について

個別の指導計画の書式は、表１のように「各教科」、「特別の教科道徳、総合的な学習（探究）の時間、特別活動、外国語活動等（システムの運用上、教科以外の教育の内容を総称するために、便宜上『領域等』とする）」、「自立活動」の３項目とした。

「各教科」については、視覚障害者、聴覚障害者、肢体不自由者、病弱者である児童生徒用（以下、「視聴肢病」）と知的障害者である児童生徒用（以下、「知的」）の２種類に分け、「領域等」と「自立活動」の２項目は全児童生徒で共通の項目とした。

なお、個別の指導計画の書式は、学部間の円滑な引継ぎができるように全学部共通とし、２学期制と３学期制の両方に対応できるようにした。

表１　個別の指導計画の書式の種類と項目

	各教科	領域等	自立活動
【視聴肢病】	・学期ごとに全教科をA4サイズに２～４枚（図１）	・【視聴肢病】【知的】で共通 ・自立活動以外の領域等をA4サイズ１枚（図４）	・【視聴肢病】【知的】で共通 ・年間目標ごとにA4サイズ１枚（図５）
【知的】	・教科ごとに年間でA4サイズ１枚 ・「生活単元学習」など各教科等を合わせた指導については、個別の指導計画は作成しない（図２）		

【視聴肢病】各教科の個別の指導計画

＜工夫点＞

○各教科に共通する学習上の困難とそれに対する手立て・配慮を上段に記入し、教科指導を行う各教師が踏まえるべき共通理解事項を明らかにする。

○各教科の目標が何学年相当かを記入する。

○観点別学習状況の評価（知識・技能（以下、「知」)、思考・判断・表現（以下、「思」)、主体的に学習に取り組む態度（以下、「主」)）を◎○△の３段階で評価し、通知表にリンクさせる。また、観点別学習状況の評価の根拠となる学習の様子等を記入し、授業改善につなげることができるようにした。

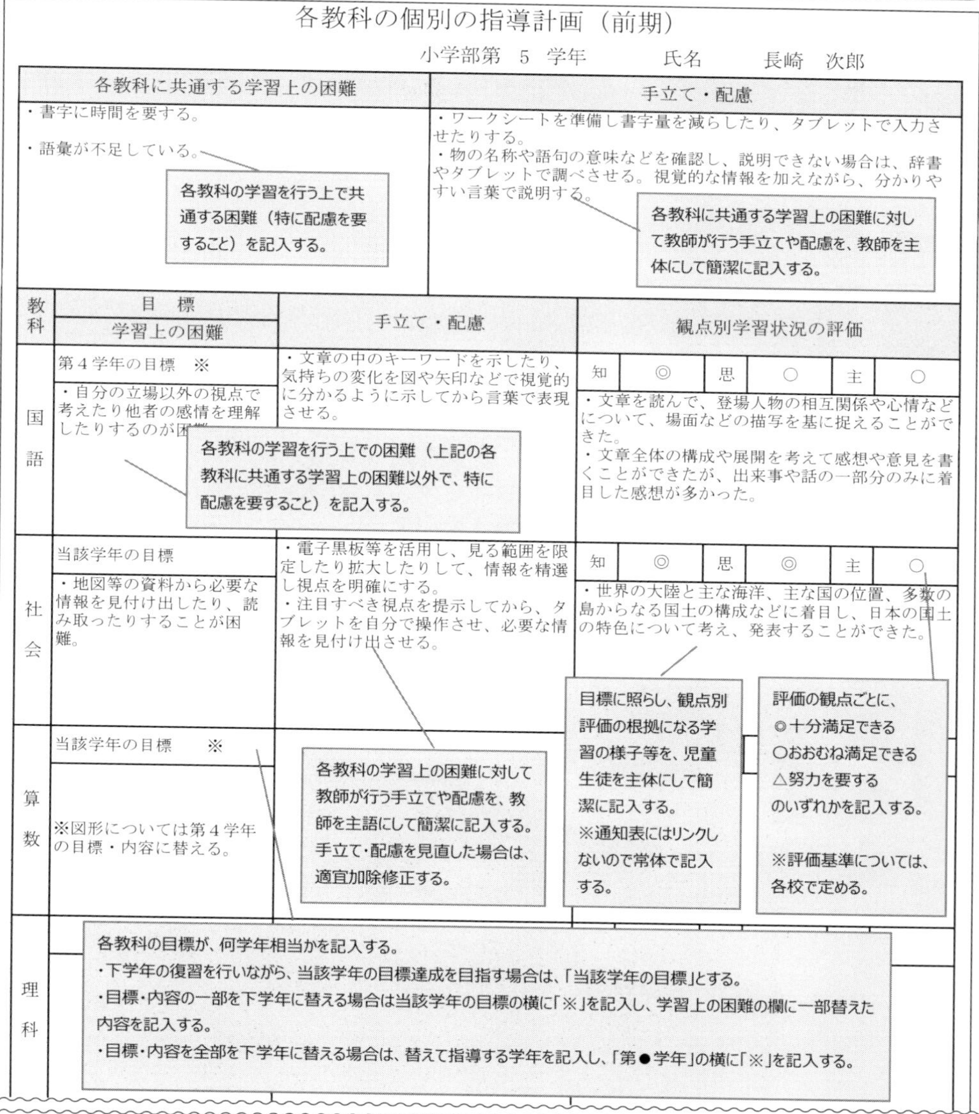

各教科の個別の指導計画（前期）

小学部第　5　学年　　　氏名　　長崎　次郎

各教科に共通する学習上の困難	手立て・配慮
・書字に時間を要する。 ・語彙が不足している。	・ワークシートを準備し書字量を減らしたり、タブレットで入力させたりする。 ・物の名称や語句の意味などを確認し、説明できない場合は、辞書やタブレットで調べさせる。視覚的な情報を加えながら、分かりやすい言葉で説明する。

教科	目標／学習上の困難	手立て・配慮	観点別学習状況の評価
国語	第４学年の目標　※ ・自分の立場以外の視点で考えたり他者の感情を理解したりするのが困難。	・文章の中のキーワードを示したり、気持ちの変化を図や矢印などで視覚的に分かるように示してから言葉で表現させる。	知 ◎　思 ○　主 ○ ・文章を読んで、登場人物の相互関係や心情などについて、場面などの描写を基に捉えることができた。 ・文章全体の構成や展開を考えて感想や意見を書くことができたが、出来事や話の一部分のみに着目した感想が多かった。
社会	当該学年の目標 ・地図等の資料から必要な情報を見付け出したり、読み取ったりすることが困難。	・電子黒板等を活用し、見る範囲を限定したり拡大したりして、情報を精選し視点を明確にする。 ・注目すべき視点を提示してから、タブレットを自分で操作させ、必要な情報を見付け出させる。	知 ◎　思 ◎　主 ○ ・世界の大陸と主な海洋、主な国の位置、多数の島からなる国土の構成などに着目し、日本の国土の特色について考え、発表することができた。
算数	当該学年の目標　※ ※図形については第４学年の目標・内容に替える。		
理科			

図１　【視聴肢病】各教科の個別の指導計画の書式及び記入例

【知的】各教科の個別の指導計画

<工夫点>

○目標の欄には、学習指導要領に示されている知的障害のある児童生徒のための各教科のどの段階の目標達成を目指すのかを記入する。（小学部３段階など）

※これまで目標の欄には「（算数）一桁の足し算ができる。」など重点をおいて指導する目標のみを記載することが多く、指導内容が偏ることがあった。数と計算以外にも、図形や測定などの領域についても指導することから、目標達成を目指す段階を記入するようにした。

○主な指導内容は、県教委が特別支援学校の学習指導要領に示されている知的障害のある児童生徒のための各教科の内容を基に具体的な指導内容を設定して構成した一覧表（以下、「知的教科・指導内容一覧」表２）から該当する指導内容を転記する。

○観点別学習状況の評価の記載内容は、通知表の学習状況にリンクするようにし、業務の効率化を図る。

○通知表には記載しないこととした、例えば、学習をしてもまだ難しいことや習得につながりにくいことなどの記載内容は、学びの履歴として記入できるよう、引継事項の欄を設けるようにした。

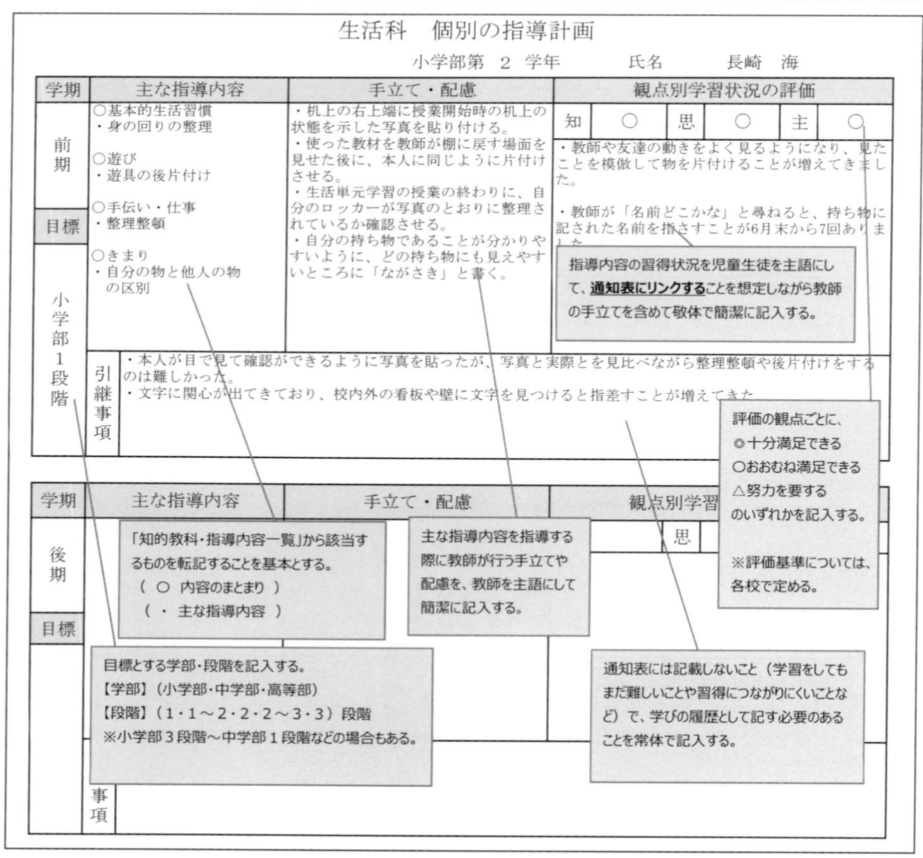

生活科　個別の指導計画

小学部第　2　学年　　氏名　　長崎　海

学期	主な指導内容	手立て・配慮	観点別学習状況の評価
前期	○基本的生活習慣 ・身の回りの整理 ○遊び ・遊具の後片付け ○手伝い・仕事 ・整理整頓 ○きまり ・自分の物と他人の物の区別	・机上の右上端に授業開始時の机上の状態を示した写真を貼り付ける。 ・使った教材を教師が棚に戻す場面を見せた後に、本人に同じように片付けさせる。 ・生活単元学習の授業の終わりに、自分のロッカーが写真のとおりに整理されているか確認させる。 ・自分の持ち物であることが分かりやすいように、どの持ち物にも見えやすいところに「ながさき」と書く。	知 ○　思 ○　主 ○ ・教師や友達の動きをよく見るようになり、見たことを模倣して物を片付けることが増えてきました。 ・教師が「名前どこかな」と尋ねると、持ち物に記された名前を指さすことが6月末から7回ありました。
目標 小学部1段階	引継事項	・本人が目で見て確認ができるように写真を貼ったが、写真と実際とを見比べながら整理整頓や後片付けをするのは難しかった。 ・文字に関心が出てきており、校内外の看板や壁に文字を見つけると指差すことが増えてきた	

学期	主な指導内容	手立て・配慮	観点別学習状況の評価
後期			思
目標	引継事項		

指導内容の習得状況を児童生徒を主語にして、**通知表にリンクする**ことを想定しながら教師の手立てを含めて敬体で簡潔に記入する。

評価の観点ごとに、
◎十分満足できる
○おおむね満足できる
△努力を要する
のいずれかを記入する。

※評価基準については、各校で定める。

「知的教科・指導内容一覧」から該当するものを転記することを基本とする。
（ ○ 内容のまとまり ）
（ ・ 主な指導内容 ）

主な指導内容を指導する際に教師が行う手立てや配慮を、教師を主語にして簡潔に記入する。

目標とする学部・段階を記入する。
【学部】（小学部・中学部・高等部）
【段階】（1・1～2・2・2～3・3）段階
※小学部３段階～中学部１段階などの場合もある。

通知表には記載しないこと（学習をしてもまだ難しいことや習得につながりにくいことなど）で、学びの履歴として記す必要のあることを常体で記入する。

図２　【知的】各教科の個別の指導計画の書式及び記入例

表２　知的教科・指導内容一覧（算数・数学より）

【算数・数学】※各領域に示されている内容のまとまりを指導内容として示している。

領域	小1段階	小2段階	小3段階	中1段階	中2段階	高1段階	高2段階
数量の基礎	具体物の有無 ものとものとの対応						
数と計算	数えることの基礎	１０までの数の数え方や表し方、構成	１００までの整数の表し方 整数の加法及び減法	整数の加法及び減法 整数の表し方 整数の乗法	整数の加法及び減法 整数の表し方 整数の乗法 整数の除法 小数の表し方 分数の表し方 数量の関係を表す式	整数の加法及び減法 整数の表し方 整数の乗法 整数の除法 数量の関係を表す式 整数及び小数の表し方 概数 小数の計算 小数の乗法と除法 分数とその計算 計算に関して成り立つ性質 整数の性質	数量の関係を表す式 分数 分数の加法、減法 分数の乗法、除法
図形	ものの類別や分類・整理	ものの分類 身の回りにあるものの形	身の回りにあるものの形 角の大きさ	図形	角の大きさ 図形 面積	平面図形 立体図形 ものの位置 平面図形の面積	平面図形 縮図や拡大図 概形やおよその面積 円の面積 体積
測定	身の回りにある具体物のもつ大きさ	二つの量の大きさ	身の回りのものの量の単位と測定 時刻や時間	量の単位と測定 時刻と時間			
変化と関係					伴って変わる二つの数量 二つの数量の関係	伴って変わる二つの数量 二つの数量の関係 異種の二つの量の割合として捉えられる数量	伴って変わる二つの数量 二つの数量の関係
データの活用		ものの分類 同等と多少 ○×を用いた表	簡単な絵や図、記号への置き換え	簡単な表やグラフの表現と読み取り	表やグラフによるデータの表現と読み取り	データの収集とその分析 測定した結果を平均する方法	データの収集とその分析 起こり得る場合

知的障害のある児童生徒のための各教科等については、図３のように教科別（領域別）の指導を行う場合や各教科等を合わせて指導を行う場合があるが、指導の形態にかかわらず、各教科等の目標に準拠した評価の観点による学習評価を行うよう共通理解を図っている。

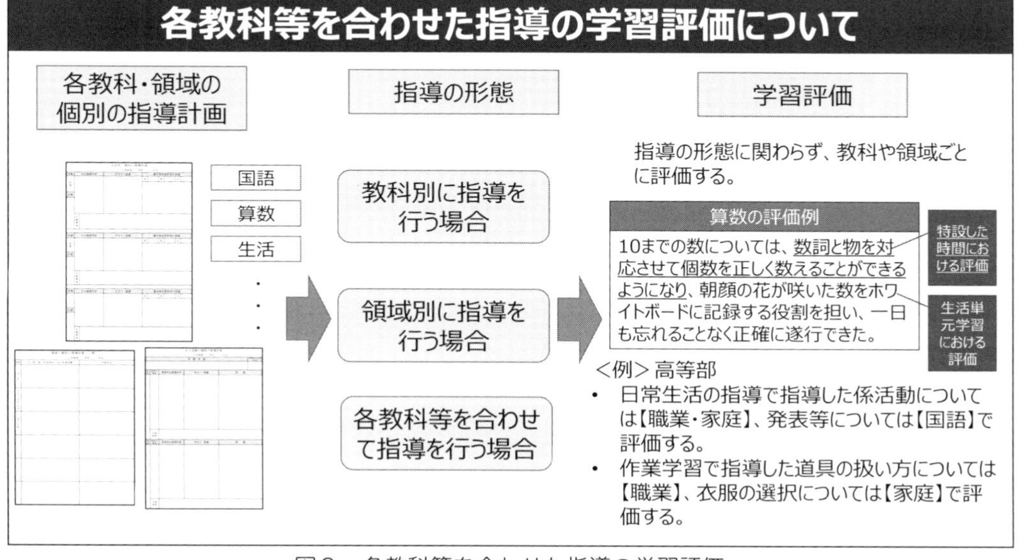

図３　各教科等を合わせた指導の学習評価

【視聴肢病】【知的】領域等の個別の指導計画

＜工夫点＞
○学習指導要領に各学部で共通の目標が示されていることから、個別の指導計画には個々の目標の記載を省略することとする。
○学習状況の記載内容は、通知表の学習状況（道徳性に係る成長の様子）にリンクするようにし、業務の効率化を図る。

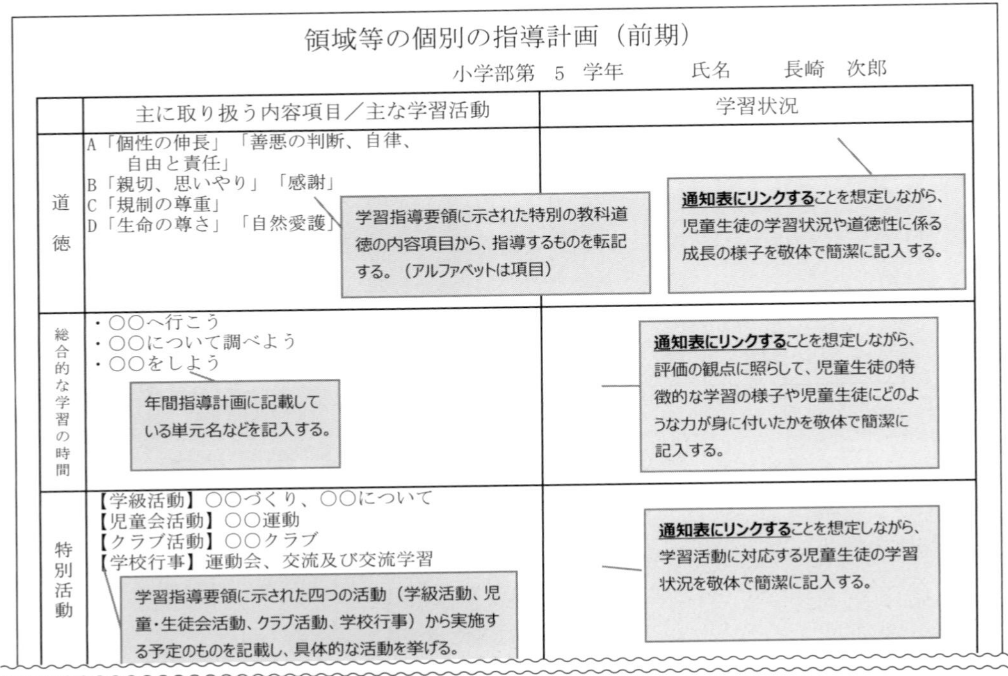

領域等の個別の指導計画（前期）

小学部第　5　学年　　　氏名　　長崎　次郎

	主に取り扱う内容項目／主な学習活動	学習状況
道徳	A「個性の伸長」「善悪の判断、自律、自由と責任」 B「親切、思いやり」「感謝」 C「規制の尊重」 D「生命の尊さ」「自然愛護」 学習指導要領に示された特別の教科道徳の内容項目から、指導するものを転記する。（アルファベットは項目）	**通知表にリンクする**ことを想定しながら、児童生徒の学習状況や道徳性に係る成長の様子を敬体で簡潔に記入する。
総合的な学習の時間	・〇〇へ行こう ・〇〇について調べよう ・〇〇をしよう 年間指導計画に記載している単元名などを記入する。	**通知表にリンクする**ことを想定しながら、評価の観点に照らして、児童生徒の特徴的な学習の様子や児童生徒にどのような力が身に付いたかを敬体で簡潔に記入する。
特別活動	【学級活動】〇〇づくり、〇〇について 【児童会活動】〇〇運動 【クラブ活動】〇〇クラブ 【学校行事】運動会、交流及び交流学習 学習指導要領に示された四つの活動（学級活動、児童・生徒会活動、クラブ活動、学校行事）から実施する予定のものを記載し、具体的な活動を挙げる。	**通知表にリンクする**ことを想定しながら、学習活動に対応する児童生徒の学習状況を敬体で簡潔に記入する。

図4　【視聴肢病】【知的】領域等の個別の指導計画の書式及び記入例

【視聴肢病】【知的】自立活動の個別の指導計画

<工夫点>

○学習指導要領に示されている実態把握から年間目標を設定するまでの手続きについては、システムでの作成が困難なため、学校独自の書式で作成する。

○システムでは、学校独自の書式で明らかになった個々の年間目標を達成するために必要な項目を記入し、それらを関連付けて設定した具体的な指導内容を記入する。

○評価は具体的な指導内容の習得状況及び年間目標に対する進捗状況を、通知表に転記することを想定しながら教師の手立てを含めて記入する。

○年間目標の達成状況が端的に分かるよう、◎○△の３段階で年度末に評価する。

自立活動の個別の指導計画

小学部第 5 学年　　氏名　長崎 次郎

年 間 目 標	年間目標に対する評価（◎○△）
一方的に話すことを調整しながら、伝えたいことを整理して話すことができる。	◎

学期	項目の関連	具体的な指導内容	手立て・配慮	評価
前期	環(2) コ(1)	相手に伝える事柄を、いつ、どこで、どうしたいかなどの項目を示した資料を見ながら順番に話す。	資料には、文字よりもイラストや写真を用いて視覚的情報として示す。	滑り台の活動において、自分の順番がきたら教師の促しがなくても5割程度は自ら手を挙げて始めるようになりました。
	人(2) 環(2) コ(5)	相手の話を聞きながら話したり、穏やかな口調や表情で相手に接したりすることを、日常会話の様子を撮影した動画から学ぶ。	動画の中の注目してほしいところで教師が一時停止することから始め、次第に自分で気付けるようにする。	6月上旬頃から落ち着いて腰を下ろしている時間が長くなり、前に並んでいる友達よりも先に始めようとすることがなくなりました。
	心(1) 人(3)	気持ちが不安定になったときに、その場を一時的に離れ、体を動かすなどして発散する。	タイムタイマーを使って、学習の場に戻ってくる時刻を分かりやすく示す。	開始当初は滑り台を滑り終わったり、平均台を渡り終わったりしたあとに、すぐに列の終わりに並ぶのは難しかったのですが、教師が「赤いテープの上を歩いてきてね」と伝えることで、テープに沿って列に戻ってくることが習慣づいてきました。
	引継事項	「いきます」と教師と一緒に言えたのは、前期の中で５割程度だった。 前にいる友達の動きに追随して前に少しずつ歩を進めることは教師の言葉かけがないと難しかった。 教師がテープを見るように促さなくてもテープを確認できたことは前期の中で5回程度だった。		

学期	項目の関連	具体的な指導内容	手立て・配慮	評価
後期				

図５　【視聴肢病】【知的】自立活動の個別の指導計画の書式及び記入例

❸ 通知表の書式について

通知表は、「表紙」「通知表の見方」「指導及び出欠に関する記録」「修了証書」で構成することとし、「通知表の見方」については校訓を入れたりなどすることからシステムでは作成せず、学校独自の書式で作成するようにした。また、これまで多くの学校の通知表に設けられていた「所見」や「保護者記入欄」については、日頃から連絡帳や面談等で情報共有ができていることを前提に削除することとし、担任印及び保護者印は不要とした。図6-1・6-2、図7-1・7-2は「指導及び出欠に関する記録」の書式である。

図6-1・6-2の【視聴肢病】の通知表では、各教科の観点別学習状況の評価や領域等の学習状況については、個別の指導計画とリンクしている。また、学びの連続性の観点から、小・中学校や高等学校の通知表の書式とも比較しながら検討し、小学部用と中学部用では、各教科の評価の三つの観点を文章で記載し、高等部では観点を記載しないこととした。

図7-1・7-2の【知的】の通知表では、各教科及び領域等の学習状況については個別の指導計画とリンクしている。各教科の主な指導内容、領域等の主な学習活動（内容項目）及び自立活動の指導内容、学習状況は、個別の指導計画を参照しながら保護者に伝える必要がある内容のみを抜粋して記載することとした。基本的な構成は、教育の内容で枠の数が異なること以外は、全学部で共通である。

【前期】<高学年用>　　小学部第5学年　　氏名（　長崎　次郎　　）

【前期】　　小学部第５学年　　氏名（　長崎　次郎　）

教科		観　点	評価	評定
国語※	知	日常生活に必要な国語の知識や技能を身に付けているとともに、我が国の言語文化に親しんだり理解したりしている。	◎	2
	思	筋道立てて考える力や豊かに感じたり想像したりする力を養い、日常生活における人との関わりの中で伝え合う力を高め、自分の思いや考えを広げている。	○	
	主	言葉を通じて積極的に人と関わったり、思いや考えを広げたりしながら、言葉がもつよさを認識しようとしているとともに、進んで読書をし、言葉をよりよく使おうとしている。	○	
社会	知			
	思			
	主			
算数	知			
	思			
	主			
理科	知			
	思			
	主			
音楽	知			
	思			
	主			
図画工作	知			
	思			
	主			
家庭	知			
	思			
	主			
体育	知			
	思			
	主			

図６-１　【視聴肢病】通知表（小学部５、６年用）の書式①

【前期】<高学年用>　小学部第5学年　氏名（　長崎　次郎　）

【前期】　小学部第５学年　氏名（　長崎　次郎　）

教科		観　点	評価	評定
外国語	知			
	思			
	主			

	主な内容項目	学習状況及び道徳性に係る成長の様子
道徳		
	主な学習活動	学習状況
総合的な学習の時間		
特別活動		

	指導内容	学習状況
自立活動		

学校生活の様子	評価
自他の安全に努め、礼儀正しく行動し、節度を守り節制に心掛ける。	○
心身の健康の保持増進と体力の向上に努め、元気に生活をする。	
夢や希望をもってより高い目標を立て、当面の課題に根気強く取り組み、努力する。	
自分の役割と責任を自覚し、信頼される行動をする。	○
進んで新しい考えや方法を求め、工夫して生活をよりよくしようとする。	
思いやりと感謝の心をもち、異なる意見や立場を尊重し、力を合わせて集団生活の向上に努める。	
自他の生命を大切にし、自然を愛護する。	
働くことの意義を理解し、人や社会の役に立つことを考え、進んで仕事や奉仕活動をする。	○
だれに対しても差別をすることや偏見をもつことなく、正義を大切にし、公正・公平に行動する。	○
規則を尊重し、公徳を大切にするとともに、我が国や郷土の伝統と文化を大切にし、学校や人々の役に立つことを進んで行う。	

区分／月	授業日数	停止・忌引	出席すべき日数	欠席日数		出席日数
				病欠	事故欠	

確認欄

図6-2　【視聴肢病】通知表（小学部5、6年用）の書式②

前 期　　　小学部第2学年　　　氏名（　長崎 海　）

教科	主な指導内容	学習状況
生活	○基本的生活習慣 ・身の回りの整理 ○手伝い・仕事 ・整理整頓 ○きまり ・自分の物と他人の物の区別	・教師や友達の動きをよく見るようになり、見たことを模倣して物を片付けることが増えてきました。 ・教師が「名前どこかな」と尋ねると、持ち物に記された名前を指さすことが6月末から7回ありました。
国語		
算数	○数量の基礎 ・具体物の有無に関すること ・ものとものとを対応させること ○測定 ・身の回りにある具体物のもつ大きさ	・教師がタオルをかけてものを隠しても、すぐにタオルをとって見つけ出しました。 ・写真や絵と手に持った具体物とを交互によく見て、同じもの同士を組み合わせることができました。 ・教師が二つのトマトを提示して「どちらが大きいかな」と尋ねると、正答率は3割程度でした。
音楽		
図画工作		
体育		

図 7-1 【知的】通知表（小学部用）の書式①

前　期　　　　　　　　　　　　　　　　小学部第2学年　　　氏名（　長崎　海　　）

	主な内容項目	学習状況及び道徳性に係る成長の様子
道徳	○よりよい学校生活、集団生活の充実 ○自然愛護	・チャイムが鳴ったら椅子に座るということが定着しつつあり、教師から促されることが減りました。 ・プランターに植えた花の成長を確認するために、一日に数回ベランダに出たいと教師に伝えました。

	主な学習活動	学習状況
外国語活動		
特別活動	○学級活動 ・係活動 ○学校行事 ・避難訓練	

	指導内容	学習状況
自立活動	・自分の順番がきたら、挙手をして「いきます」と言ってから活動を始める。 ・前に並んでいる友達の様子をよく見て、少しずつ前に進んだり、腰を下ろしたりする。 ・自分の活動が終わったら、友達が並んでいる列の最後を確認して並ぶ。	滑り台の活動において、自分の順番が来たら教師の促しがなくても5割程度は自ら手を挙げて始めるようになりました。 6月になる頃から落ち着いて腰を下ろしている時間が長くなり、前に並んでいる友達よりも先に始めようとすることがなくなりました。 開始当初は滑り台を滑り終わったり、平均台を渡り終わったりしたあとに、すぐに列の終わりに並ぶのは難しかったですが、教師が「赤いテープの上を歩いてきてね」と伝えることで、テープに沿って列に戻ってくることが習慣づいてきました。

区分／月	授業日数	停止・忌引	出席すべき日数	欠席日数		出席日数
				病欠	事故欠	
4月						
5月						
6月						
7月						
8月						
9月						

確認欄

図 7-1　【知的】通知表（小学部用）の書式②

(3) 成果と課題

令和４年度から個別の指導計画と通知表の県統一書式を全ての県立特別支援学校で使用し、システムの試験的な運用を開始したばかりであるため、現在は「慣れる」「理解する」段階である。よって、特別支援学校の学習指導要領及び学習評価参考資料等を踏まえた学習評価の実践や校務の効率化などにどの程度つながっているかを、具体的に評価するまでには至っていない状況である。ただし、今回の取組には、二つの意義があったと感じている。

一つ目は、個別の指導計画、通知表、指導要録が、教育の内容ごとに作成できるようになったことである。これまで指導要録については、教育の内容ごとに記載していたが、知的障害者である児童生徒に対する教育を行う特別支援学校の場合は、「生活単元学習の個別の指導計画はあるが、教科別の指導を実施していない理科や社会の個別の指導計画がない」、「通知表は時間割上の名称ごとに記載されており、教育の内容に対する学習状況が明確になっていない」などの課題があった。これらの課題は今回の書式統一により改善され、教育の内容ごとに個別の指導計画→通知表→指導要録の事務業務を一連の流れでリンクさせながら作成できるようになった。このことは、教職員の業務負担の軽減だけでなく、学習評価が教育課程の改善につながるものと期待している。

二つ目は、【知的】の個別の指導計画において、各教科の内容に基づく具体的な指導内容を教職員間で共有できるようになったことである。これまでは、「指導内容ではなく、活動内容を記載している」、「学習指導要領を参考にしながら指導内容を記載しているが、記載している文言が学校や教職員間で異なっている」などの課題があった。今回、県教委が作成する知的教科・指導内容一覧から指導内容を抜粋するようにしたことで、学習指導要領に示された各教科の内容の何を指導するかが明確になり、教職員間で共通理解しやすくなった。今後は、各教科の内容の選択に関するバランスは適切か、内容の漏れはないかなど、学習の履歴を把握する際の資料としても活用していきたい。

今後の課題については、学習評価の充実を個別の指導計画の評価と教育課程の改善につなげていくことである。個別の指導計画では、観点別学習状況について学期ごとに３段階で評価するようにしたが、判断基準については各校で研究しているところであり、単元末・学期末の評価の総括の仕方についても試行錯誤しながらよりよい方法を模索しているところである。

また、システム導入により個別の指導計画の評価を学級ごと、教科等ごとに集約し、集団の一覧表として出力できるようになった。今後は、図８のように教育課程の実施

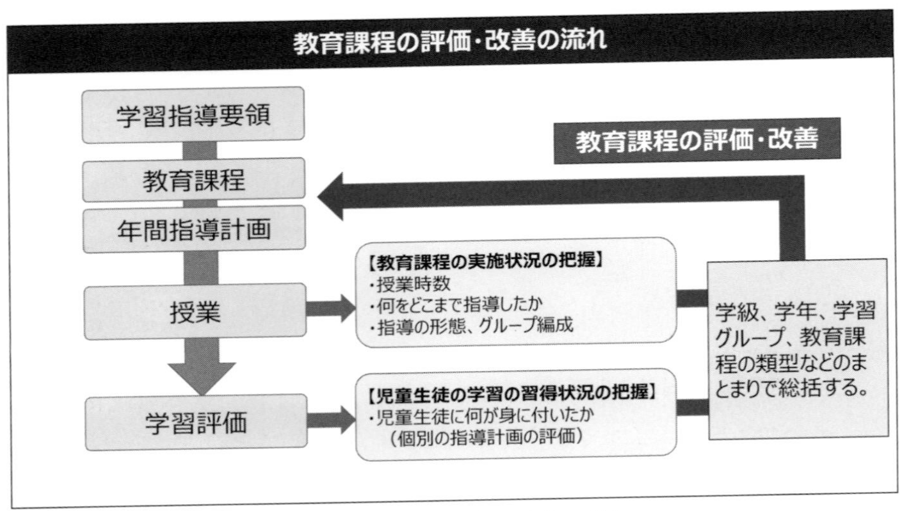

図８　教育課程の評価・改善の流れ

状況を把握するとともに、個別の指導計画に基づいて児童生徒に何が身に付いたのかを的確に捉え、学級、学年、学習グループ、教育課程の類型などのまとまりで総括しながら、教育課程の評価・改善につなげていく仕組みを構築していきたい。

《引用・参考文献／サイト》
一木薫（2020）『特別支援教育のカリキュラム・マネジメント』慶應義塾大学出版社
文部科学省（2017）「特別支援学校小学部・中学部学習指導要領」
文部科学省（2019）「特別支援学校高等部学習指導要領」
文部科学省（2020）「特別支援学校学習指導要領解説　総則編（小学部・中学部）」
文部科学省（2020）「特別支援学校学習指導要領解説　各教科等編（小学部・中学部）」
文部科学省（2021）「特別支援学校学習指導要領解説　知的障害者教科等編（上）（下）（高等部）」
文部科学省（2022）「特別支援学校小学部・中学部　学習評価参考資料」
文部科学省「学校におけるICT環境の整備について（教育のICT化に向けた環境整備５か年計画（2018（平成30）〜2022年度））」
https://www.mext.go.jp/a_menu/shotou/zyouhou/detail/1402835.htm

Comment

本実践は、校務運営システム構築もさることながら、個別の指導計画の書式（各教科、領域等、自立活動）が、学習指導要領の趣旨を十分に踏まえたものになっており、大変参考になるものである。特に、知的障害における各教科の個別の指導計画においては、活動内容ではなく指導内容を記載することで、学びの履歴としての活用に留まらず、授業改善や教育課程の改善につなげるための書式として期待される。

（菅野 和彦）

資　料

特別支援学校教諭免許状
コアカリキュラム

特別支援学校教諭免許状コアカリキュラム

令和４年７月２７日

特別支援教育を担う教師の養成の在り方等に関する検討会議

目次

「特別支援学校教諭免許状コアカリキュラム」の作成の背景と考え方

（1）　作成の背景

令和３年１月 25 日に「新しい時代の特別支援教育の在り方に関する有識者会議」において報告（以下、「有識者会議報告」という。）が、同年１月 26 日には中央教育審議会において、答申「「令和の日本型学校教育」の構築を目指して～全ての子供たちの可能性を引き出す、個別最適な学びと、協働的な学びの実現～」（以下「中教審答申」という。）が取りまとめられた。

これらの会議においては、特別支援教育を担う教師の専門性の向上について、

- ・特別支援教育の充実において、教師の養成機関である大学が果たす役割は大きく、引き続き、教師の養成等の充実を図ることが重要であること
- ・特別支援学校の幼児児童生徒への指導や特別支援学校がセンター的機能を果たす上で最低限必要な資質や専門性を教職課程で得られるようにする必要があること
- ・このため、教育職員免許法体系に、特別支援学校学習指導要領等を根拠にした、自立活動、知的障害者である子供に対する教育を行う特別支援学校の各教科等、重複障害者等に関する教育課程の取扱いや発達障害を位置付け、その際、基礎となる免許状を取得する際に修得した内容との関連や接続も考慮すること
- ・加えて、見直した教職課程の内容や水準を全国的に担保するため、小学校等の教職課程同様、共通的に修得すべき資質・能力を示したコアカリキュラムを策定することが必要であること
- ・その際、特別支援学校教諭免許状は現職教員が勤務年数等を加味し取得する単位数を軽減して取得する場合も多いことから、新たに策定するコアカリキュラムが免許法認定講習等においても参考となるよう留意すること

等の提言がされたところである。

こうした提言を契機に、「特別支援教育を担う教師の養成の在り方等に関する検討会議」（以下「検討会議」という。）が開催され、同検討会議の下に、「特別支援学校教諭の教職課程コアカリキュラムに関するワーキンググループ」（以下「ワーキンググループ」という。）を設置し検討を行うこととなった。

（2）　作成の目的

「教職課程コアカリキュラム（令和３年８月４日教員養成部会決定）」（以下「基礎免コアカリキュラム」という。）は、教育職員免許法及び同施行規則に基づき全国すべての大学の教職課程で共通的に修得すべき資質能力を示すものである。

各大学においては、基礎免コアカリキュラムの定める内容を学生に修得させた上で、これに加え、地域や学校現場のニーズに対応した教育内容や、大学の自主性や独自性を発揮した教育内容を修得させることが当然である。したがって、「特別支援学校教諭免許状コアカリキュラム」（以下「本コアカリキュラム」という。）についても、地域や学校現場のニーズ、大学の自主性や独自性が教職課程に反映されることを阻害するものではなく、むしろ、それらを尊重した上で、各大学が責任をもって教員養成に取り組み教師を育成する仕組みを構築することで教職課程全体の質の保証を目指すものである。

（3）　本コアカリキュラムの作成方針・留意点

有識者会議報告及び中教審答申の提言を踏まえ、教員養成段階で現状以上の単位の取得を求めることは、学生の過度な負担となり特別支援学校の教師を目指す者の減少にもつながる懸念があることから、現行の教育職員免許法施行規則第７条に規定する各欄の各科目や総単位数及び備考各号の事項並

1

びに検討会議が指揮する方向性を踏まえて作成した。

また、実際の作成に当たっては、次のことに留意した。

・先行する「基礎免コアカリキュラム」の構成等を参考にすること。
・基礎免コアカリキュラムの目標との系統に留意すること。
・教育職員免許法施行規則第７条に規定する各欄の各科目や総単位数及び備考各号の事項の間の関連に留意すること。
・有識者会議報告等の提言を踏まえ、特別支援学校学習指導要領等（平成 29 年４月公示・平成 31 年２月公示）及びその解説、「障害のある子供の教育支援の手引～子供たち一人一人の教育的ニーズを踏まえた学びの充実に向けて～」（令和３年６月　文部科学省初等中等教育局特別支援教育課）等を根拠としながら、学生が共通的に理解すべき基礎的な範囲でミニマムエッセンシャルとなるよう検討すること。

本コアカリキュラムの構成は、先行する基礎免コアカリキュラムに倣い、教職課程の各欄の科目に含めることが必要な事項について、当該事項を履修することによって学生が修得する資質能力を「全体目標」、全体目標を内容のまとまりごとに分化させた「一般目標」、学生が一般目標に到達するために達成すべき個々の規準を「到達目標」として表すものとした。なお、これらの目標は教職課程における教育内容について規定したものであって、目標の数が大学における授業科目の単位数や授業回数等を縛るものではない。さらに、学生が教育内容を修得する上で有効である等との理由から、大学の実際の授業において、授業科目に該当する欄とは別の欄の教育内容を、実際に実施する授業科目において関連付けて扱うことを制限するものでもない。

また、心身に障害のある幼児、児童又は生徒についての教育実習については、基礎免コアカリキュラムにおける「教育実習（学校体験活動）」の目標を参照することができることから、新たにコアカリキュラムを作成する必要はないと判断した。

ワーキンググループにおいては、第２欄及び第３欄に含まれる各障害領域の「心理、生理及び病理」並びに「教育課程及び指導法」の事項に関する目標を設定する際、次のことに留意した。

・基礎免コアカリキュラムに示す目標との重複は避け、資質能力の関連を踏まえながら、広がりや深まりの観点から検討すること。
・全体目標を教育内容のまとまりごとに分化させた「一般目標」と「到達目標」については、横断的な視点で整理に努めること。
・基礎免コアカリキュラムに倣い、「到達目標」の目標水準は「理解すること」を基本とすること。なお、基本的な目標水準を踏まえた発展的な目標を設定する場合は、基礎免コアカリキュラムの目標水準の範囲とすること。
・「指導法」など大学によって想起する教育内容やその範囲が異なるような曖昧な用語の使用は控えること。なお、特別支援学校の教育において適用できると思われる指導法及びその裏付けとなっている理論は多様に想定されるため、特定の方法論の表記は避けるとともに、全国すべての大学の教職課程で共通的に修得すべき資質能力を示すという本コアカリキュラムの作成の目的を踏まえ、一般的で、統一感のある表現の工夫に努めること。
・「等」の使用については、学生が一般目標に到達するために達成すべき個々の規準を「到達目標」として表すものとすることから、できる限り達成してほしい目標を具体的に示すよう努めること。

教職課程で修得すべき資質能力については、学校を巡る状況の変化やそれに伴う制度改正（教育職員免許法施行規則、学習指導要領等）によって、今後も変化しうるものであるため、本コアカリキュラムについては、今後も必要に応じて改訂を行っていくことが有り得るものとする。

（４）　本コアカリキュラムの活用について

2

教職課程の質の保証や教師の資質能力の向上のためには、教師を養成する大学、教師を採用・研修する教育委員会や学校法人等、教育制度を所管する文部科学省等の各関係者が認識を共有して取組を進めていく必要がある。本コアカリキュラムを活用した教員養成の質保証を実現するために、教師の養成・採用・研修、又人事異動やキャリアパス等に関わる各関係者においては、以下の点に留意し、本コアカリキュラムを活用することが求められる。

[大学関係者]

- 各教員養成大学において教職課程を編成する際には、本コアカリキュラムの教育内容や該当欄に示している留意事項等を十分踏まえるとともに、教育委員会等が定める「校長及び教員としての資質の向上に関する指標」を参照し、大学や担当教員による創意工夫を加え、体系性をもった教職課程になるように留意すること。
- 教職課程の担当教師一人一人が担当科目のシラバスを作成する際や授業等を実施する際に、学生が当該事項に関する本コアカリキュラムの「全体目標」、「一般目標」、「到達目標」の内容を修得できるよう授業を設計・実施し、大学として責任をもって単位設定を行うこと。
- 教職課程を履修する学生に対して、本コアカリキュラムや教育委員会が定める「校長及び教員としての資質の向上に関する指標」等の内容も踏まえ、早い段階から教師としての適性を見極める機会を提供したり、卒業時までに修得すべき資質能力についての見通しをもたせたりして学べるように指導すること。

[採用者（教育委員会関係者、学校法人関係者等）]

- 教員養成を担う全国の大学で本コアカリキュラムの教育内容を反映させた教員養成が行われるようになることを前提として、これを踏まえた教員採用選考や免許法認定講習の実施や「校長及び教員としての資質の向上に関する指標」の検討を行うこと。

[国（文部科学省）]

- 大学や教育委員会等の関係者に対して、本コアカリキュラムやその活用について理解されるよう広く周知を行うこと。
- 本コアカリキュラムが、各大学の教職課程の質保証につながるよう、教職課程の審査・認定及び実地視察において、本コアカリキュラムを活用すること。

今後、本コアカリキュラムが各関係者において、広く、効果的に活用され、基礎免コアカリキュラムとの関連において、更なる教職課程の質保証につなげていくとともに、教師の資質能力、ひいては我が国の学校における特別支援教育の質の向上に寄与することを期待する。

第１欄

特別支援教育の基礎理論に関する科目

科目に含めることが必要な事項	一般目標数	到達目標数
特別支援教育の理念並びに教育に関する歴史及び思想	3	6
特別支援教育に関する社会的、制度的又は経営的事項	3	7

4

特別支援教育の理念並びに教育に関する歴史及び思想

全体目標： 特別支援教育の理念とは何か、また、障害のある幼児、児童又は生徒の学校教育に関する歴史や思想において、特別支援教育の基本的な考え方がどのように現れてきたかについて学ぶとともに、これまでの特別支援教育及び特別支援学校の営みがどのように捉えられ、変遷してきたのかを理解する。

（1）特別支援教育の理念

一般目標： 特別支援教育の理念と特別支援学校に関する制度との相互の関係を理解する。

到達目標：
1）特別支援教育制度の成立と障害者の権利に関する条約に基づくインクルーシブ教育システムの理念を踏まえた特別支援教育への展開を理解している。
2）特別支援教育制度における特別支援学校が有する機能・役割を理解している。

（2）特別支援教育の歴史

一般目標： 障害のある幼児、児童又は生徒の教育に関する歴史、特殊教育の果たしてきた役割や障害者施策を巡る動向の変化を踏まえつつ、現代に至るまでの特別支援教育の基本的な考え方及び特別支援学校の変遷を理解する。

到達目標：
1）障害のある幼児、児童又は生徒の教育に関する歴史、特殊教育の果たしてきた役割や障害者施策を巡る動向の変化を踏まえつつ、特別支援教育制度の成立と展開を理解している。
2）現代社会における特別支援学校における教育課題を歴史や障害者施策の視点から理解している。

（3）特別支援教育の思想

一般目標： 特別支援教育の思想と特別支援教育の理念や実際の特別支援学校の教育との関わりを理解する。

到達目標：
1）障害のある幼児、児童又は生徒に関わる教育の思想を理解している。
2）特別支援学校や学習に関わる教育の思想を理解している。

特別支援教育に関する社会的、制度的又は経営的事項

全体目標：　現代の特別支援学校の教育に関する社会的、制度的又は経営的事項のいずれかについて、基礎的な知識を身に付けるとともに、それらに関連する課題を理解する。

（1－1）特別支援教育に関する社会的事項

一般目標：　社会の状況を理解し、その変化が特別支援学校の教育にもたらす影響とそこから生じる課題、並びにそれに対応するための教育政策の動向を理解する。

到達目標：
1）特別支援学校を巡る近年の様々な状況の変化及び子供の生活の変化を踏まえた指導上の課題を理解している。
2）近年の特別支援教育政策の動向を理解している。

（1－2）特別支援教育に関する制度的事項

一般目標：　特別支援学校の公教育制度を構成している教育関係法規を理解するとともに、そこに関連する特別支援学校教育要領・学習指導要領が有する役割・機能・意義を理解する。

到達目標：
1）特別支援学校の目的及び教育目標と国が定めた教育課程の基準との相互関係を理解している。
2）特別支援学校教育要領・学習指導要領の性格及びそこに規定する自立活動や知的障害者である児童生徒に対する教育を行う特別支援学校の教科、重複障害者等に関する教育課程の取扱いの基礎的な考え方を理解している。

（1－3）特別支援教育に関する経営的事項

一般目標：　特別支援学校や教育行政機関の目的とその実現について、経営の観点から理解する。

到達目標：
1）特別支援学校の目的や教育目標を実現するための学校経営の望むべき姿を理解している。
2）幼児、児童又は生徒の障害の状態や特性及び心身の発達の段階等を踏まえた学級経営の基本的な考え方を理解している。
3）教職員や学校外の関係者・関係機関との連携・協働の在り方や重要性を理解している。

6

第２欄

特別支援教育領域に関する科目

科目	一般目標数	到達目標数
心身に障害のある幼児、児童又は生徒の心理、生理及び病理に関する科目		
● 視覚障害者に関する教育の領域	1	3
● 聴覚障害者に関する教育の領域	1	3
● 知的障害者に関する教育の領域	1	3
● 肢体不自由者に関する教育の領域	1	3
● 病弱者（身体虚弱者を含む）に関する教育の領域	1	3
心身に障害のある幼児、児童又は生徒の教育課程及び指導法に関する科目		
● 視覚障害者に関する教育の領域	3	10
● 聴覚障害者に関する教育の領域	3	9
● 知的障害者に関する教育の領域	3	11
● 肢体不自由者に関する教育の領域	3	9
● 病弱者（身体虚弱者を含む）に関する教育の領域	3	9

心身に障害のある幼児、児童又は生徒の心理、生理及び病理

‐ 視覚障害者に関する教育の領域 ‐

全体目標：

視覚障害のある幼児、児童又は生徒の視機能の低下の要因となる病理面と心理面及び生理面の特徴並びにそれらの相互作用について理解し、幼児、児童又は生徒一人一人の知覚や認知の特性等を理解するとともに、家庭や関係機関との連携について理解する。

（1）視覚障害のある幼児、児童又は生徒の心理、生理及び病理の理解と障害の状態等の把握

一般目標：

視機能の低下の要因となる病理面と心理面及び生理面の特徴並びにそれらの相互作用について理解し、幼児、児童又は生徒一人一人の視知覚や触知覚及び認知の特性を把握することを理解するとともに、家庭や医療機関との連携について理解する。

到達目標：

1）視機能の低下の要因となる病理面と心理面及び生理面の特徴並びにそれらの相互作用について理解している。
2）観察や検査を通して、見え方に困難のある幼児、児童又は生徒一人一人の視知覚や触知覚及び認知の特性を把握することを理解している。
3）家庭や医療機関との連携の重要性について理解している。

心身に障害のある幼児、児童又は生徒の教育課程及び指導法

— 教育課程 —

– 視覚障害者に関する教育の領域 –

全体目標：　特別支援学校教育要領・学習指導要領を基準として特別支援学校（視覚障害）において編成される教育課程について、その意義や編成の方法を理解するとともに、カリキュラム・マネジメントについて理解する。

（1）教育課程の編成の意義

一般目標：　特別支援学校（視覚障害）の教育において教育課程が有する意義を理解する。

到達目標：
1）生きる力として知・徳・体に加え、障害による学習上又は生活上の困難を改善・克服する力を育むことを目指すために教育課程を編成することについて理解している。

（2）教育課程の編成の方法とカリキュラム・マネジメント

一般目標：　幼児、児童又は生徒の視覚障害の状態や特性及び心身の発達の段階等並びに特別支援学校（視覚障害）の教育実践に即した教育課程の編成の方法とカリキュラム・マネジメントの考え方を理解する。

到達目標：
1）視覚障害の状態や特性及び心身の発達の段階等並びに学習の進度を踏まえ、各教科等の教育の内容を選定し、組織し、それらに必要な授業時数を定めて編成することを理解している。
2）各教科等の年間指導計画を踏まえ、個々の幼児、児童又は生徒の実態に応じて適切な指導を行うために個別の指導計画を作成することを理解している。
3）自立活動の指導における個別の指導計画の作成と内容の取扱いについて理解するとともに、教科と自立活動の目標設定に至る手続の違いを理解している。
4）個別の指導計画の実施状況の評価と改善を、教育課程の評価と改善につなげることについて、カリキュラム・マネジメントの側面の一つとして理解している。

心身に障害のある幼児、児童又は生徒の教育課程及び指導法

— 指導法 —

－ 視覚障害者に関する教育の領域 －

全体目標： 視覚障害のある幼児、児童又は生徒の障害の状態や特性及び心身の発達の段階等を踏まえた各教科等（「自立活動」を除く。*）の指導における配慮事項について理解し、具体的な授業場面を想定した授業設計を行う方法を身に付ける。

＊ 以下、この「指導法」における「各教科等」について同様とする。

（1）各教科等の配慮事項と授業設計

一般目標： 視覚障害の状態や特性及び心身の発達の段階等を踏まえた各教科等の指導における配慮事項について理解するとともに、自立活動及び自立活動の指導と関連付けた具体的な授業場面を想定した授業設計を行う方法を身に付ける。

到達目標：

1）視覚障害の状態や特性及び心身の発達の段階等を踏まえ、各教科等に必要な的確な概念の形成を図り、言葉を正しく理解し活用できるようにするために、聴覚、触覚及び保有する視覚を活用した具体的な学習活動について理解している。

2）視覚障害の状態や特性及び心身の発達の段階等を踏まえ、環境を整えることを通して空間や時間の概念を養い、見通しをもって意欲的な学習活動を展開することを理解している。

3）視覚障害の状態や特性及び心身の発達の段階等を踏まえ、幼児、児童又は生徒が効率的に学習に取り組むため、使用する文字を系統的に習得することができるよう指導を工夫したり、指導内容を精選したりする基本的な考え方について理解している。

4）視覚障害の状態や特性及び心身の発達の段階等を踏まえ、主体的な学習ができるようにするために、視覚補助具やＩＣＴ及び触覚教材、拡大教材及び音声教材の活用について理解している。

5）視覚障害の状態や特性及び心身の発達の段階等に応じた自立活動及び自立活動の指導との関連を踏まえた各教科等の学習指導案を作成することができるとともに、授業改善の視点を身に付けている。

心身に障害のある幼児、児童又は生徒の心理、生理及び病理

－ 聴覚障害者に関する教育の領域 －

全体目標： 聴覚障害のある幼児、児童又は生徒の聴覚器官の病理面と心理面及び生理面の特徴並びにそれらの相互作用について理解し、幼児、児童又は生徒一人一人の聞こえや言語発達の状態等を理解するとともに、家庭や関係機関との連携について理解する。

（1）聴覚障害のある幼児、児童又は生徒の心理、生理及び病理の理解と障害の状態等の把握

一般目標： 聴覚障害の起因となる聴覚器官の病理面と心理面及び生理面の特徴並びにそれらの相互作用について理解し、幼児、児童又は生徒一人一人の聞こえの状態と言語面及び心理面の特性と発達を把握することを理解するとともに、家庭や保健、医療、福祉及び労働機関との連携について理解する。

到達目標：

1）聴覚障害の起因となる聴覚器官の病理面と心理面及び生理面の特徴並びにそれらの相互作用について理解している。
2）観察や検査を通して聴覚障害のある幼児、児童又は生徒一人一人の聞こえの状態と言語面及び心理面の特性と発達を把握することを理解している。
3）家庭や保健、医療、福祉及び労働機関との連携の重要性について理解している。

心身に障害のある幼児、児童又は生徒の教育課程及び指導法

― 教育課程 ―

- 聴覚障害者に関する教育の領域 -

全体目標：
特別支援学校教育要領・学習指導要領を基準として特別支援学校（聴覚障害）において編成される教育課程について、その意義や編成の方法を理解するとともに、カリキュラム・マネジメントについて理解する。

（1）教育課程の編成の意義

一般目標：
特別支援学校（聴覚障害）の教育において教育課程が有する意義を理解する。

到達目標：
1）生きる力として知・徳・体に加え、障害による学習上又は生活上の困難を改善・克服する力を育むことを目指すために教育課程を編成することについて理解している。

（2）教育課程の編成の方法とカリキュラム・マネジメント

一般目標：
幼児、児童又は生徒の聴覚障害の状態や特性及び心身の発達の段階等並びに特別支援学校（聴覚障害）の教育実践に即した教育課程の編成の方法とカリキュラム・マネジメントの考え方を理解する。

到達目標：
1）聴覚障害の状態や特性及び心身の発達の段階等並びに学習の進度を踏まえ、各教科等の教育の内容を選定し、組織し、それらに必要な授業時数を定めて編成することを理解している。
2）各教科等の年間指導計画を踏まえ、個々の幼児、児童又は生徒の実態に応じて適切な指導を行うために個別の指導計画を作成することを理解している。
3）自立活動の指導における個別の指導計画の作成と内容の取扱いについて理解するとともに、教科と自立活動の目標設定に至る手続の違いを理解している。
4）個別の指導計画の実施状況の評価と改善を、教育課程の評価と改善につなげることについて、カリキュラム・マネジメントの側面の一つとして理解している。

心身に障害のある幼児、児童又は生徒の教育課程及び指導法

― 指導法 ―

－ 聴覚障害者に関する教育の領域 －

全体目標：　聴覚障害のある幼児、児童又は生徒の障害の状態や特性及び心身の発達の段階等を踏まえた各教科等（「自立活動」を除く。*）の指導における配慮事項について理解し、具体的な授業場面を想定した授業設計を行う方法を身に付ける。

* 以下、この「指導法」における「各教科等」について同様とする。

（1）各教科等の配慮事項と授業設計

一般目標：　聴覚障害の状態や特性及び心身の発達の段階等を踏まえた各教科等の指導における配慮事項について理解するとともに、自立活動及び自立活動の指導と関連付けた具体的な授業場面を想定した授業設計を行う方法を身に付ける。

到達目標：

1）聴覚障害の状態や特性及び心身の発達の段階等を踏まえ、各教科等の指導に必要となる聴覚の活用や音声、文字、手話、指文字など多様な意思の伝達の方法を適切に選択・活用することについて理解している。
2）聴覚障害の状態や特性及び心身の発達の段階等を踏まえ、各教科等の指導に必要となる言語概念の形成を図り、体験的な活動を通して、思考力や表現力を育成することについて理解している。
3）聴覚障害の状態や特性及び心身の発達の段階等を踏まえ、各教科等の指導の効果を高めるために必要な学習環境の整備とＩＣＴ及び教材・教具を活用することについて理解している。
4）聴覚障害の状態や特性及び心身の発達の段階等に応じた自立活動及び自立活動の指導との関連を踏まえた各教科等の学習指導案を作成することができるとともに、授業改善の視点を身に付けている。

心身に障害のある幼児、児童又は生徒の心理、生理及び病理

－ 知的障害者に関する教育の領域 －

全体目標： 知的障害のある幼児、児童又は生徒の知的障害の要因となる病理面や併存症・合併症と心理面及び生理面の特徴並びにそれらの相互作用について理解し、幼児、児童又は生徒一人一人の知的障害の状態や適応行動の困難さ及び認知の特性を理解するとともに、家庭や関係機関との連携について理解する。

（1）知的障害のある幼児、児童又は生徒の心理、生理及び病理の理解と障害の状態等の把握

一般目標： 知的障害の要因となる病理面や併存症・合併症と心理面及び生理面の特徴並びにそれらの相互作用について理解し、幼児、児童又は生徒一人一人の知的障害の状態や適応行動の困難さ及び認知の特性を把握することを理解するとともに、家庭や医療機関との連携について理解する。

到達目標：
1）知的発達の遅れ及び適応行動の困難さの要因となる病理面や併存症・合併症と心理面及び生理面の特徴並びにそれらの相互作用について理解している。
2）観察や検査を通して知的障害のある幼児、児童又は生徒一人一人の知的障害の状態や適応行動の困難さ及び認知の特性を把握することを理解している。
3）家庭や医療機関との連携の重要性について理解している。

心身に障害のある幼児、児童又は生徒の教育課程及び指導法

— 教育課程 —

- 知的障害者に関する教育の領域 -

全体目標： 特別支援学校教育要領・学習指導要領を基準として特別支援学校（知的障害）において編成される教育課程について、その意義や編成の方法を理解するとともに、カリキュラム・マネジメントについて理解する。

（1）教育課程の編成の意義

一般目標： 特別支援学校（知的障害）の教育において教育課程が有する意義を理解する。

到達目標：

1）生きる力として知・徳・体に加え、障害による学習上又は生活上の困難を改善・克服する力を育むことを目指すために教育課程を編成することについて理解している。

（2）教育課程の編成の方法とカリキュラム・マネジメント

一般目標： 幼児、児童又は生徒の知的障害の状態や特性及び心身の発達の段階等、特別支援学校（知的障害）の教育実践並びに各学部や各段階のつながりを踏まえた教育課程の編成の方法とカリキュラム・マネジメントの考え方を理解する。

到達目標：

1）特別支援学校学習指導要領において示されている、育成すべき資質・能力で整理された知的障害の教科の目標及び主な内容並びに全体構造を、各学部や各段階のつながりの観点から理解している。

2）知的障害の状態や特性及び心身の発達の段階等並びに学習の進度を踏まえ、各教科等の教育の内容を選定し、組織し、それらに必要な授業時数を定めて編成することを理解している。

3）各教科等の年間指導計画を踏まえ、個々の幼児、児童又は生徒の実態に応じて適切な指導を行うために個別の指導計画を作成することを理解している。

4）児童又は生徒一人一人の知的障害の状態や学習上の特性を踏まえ、各教科等の目標を達成させるために、各教科等別の指導のほか、多様な指導の形態があることを理解した上で、効果的な指導の形態を選択し組織することの意義について理解している。

5）自立活動の指導における個別の指導計画の作成と内容の取扱いについて理解するとともに、教科と自立活動の目標設定に至る手続の違いを理解している。

6）個別の指導計画の実施状況の評価と改善を、教育課程の評価と改善につなげることについて、カリキュラム・マネジメントの側面の一つとして理解している。

心身に障害のある幼児、児童又は生徒の教育課程及び指導法

― 指導法 ―

－ 知的障害者に関する教育の領域 －

全体目標：　知的障害のある幼児、児童又は生徒の障害の状態や特性及び心身の発達の段階等を踏まえた各教科等（「自立活動」を除く。*）の指導における配慮事項について理解し、具体的な授業場面を想定した授業設計を行う方法を身に付ける。

＊ 以下、この「指導法」における「各教科等」について同様とする。

（1） 各教科等の配慮事項と授業設計

一般目標：　知的障害の状態や特性及び心身の発達の段階等を踏まえた各教科等の指導における配慮事項について理解するとともに、自立活動及び自立活動の指導と関連付けた具体的な授業場面を想定した授業設計を行う方法を身に付ける。

到達目標：

1）知的障害の状態や特性及び心身の発達の段階を踏まえ、育成を目指す資質・能力を明確にして指導目標を設定するとともに、日常生活や社会生活に結び付いた具体的な活動を学習活動の中心に据え、具体的な指導内容で指導することについて理解している。

2）知的障害の状態や特性及び心身の発達の段階を踏まえ、学習活動への意欲を育てるために、学習に見通しをもてるよう環境を整え、一人一人が集団活動における役割を遂行して充実感や達成感を得られるような工夫を行うことを理解している。

3）知的障害の状態や特性及び心身の発達の段階を踏まえ、各教科等の指導の効果を高めるために必要なＩＣＴ及び興味や関心に着目した教材・教具の活用について理解している。

4）知的障害の状態や特性及び心身の発達の段階等に応じた自立活動及び自立活動の指導との関連を踏まえた各教科等の学習指導案を作成することができるとともに、授業改善の視点を身に付けている。

心身に障害のある幼児、児童又は生徒の心理、生理及び病理

－ 肢体不自由者に関する教育の領域 －

全体目標：

肢体不自由のある幼児、児童又は生徒の起因疾患となる病理面と心理面及び生理面の特徴並びにそれらの相互作用について理解し、幼児、児童又は生徒一人一人の肢体不自由の状態や感覚機能の発達、知能の発達及び認知の特性を理解するとともに、家庭や関係機関との連携について理解する。

（1）肢体不自由のある幼児、児童又は生徒の心理、生理及び病理の理解と障害の状態等の把握

一般目標：

肢体不自由の起因疾患（脳原性疾患、脊髄疾患、末梢神経疾患）となる病理面と心理面及び生理面の特徴並びにそれらの相互作用について理解し、幼児、児童又は生徒一人一人の肢体不自由の状態や感覚機能の発達、知能の発達及び認知の特性を把握することを理解するとともに、家庭や医療機関との連携について理解する。

到達目標：

1）肢体不自由の起因疾患（脳原性疾患、脊髄疾患、末梢神経疾患）となる病理面と心理面及び生理面の特徴並びにそれらの相互作用について理解している。
2）観察や検査を通して、脳性まひのある幼児、児童又は生徒一人一人の肢体不自由の状態や感覚機能の発達、知能の発達及び認知の特性を把握することを理解している。
3）家庭や医療機関との連携の重要性について理解している。

心身に障害のある幼児、児童又は生徒の教育課程及び指導法

— 教育課程 —

- 肢体不自由者に関する教育の領域 -

全体目標： 特別支援学校教育要領・学習指導要領を基準として特別支援学校（肢体不自由）において編成される教育課程について、その意義や編成の方法を理解するとともに、カリキュラム・マネジメントについて理解する。

（1）教育課程の編成の意義

一般目標： 特別支援学校（肢体不自由）の教育において教育課程が有する意義を理解する。

到達目標：
1）生きる力として知・徳・体に加え、障害による学習上又は生活上の困難を改善・克服する力を育むことを目指すために教育課程を編成することについて理解している。

（2）教育課程の編成の方法とカリキュラム・マネジメント

一般目標： 幼児、児童又は生徒の肢体不自由の状態や特性及び心身の発達の段階等並びに特別支援学校（肢体不自由）の教育実践に即した教育課程の編成の方法とカリキュラム・マネジメントの考え方を理解する。

到達目標：
1）肢体不自由の状態や特性及び心身の発達の段階等並びに学習の進度を踏まえ、各教科等の教育の内容を選定し、組織し、それらに必要な授業時数を定めて編成することを理解している。
2）各教科等の年間指導計画を踏まえ、個々の幼児、児童又は生徒の実態に応じて適切な指導を行うために個別の指導計画を作成することを理解している。
3）自立活動の指導における個別の指導計画の作成と内容の取扱いについて理解するとともに、教科と自立活動の目標設定に至る手続の違いを理解している。
4）個別の指導計画の実施状況の評価と改善を、教育課程の評価と改善につなげることについて、カリキュラム・マネジメントの側面の一つとして理解している。

18

心身に障害のある幼児、児童又は生徒の教育課程及び指導法

― 指導法 ―

－ 肢体不自由者に関する教育の領域 －

全体目標：

肢体不自由のある幼児、児童又は生徒の障害の状態や特性及び心身の発達の段階等を踏まえた各教科等（「自立活動」を除く。*）の指導における配慮事項について理解し、具体的な授業場面を想定した授業設計を行う方法を身に付ける。

＊ 以下、この「指導法」における「各教科等」について同様とする。

（1）各教科等の配慮事項と授業設計

一般目標：

肢体不自由の状態や特性及び心身の発達の段階等を踏まえた各教科等における配慮事項について理解するとともに、自立活動及び自立活動の指導と関連付けた具体的な授業場面を想定した授業設計を行う方法を身に付ける。

到達目標：

1）肢体不自由の状態や特性及び心身の発達の段階等を踏まえ、思考力、判断力、表現力等の育成に必要となる体験的な活動を通して基礎的な概念の形成を的確に図ることについて理解している。
2）肢体不自由の状態や特性及び心身の発達の段階等を踏まえ、各教科等を効果的に学習するために必要となる姿勢や認知の特性に応じて指導を工夫することについて理解している。
3）肢体不自由の状態や特性及び心身の発達の段階等を踏まえ、指導の効果を高めるために必要となる身体の動きや意思の表出の状態に応じて、適切な補助具や補助的手段を工夫することや、ＩＣＴ及び教材・教具を活用することについて理解している。
4）肢体不自由の状態や特性及び心身の発達の段階等に応じた自立活動及び自立活動の指導との関連を踏まえた各教科等の学習指導案を作成することができるとともに、授業改善の視点を身に付けている。

心身に障害のある幼児、児童又は生徒の心理、生理及び病理

－病弱者（身体虚弱者を含む）に関する教育の領域－

全体目標：　病弱（身体虚弱を含む）の幼児、児童又は生徒の病気等に関する病理面と心理面及び生理面の特徴並びにそれらの相互作用について理解し、幼児、児童又は生徒一人一人の病気や障害の状態、社会性の発達及び認知の特性を理解するとともに、家庭や学校間、関係機関との連携について理解する。

（1）病弱（身体虚弱を含む）の幼児、児童又は生徒の心理、生理及び病理の理解と障害の状態等の把握

一般目標：　病弱（身体虚弱を含む）の幼児、児童又は生徒の病気（身体疾患や精神疾患）や心身の不調な状態が続く背景となる病理面と心理面及び生理面の特徴並びにそれらの相互作用について理解し、幼児、児童又は生徒一人一人の病気や障害の状態、社会性の発達及び認知の特性を把握することを理解するとともに、家庭や学校間、医療、福祉及び保健機関との連携について理解する。

到達目標：

1）病弱（身体虚弱を含む）の幼児、児童又は生徒の病気（身体疾患や精神疾患）や心身の不調な状態が続く背景となる病理面と心理面及び生理面の特徴並びにそれらの相互作用について理解している。

2）観察や検査、医療機関からの情報提供を通して病気や障害の状態、社会性の発達及び認知の特性を把握することを理解している。

3）家庭や学校間、医療、福祉及び保健機関との連携の重要性について理解している。

心身に障害のある幼児、児童又は生徒の教育課程及び指導法

— 教育課程 —

- 病弱者（身体虚弱者を含む）に関する教育の領域 -

全体目標：　特別支援学校教育要領・学習指導要領を基準として特別支援学校（病弱）において編成される教育課程について、その意義や編成の方法を理解するとともに、カリキュラム・マネジメントについて理解する。

（1）教育課程の編成の意義

一般目標：　特別支援学校（病弱）の教育において教育課程が有する意義を理解する。

到達目標：
1）生きる力として知・徳・体に加え、障害による学習上又は生活上の困難を改善・克服する力を育むことを目指すために教育課程を編成することについて理解している。

（2）教育課程の編成の方法とカリキュラム・マネジメント

一般目標：　幼児、児童又は生徒の病気や障害の状態、特性及び心身の発達の段階等並びに特別支援学校（病弱）の教育実践に即した教育課程の編成の方法とカリキュラム・マネジメントの考え方を理解する。

到達目標：
1）病気や障害の状態、特性及び心身の発達の段階等並びに学習の進度を踏まえ、各教科等の教育の内容を選定し、組織し、それらに必要な授業時数を定めて編成することを理解している。
2）各教科等の年間指導計画を踏まえ、個々の幼児、児童又は生徒の実態に応じて適切な指導を行うために個別の指導計画を作成することを理解している。
3）自立活動の指導における個別の指導計画の作成と内容の取扱いについて理解するとともに、教科と自立活動の目標設定に至る手続の違いを理解している。
4）個別の指導計画の実施状況の評価と改善を、教育課程の評価と改善につなげることについて、カリキュラム・マネジメントの側面の一つとして理解している。

心身に障害のある幼児、児童又は生徒の教育課程及び指導法

― 指導法 ―

− 病弱者（身体虚弱者を含む）に関する教育の領域 −

全体目標：　病弱（身体虚弱を含む）の幼児、児童又は生徒の病気や障害の状態、特性及び心身の発達の段階等を踏まえた各教科等（「自立活動」を除く。*）の指導における配慮事項について理解し、具体的な授業場面を想定した授業設計を行う方法を身に付ける。

＊ 以下、この「指導法」における「各教科等」について同様とする。

（1）各教科等の配慮事項と授業設計

一般目標：　病気や障害の状態、特性及び心身の発達の段階等を踏まえた各教科等の指導における配慮事項について理解するとともに、自立活動及び自立活動の指導と関連付けた具体的な授業場面を想定した授業設計を行う方法を身に付ける。

到達目標：
1）病気や障害の状態、特性及び心身の発達の段階等を踏まえ、学習環境に応じた学習効果を高めるために、間接体験や疑似体験、仮想体験を効果的に取り入れることについて理解している。
2）病気や障害の状態、特性及び心身の発達の段階等を踏まえ、各教科等の指導の効果を高めるために、ＩＣＴの有効な活用とともに教材・教具や補助用具を工夫することについて理解している。
3）病気や障害の状態、特性及び心身の発達の段階等を踏まえ、心身に負担過重とならないように、適切な活動量や活動時間の設定、姿勢の変換や適切な休養の確保に留意することについて理解している。
4）病気や障害の状態、特性及び心身の発達の段階等に応じた自立活動及び自立活動の指導との関連を踏まえた各教科等の学習指導案を作成することができるとともに、授業改善の視点を身に付けている。

第３欄

免許状に定められることとなる特別支援教育領域以外の領域に関する科目

科目	一般目標数	到達目標数
心身に障害のある幼児、児童又は生徒の心理、生理及び病理に関する科目		
（発達障害者に関する教育の領域）	1	3
心身に障害のある幼児、児童又は生徒の教育課程及び指導法に関する科目		
（発達障害者に関する教育の領域）	3	7
（重複障害者※1 に関する教育の領域）	1	2

※１　教育職員免許法施行規則第７条第１項の表の備考では、「複数の障害を併せ有する者」と規定されているが、本コアカリキュラム上では、「重複障害者」と表記。

※２　第３欄の「免許状に定められることとなる特別支援教育領域以外の領域」における「視覚障害者」、「聴覚障害者」、「肢体不自由者」及び「病弱者」に関する教育については、第２欄のコアカリキュラムを参照。

心身に障害のある幼児、児童又は生徒の心理、生理及び病理

− 発達障害者に関する教育の領域 −

全体目標： 発達障害のある幼児、児童又は生徒の脳機能に関わる病理面及び心理面や生理面の特徴とそれらの相互作用並びに二次的な障害について理解し、幼児、児童又は生徒一人一人の状態及び感覚や認知の特性等を理解するとともに、家庭や関係機関との連携について理解する。

（1）発達障害のある幼児、児童又は生徒の心理、生理及び病理の理解と障害の状態等の把握

一般目標： 学習障害、注意欠陥多動性障害、自閉症の要因となる脳機能に関わる病理面及び心理面や生理面の特徴とそれらの相互作用並びに二次的な障害について理解し、幼児、児童又は生徒一人一人の状態、感覚や認知及び行動の特性を把握することを理解するとともに、家庭や医療、福祉及び労働機関との連携について理解する。

到達目標：

1）学習障害、注意欠陥多動性障害、自閉症の要因となる脳機能に関わる病理面及び心理面や生理面の特徴とそれらの相互作用並びに二次的な障害について理解している。
2）観察や検査を通して、学習障害、注意欠陥多動性障害、自閉症の状態、感覚や認知及び行動の特性を把握することを理解している。
3）家庭や医療、福祉及び労働機関との連携の重要性について理解している。

心身に障害のある幼児、児童又は生徒の教育課程及び指導法

― 教育課程 ―

－ 発達障害者に関する教育の領域 －

全体目標：　特別支援学校のセンター的機能を果たすために幼稚園教育要領及び小学校、中学校又は高等学校の学習指導要領を基準として、発達障害の幼児、児童又は生徒に対する教育課程について、その意義や編成の方法、カリキュラム・マネジメントについて理解するとともに、センター的機能の発揮に資する教職の在り方を理解する。

（1）特別の教育課程の編成の意義

一般目標：　通常の学級の教育課程を基盤として、通級による指導や特別支援学級における特別の教育課程が有する意義を理解するとともに、特別支援教育のセンターとしての助言又は援助の役割を果たす必要性について理解する。

到達目標：

1）通常の学級の教育課程を基盤として、障害による学習上又は生活上の困難を改善・克服する力を育むことを目指すために特別の教育課程を編成することについて理解している。

（2）教育課程の編成の方法とカリキュラム・マネジメント

一般目標：　学習障害、注意欠陥多動性障害、自閉症の状態や特性及び心身の発達の段階等並びに学校の教育実践に即した教育課程の編成の方法とカリキュラム・マネジメントの考え方を理解するとともに、特別支援教育のセンターとしての助言又は援助の役割を果たす必要性について理解する。

到達目標：

1）学習障害、注意欠陥多動性障害、自閉症の状態や特性及び心身の発達の段階等を踏まえ、学習指導要領に基づく通級による指導や特別支援学級における特別の教育課程の編成を理解している。

2）学習障害、注意欠陥多動性障害、自閉症の状態や特性及び心身の発達の段階等を踏まえ、自立活動における個別の指導計画の作成とその取扱いについて理解している。

3）個別の指導計画の実施状況の評価と改善を、教育課程の評価と改善につなげることについて、カリキュラム・マネジメントの側面の一つとして理解している。

心身に障害のある幼児、児童又は生徒の教育課程及び指導法

― 指導法 ―

- 発達障害者に関する教育の領域 -

全体目標： 　発達障害のある幼児、児童又は生徒の障害の状態や特性及び心身の発達の段階等を踏まえた各教科等（「自立活動」を除く。*）の指導における配慮事項について理解し、具体的な授業場面を想定した授業設計を行う方法を身に付ける。

＊ 以下、この「指導法」における「各教科等」について同様とする。

（1）各教科等の配慮事項と授業設計

一般目標： 　学習障害、注意欠陥多動性障害、自閉症の状態や特性及び心身の発達の段階等を踏まえた各教科等の指導における配慮事項について理解するとともに、自立活動及び自立活動の指導と関連付けた具体的な授業場面を想定した授業設計を行う方法を身に付ける。

到達目標：

1）学習障害、注意欠陥多動性障害、自閉症の状態や特性及び心身の発達の段階等を踏まえ、きめ細やかな指導や支援ができるようにするため、各教科等の指導において生じる「困難さ」に対する「指導上の工夫の意図」を理解し、個に応じた「手立て」を検討し指導することの重要性を理解している。

2）学習障害、注意欠陥多動性障害、自閉症の状態や特性及び心身の発達の段階等を踏まえ、個に応じた指導の充実を図るため、ＩＣＴや適切な教材・教具の活用及び学習環境の整備について理解している。

3）学習障害、注意欠陥多動性障害、自閉症の状態や特性及び心身の発達の段階等に応じた自立活動及び自立活動の指導との関連を踏まえた各教科等の学習指導案を作成することを理解し、授業改善の視点を身に付けている。

心身に障害のある幼児、児童又は生徒の教育課程及び指導法

― 教育課程 ―

－重複障害者に関する教育の領域－

全体目標： 特別支援学校教育要領・学習指導要領を基準として特別支援学校において編成される教育課程について、その意義や編成の方法を理解するとともに、カリキュラム・マネジメントについて理解する。

（1）教育課程の編成の方法とカリキュラム・マネジメント

一般目標： 幼児、児童又は生徒の重複障害の状態や特性及び心身の発達の段階等並びに特別支援学校の教育実践に即した教育課程の編成の方法とカリキュラム・マネジメントの基本的な考え方を理解する。

到達目標：

1）特別支援学校学習指導要領に規定する「重複障害者等に関する教育課程の取扱い」の意義や各規定の適用を判断する際の基本的な考え方を理解している。

2）個別の指導計画の実施状況の評価と改善を、教育課程の評価と改善につなげることについて、カリキュラム・マネジメントの側面の一つとして理解している。

特別支援学校教諭免許状コアカリキュラム補足事項

枠内は補足説明

（第２欄）心身に障害のある幼児、児童又は生徒の心理、生理及び病理

○（全ての領域）「家庭や関係機関との連携」の連携の目的についての補足

「家庭や関係機関との連携」の目的について

ここでは、科目名にあるとおり、心身に障害のある幼児、児童又は生徒の心理、生理及び病理の側面から言語発達や認知の特性など障害の状態等を把握したり、理解したりするために必要な連携を指す。

○（知的障害者に関する教育の領域）「併存症・合併症」についての補足

「併存症・合併症」について

ここの「併存症・合併症」の取扱いについては、「障害のある子供の教育支援の手引」（令和３年６月 文部科学省初等中等教育局特別支援教育課）で示している次の記載箇所を十分参照すること。特に、特別支援学校（知的障害）において、「自閉症」を併存する児童生徒が多く含まれていることに留意すること。

※参考「障害のある子供の教育支援の手引」
第３編 障害の状態等に応じた教育的対応
Ⅲ．知的障害　１（２）①知的障害の状態等の把握
ア（ア）f 併存症と合併症

知的障害は、精神的、神経発達的、医学的及び身体疾患の併発がしばしばみられる。その主なものとして自閉症等を挙げることができる。運動障害を併存していることも少なくない。

また、中途から合併してくる合併症として、てんかんや精神疾患などが見られることがある。このため、併存症と合併症について把握しておく必要がある。

（第３欄）心身に障害のある幼児、児童又は生徒の心理、生理及び病理

○（発達障害者に関する教育の領域）「二次的な障害」についての補足

「二次的な障害」について

　二次的な障害については、発達障害の診断を受けた幼児、児童又は生徒が、ストレスの強い環境に反応して、例えば、抑うつ症状が見られる精神疾患を発症したり、状況に合わない心身の状態が持続しそれらを自分の意思ではコントロールできないことが継続している情緒障害になったりすることを指す。

※　なお、二次的な障害を引き起こさないためには、学習環境の整備や適切な支援などを確実に講じる必要があることについても留意すること。

（第２欄）心身に障害のある幼児、児童又は生徒の教育課程及び指導法― 教育課程 ―

○（全ての領域）（２）の到達目標の「各教科等」についての補足

「各教科等」について

（幼稚部）健康、人間関係、環境、言葉、表現、自立活動

（小学部）各教科、道徳科、外国語活動、総合的な学習の時間、特別活動、自立活動

（中学部）各教科、道徳科、総合的な学習の時間、特別活動、自立活動

（高等部）各教科・科目、道徳科（知的障害者である生徒に対する教育を行う特別支援学校）総合的な探究の時間、特別活動、自立活動

※　ただし、到達目標１）の「教育の内容」の「選定」の仕方と、「授業時数」の「定め」について、自立活動の指導においては、個々の障害の状態等に応じて適切に設定される必要がある点に十分留意すること。

（第３欄）心身に障害のある幼児、児童又は生徒の教育課程及び指導法― 教育課程 ―

○（重複障害者に関する教育の領域）「重複障害者等に関する教育課程の取扱い」についての補足

「重複障害者等に関する教育課程の取扱い」について

特別支援学校学習指導要領総則（小学部・中学部は第１章第８節、高等部は第１章第２節第８款）における「重複障害者等に関する教育課程の取扱い」は、障害の状態等に応じた特別な教育課程の編成について規定するものであり、同学習指導要領解説（総則編）で示す各規定の適用の判断に際しての考え方についての理解を促すよう留意すること。

（第２欄）及び（第３欄）心身に障害のある幼児、児童又は生徒の教育課程及び指導法
― 指導法 ―

○（全ての領域）「各教科等（「自立活動」を除く。）」についての補足

「各教科等（「自立活動」を除く。）」について

「－指導法－」のコアカリキュラムでは、（１）の到達目標１）～３）（視覚障害者に関する教育の領域では到達目標１）～４）、発達障害者に関する教育の領域では到達目標１）～２））は「自立活動」を除いた各教科等の配慮事項の内容を理解することとなっていることから、「「自立活動」を除く」と明示したところである。

なお、（１）の到達目標４）（視覚障害者に関する教育の領域では到達目標５）、発達障害者に関する教育の領域では到達目標３））は、授業設計に関する目標となっており、「自立活動」も含めた授業設計について示していることに留意すること。

（第２欄）及び（第３欄）心身に障害のある幼児、児童又は生徒の教育課程及び指導法
― 指導法 ―

○（全ての領域）本コアカリキュラム（２ページ）に示すとおり、主な目標設定の根拠とした学習指導要領で用いている「情報機器」と異なるため、他に根拠とした資料を踏まえて「ＩＣＴ」の用語についての補足

「ＩＣＴ」について

ＩＣＴはInformation and Communication Technology（情報通信技術）のことである。この点、「教育の情報化に関する手引」（令和２年６月追補版 文部科学省）では、情報通信技術の特長として、時間的・空間的制約を超える、双方向性を有する、カスタマイズを容易にする、という点が挙げられ、また、その特長を生かして教育の質の向上を目指す「教育の情報化」の重要性を示している。

「ＩＣＴ」の用語は、先行する「教職課程コアカリキュラム」で用いられており、本コアカリキュラムにおいてもそれに倣うものであるが、特別支援教育において、コンピュータ等の情報機器の活用により指導の効果を高める工夫をしたり、遠隔操作を可能にするなどの環境整備により学習できる機会の確保をしたりすることなどが求められていることは、特別支援学校学習指導要領に示すとおりである。加えて、前述の手引では、個々の身体機能や認知機能に応じて、きめ細かな技術的支援方策（アシスティブ・テクノロジー：Assistive Technology）を講じる必要性についても述べられているところであり、特別支援学校学習指導要領や同手引の趣旨に留意すること。

特別支援学校教諭免許状コアカリキュラムにおける各欄・科目の関連　概観図（イメージ）

特別支援学校教諭免許状コアカリキュラムにおける欄間の教授内容の関連
教職課程コアカリキュラム（令和3年8月4日教員養成部会）の教授内容との関連
制度や基本的な考え方の理解
障害の状態等を踏まえた具体的な授業の構想
学校現場における授業の実践
第１欄
● 特別支援教育の基礎理論に関する科目
特別支援教育の理念並びに教育に関する歴史及び思想
(1) 特別支援教育の理念
(2) 特別支援教育の歴史
(3) 特別支援教育の思想
特別支援教育に関する社会的、制度的又は経営的事項
(1-1) 特別支援教育に関する社会的事項
(1-2) 特別支援教育に関する制度的事項
(1-3) 特別支援教育に関する経営的事項
第２欄
● 特別支援教育領域に関する科目
（視覚，聴覚，知的，肢体，病弱）
心身に障害のある幼児、児童又は生徒の心理、生理及び病理
(1) ○○障害のある幼児、児童又は生徒の心理、生理及び病理の理解と障害の状態等の把握
心身に障害のある幼児、児童又は生徒の教育課程及び指導法　−教育課程−
(1) 教育課程編成の意義
(2) 教育課程の編成の方法とカリキュラム・マネジメント
心身に障害のある幼児、児童又は生徒の教育課程及び指導法　−指導法−
(1) 各教科等の配慮事項と授業設計
第３欄
● 免許状に定められることとなる特別支援教育領域以外の領域に関する科目
（第２欄の免許状に定める領域以外の領域，発達，重複）
第４欄
● 心身に障害のある幼児、児童又は生徒についての教育実習

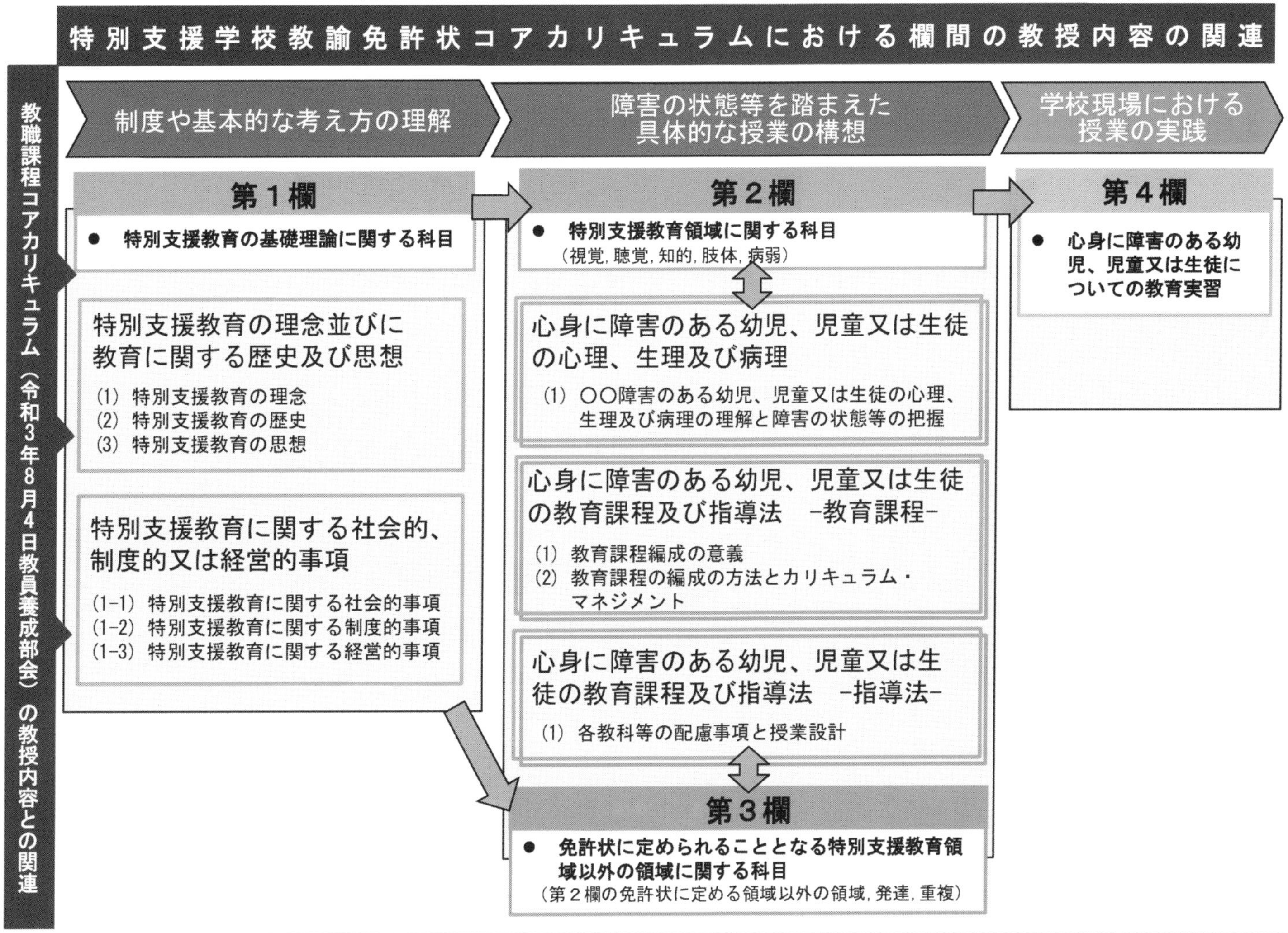

特別支援学校教諭免許状コアカリキュラム（欄間で関連する事項についての取扱いの例）

※本資料は、特別支援学校教諭免許状コアカリキュラムを踏まえ、各大学等においてシラバス等を作成する際の参考となるよう、欄間で関連する事項の取扱いをどのように考えればよいか、例示するものである。

【本資料の活用の仕方】

①特別支援学校教諭免許状コアカリキュラムにおいて欄間で関連する事項に着目する。

②事項に対し、各欄で扱う範囲についてイメージする（下の例１，２では、「基礎」「展開／実際」と整理した）。

③上記の①と②の整理を踏まえ、シラバス等に反映させる。

<例１：欄間で関連する事項＝「自立活動」>

※参考

・「基礎」：全学生が共通で学ぶ内容であり、また、第２欄及び第３欄で取り扱う内容の根拠となる法制度の位置付けや基本的な考え方を理解する段階。

・「展開」：当該免許状教育領域取得を目指す学生が学ぶ内容であり、第１欄の学びを基礎とし、当該障害領域において具体的に構想したり、作成したりする段階。

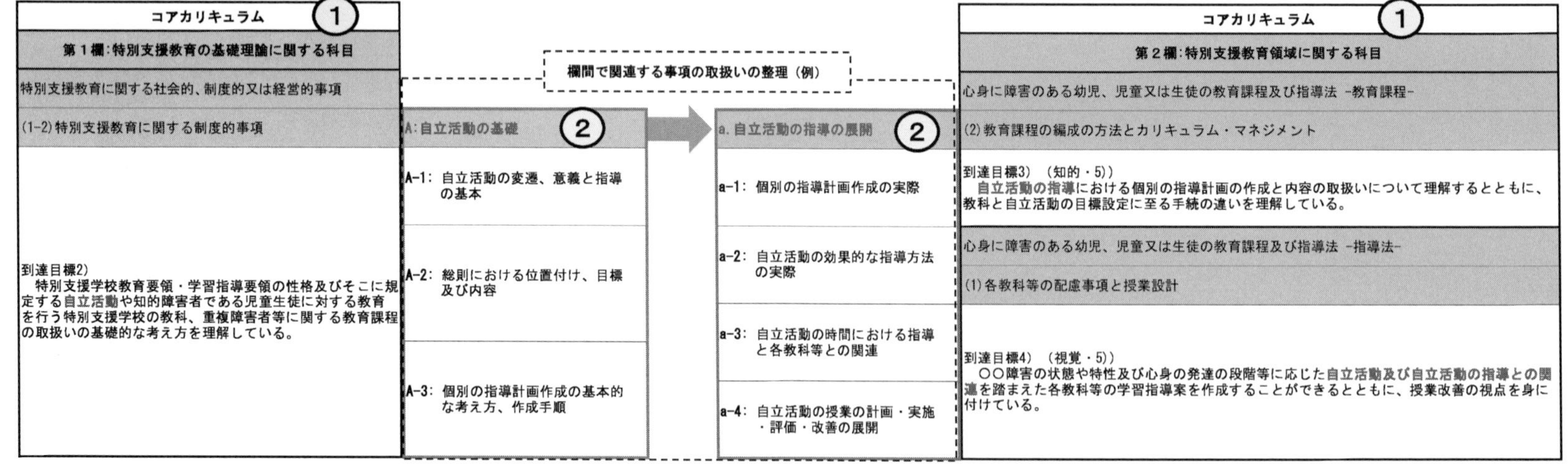
コアカリキュラム ①
第１欄：特別支援教育の基礎理論に関する科目
特別支援教育に関する社会的、制度的又は経営的事項
(1-2) 特別支援教育に関する制度的事項
到達目標2)
特別支援学校教育要領・学習指導要領の性格及びそこに規定する自立活動や知的障害者である児童生徒に対する教育を行う特別支援学校の教科、重複障害者等に関する教育課程の取扱いの基礎的な考え方を理解している。
欄間で関連する事項の取扱いの整理（例）
A：自立活動の基礎 ②
A-1：自立活動の変遷、意義と指導の基本
A-2：総則における位置付け、目標及び内容
A-3：個別の指導計画作成の基本的な考え方、作成手順
a．自立活動の指導の展開 ②
a-1：個別の指導計画作成の実際
a-2：自立活動の効果的な指導方法の実際
a-3：自立活動の時間における指導と各教科等との関連
a-4：自立活動の授業の計画・実施・評価・改善の展開
コアカリキュラム ①
第２欄：特別支援教育領域に関する科目
心身に障害のある幼児、児童又は生徒の教育課程及び指導法 -教育課程-
(2) 教育課程の編成の方法とカリキュラム・マネジメント
到達目標3) （知的・5））
自立活動の指導における個別の指導計画の作成と内容の取扱いについて理解するとともに、教科と自立活動の目標設定に至る手続の違いを理解している。
心身に障害のある幼児、児童又は生徒の教育課程及び指導法 -指導法-
(1) 各教科等の配慮事項と授業設計
到達目標4) （視覚・5））
〇〇障害の状態や特性及び心身の発達の段階等に応じた自立活動及び自立活動の指導との関連を踏まえた各教科等の学習指導案を作成することができるとともに、授業改善の視点を身に付けている。

<例２：欄間で関連する事項＝「重複障害者等に関する教育課程」>

※参考

・「基礎」：全学生が共通で学ぶ内容であり、また、第２欄及び第３欄で取り扱う内容の根拠となる法制度の位置付けや基本的な考え方を理解する段階。

・「実際」：全学生が共通で学ぶ内容であり、また、第１欄の学びを基礎とし、当該障害領域において具体的に構想したり、作成したりする段階。

コアカリキュラム ①
第１欄：特別支援教育の基礎理論に関する科目
特別支援教育に関する社会的、制度的又は経営的事項
(1-2) 特別支援教育に関する制度的事項
到達目標1) 特別支援学校の目的及び教育目標と国が定めた教育課程の基準との相互関係を理解している。
到達目標2) 特別支援学校教育要領・学習指導要領の性格及びそこに規定する自立活動や知的障害者である児童生徒に対する教育を行う特別支援学校の教科、重複障害者等に関する教育課程の取扱いの基礎的な考え方を理解している。

欄間で関連する事項の取扱いの整理（例）

B. 教育課程の基礎 ②
B-1：教育課程の編成に関わる法令及び学習指導要領の規定
B-2：教育課程編成の主体と学校教育目標
B-3：カリキュラム・マネジメントの意義

b. 教育課程の編成の実際 ②
b-1：障害の状態等に応じた教育課程の編成の実際
b-2：学校教育目標の設定と教育課程の編成の実際
b-3：カリキュラム・マネジメントの実際

c. 重複障害者等に関する教育課程の編成の実際 ②
c-1：重複障害者等に関する教育課程の取扱いの実際
c-2：カリキュラム・マネジメントの実際

コアカリキュラム ①
第２欄：特別支援教育領域に関する科目
心身に障害のある幼児、児童又は生徒の教育課程及び指導法 -教育課程-
(2) 教育課程の編成の方法とカリキュラム・マネジメント
到達目標1) ○○障害の状態や特性及び心身の発達の段階等並びに学習の進度を踏まえ、各教科等の教育の内容を選定し、組織し、それらに必要な授業時数を定めて編成することを理解している。
到達目標2) 各教科等の年間指導計画を踏まえ、個々の幼児、児童又は生徒の実態に応じて適切な指導を行うために個別の指導計画を作成することを理解している。
到達目標3) 自立活動の指導における個別の指導計画の作成と内容の取扱いについて理解するとともに、教科と自立活動の目標設定に至る手続の違いを理解している。
到達目標4) 個別の指導計画の実施状況の評価と改善を、教育課程の評価と改善につなげることについて、カリキュラム・マネジメントの側面の一つとして理解している。

第３欄：免許状に定められることとなる特別支援教育領域以外の領域に関する科目（重複障害者に関する教育の領域）
心身に障害のある幼児、児童又は生徒の教育課程及び指導法 -教育課程-
(1) 教育課程の編成の方法とカリキュラム・マネジメント
到達目標1) 特別支援学校学習指導要領に規定する「重複障害者等に関する教育課程の取扱い」の意義や各規程の適用を判断する際の基本的な考え方を理解している。
到達目標2) 個別の指導計画の実施状況の評価と改善を、教育課程の評価と改善につなげることについて、カリキュラム・マネジメントの側面の一つとして理解している。

《編著》

分藤 賢之　前 文部科学省初等中等教育局視学官
現 長崎県立鶴南特別支援学校長

《執筆》

第１章

分藤 賢之　前　掲（第１節）

奥住 秀之　東京学芸大学教育学部教授（第２節）

第２章

分藤 賢之　前　掲（第１・３・５・６節）

菅野 和彦　文部科学省初等中等教育局視学官
（併）特別支援教育課特別支援教育調査官（第２節）

加藤 宏昭　文部科学省初等中等教育局特別支援教育課特別支援教育調査官（第４節）

第３章

古川 伊久磨　熊本県立熊本支援学校教諭
現 熊本県立苓北支援学校教諭（実践１）

吉田 治子　長崎県立鶴南特別支援学校教諭（実践２）

上仮屋 祐介　鹿児島大学教育学部附属特別支援学校教頭（実践３）

平良 錦一郎　沖縄県立大平特別支援学校主幹教諭
現 沖縄県総合教育センター（実践４）

廣瀬 雅次郎　長崎県教育庁特別支援教育課係長（実践５）

（令和５年 10 月現在）

編著者プロフィール

分藤　賢之（ぶんどう　のりゆき）

前 文部科学省初等中等教育局視学官
現 長崎県立鶴南特別支援学校長

長崎県立の特別支援学校（知的障害、肢体不自由）教諭、長崎大学教育学部附属特別支援学校（知的障害）教諭、長崎県発達障害者支援センター、長崎県教育センター、長崎県教育庁勤務を経て、平成25年から5年間、文部科学省において特別支援教育調査官（併インクルーシブ教育システム構築担当）を務め、独立行政法人大学入試センター特任研究官を兼務する。この間、「障害者の権利に関する条約」の批准以降の、障害のある子供の就学先決定の仕組みや高等学校における通級による指導の制度化を含む各種規定の整備や、障害のある子どもの教育支援の手引き及び学習指導要領の改訂等にかかわる。令和5年4月から、長崎県立鶴南特別支援学校（知的障害）校長を務める。

≪主な著書≫

○編著

『新重複障害教育実践ハンドブック』全国心身障害児福祉財団、2015（平成27）年

○監修

『授業力向上シリーズ No.1　学習指導の充実を目指して』全国特別支援学校肢体不自由教育校長会 編著、ジアース教育新社、2013（平成25）年

『授業力向上シリーズ No.2　解説 目標設定と学習評価』全国特別支援学校肢体不自由教育校長会 編著、ジアース教育新社、2014（平成26）年

『授業力向上シリーズ No.3　解説 授業とカリキュラム・マネジメント』全国特別支援学校肢体不自由教育校長会 編著、ジアース教育新社、2015（平成27）年

『授業力向上シリーズ No.4 「アクティブ・ラーニング」の視点を生かした授業づくりを目指して』全国特別支援学校肢体不自由教育校長会 編著、ジアース教育新社、2016（平成28）年

『授業力向上シリーズ No.5　思考力・判断力・表現力を育む授業』全国特別支援学校肢体不自由教育校長会 編著、ジアース教育新社、2017（平成29）年

年間指導計画システムの理念と実践

知的障害教育スタンダード

2023 年 11 月 10 日　初版第 1 刷発行

編　著　分藤 賢之
　著　　菅野 和彦・加藤 宏昭・奥住 秀之
発行人　加藤 勝博
発行所　株式会社ジアース教育新社
〒 101-0054　東京都千代田区神田錦町 1-23　宗保第 2 ビル
TEL：03-5282-7183　FAX：03-5282-7892
E-mail：info@kyoikushinsha.co.jp
URL：https//www.kyoikushinsha.co.jp/

カバー・本文デザイン　小笠原 准子（アトム☆スタジオ）
DTP　株式会社彩流工房
印刷・製本　シナノ印刷株式会社

Printed in Japan
ISBN978-4-86371-673-5

○定価はカバーに表示してあります。
○乱丁・落丁はお取り替えいたします。